朱妙春律师办案辑（十一

商标及专利纠纷案代理纪实

典型案件诉讼策略详解

朱妙春 著

Handling Records of Cases on
Trademark & Patent

中国法制出版社
CHINA LEGAL PUBLISHING HOUSE

右1为科麦（上海）
烘焙食品贸易有限公
司董事长卢壮智

左1为上海锦元文化
公司董事长杨俊

右1为避风塘董事长叶锡铭，
右3为北京务实知识产权发展中心主任程永顺

右1为浦东新区知识产权协会常务副会长兼秘书长黄殿英，
右2为世博会喷雾降温装置专利权纠纷原告韩军

右1为江苏凯宫机械股份有限公司原董事长苏善珍

左3为上海帕弗洛文化用品公司董事长邹素莲，左1为该公司总经理季东霞

左1为中集集团知识产权部经理孙建岐

左1为《民主与法制》总编辑、法学论坛著名主持人刘桂明，左2为北京务实知识产权发展中心主任程永顺

《完璧归赵》——华方公司在专利侵权诉讼胜诉后，正在将被诉讼保全的纺织机械吊装运回

序[①]

很高兴参加这次上海市静安区司法局、上海市天宏律师事务所等发起的律师专业化发展论坛暨朱妙春律师事务所成立仪式，我认为这次论坛的举办是很有意义的。研究律师如何根据我国经济和社会发展的新形势，推进律师行业的专业化分工与发展，是一个非常重要的话题。

一、充分认识律师专业化的重要性

为什么说律师专业化很重要，我觉得起码有三点。

（一）律师专业化是我国实施“十一五”规划，落实科学发展观，促进经济社会又快又好发展的客观需要。大家知道，十六届五中全会通过了“十一五”规划的建议稿，对我们国家未来五年甚至更长一段时间，如何以科学发展观统领全局、实现经济社会的全面协调和可持续发展提出了目标、任务，出台了一系列重大措施。经济和社会的发展需要不断完善健全法律服务制度，需要法律服务业与之相协调，实现同步发展。特别是这次“十一五”规划建议稿提出促进服务业加快发展，大力发展金融、保险、物流、信息和法律服务等现代服务业。这在历次五年规划中，还是第一次，表明了党中央对大力发展法律服务业的重视。大家知道，十六大提出要“拓展和规范法律服务”，这次提出要大力发展法律服务，对法律服务业的发展来说，既是一个机遇，也是一个更高的要求。法律服务业要为落实“十一五”规划，落实中央所作出的一系列经济、社会发展战略部署服务。要提供高质量的服务，很重要的一点就是必须走专业化服务的道路，没有专业化的服务就很难谈得上高质量。所以推进律师行业的专业化服务应该说是国家经济社会发展的迫切需要。

（二）律师专业化分工与发展是深化改革、扩大开放的迫切要求。在未来的5年当中，我们国家改革开放将进入一个关键时期，我们的有利条件很多，但是也面临一些严峻的挑战。中央提出来要完善体制机制，深化改革，坚持对外开

① 本序言为现任中华人民共和国司法部律师工作局局长周院生于2005年在“律师专业化论坛”上的发言。经周局长同意，作为本书序言。

放。从改革来说，涉及的东西很多，比如深化国有企业改革，建立现代企业制度，推进国有金融企业股份制改造，推进现代市场体系建设等。这样改革无一例外地牵涉一系列的法律问题，需要法律服务及时地跟进。可以说改革越深入，越需要用法律进行规范，越需要律师提供法律服务，越需要法律保障改革的深入进行。比如说，国有企业改革经过这几年的发展，应该说有了很好的基础，但是往纵深方向发展就会牵扯到产权制度，牵扯到国有企业职工身份转换，牵扯到怎样进一步完善公司法人治理结构，也牵扯到怎么样进一步来进行有效的重组、并购、破产。这些问题，这些改革的环节，实际上也是一个需要制度化的过程。这里面大量的法律服务都是专业性比较强的。因此，律师需要不仅懂一般的法律，同时还要熟悉这些专业化的法律，不仅需要具备宏观经济知识，同时需要掌握微观经济知识。只有一个比较高水平、专业化水准的定位，才能为企业改革提供有效的法律服务。从对外开放来说，我国现在不断提高对外开放水平，实施互利共赢的开放战略，既要“请进来”也要“走出去”。但是无论是“请进来”还是“走出去”，都需要加强法律服务工作。特别是加入世贸组织后，对外经济贸易往来与技术合作领域的迅速扩大，必然带来法律服务的国际化，对律师专业化水平要求更高。开放面临的考验是如何运用世贸组织的规则，如何学会在世贸规则的游戏下从事国际的经贸合作，这里面有很多专业性很强的法律事务，比如说，我们现在经常讲的对外跨国并购，再比如说反倾销、反垄断的一些涉外法律服务，还比如说国际贸易、跨国投资、融资、仲裁等民商事法律活动，这些法律事务应该说既有较强的专业性，同时也对律师素质要求比较高，为适应专业化的要求，为社会提供优质高效的专业服务，必须要有一大批懂法律、懂经济、懂科技、懂外语、懂世贸规则的专家型律师队伍。专家型律师的缺乏已经成为制约我国律师业竞争实力提高的瓶颈。特别是我们国家加入世贸组织后的过渡期，对外经济贸易摩擦和纠纷不断增多，需要律师提供专业性法律服务的案件也随之增长。如果不实行律师专业化，不培养具有专业素养的律师、擅长办理涉外事务的人才，我们就很难有效维护国内企业的合法权益，也很难在目前国际法律服务业竞争中占有一席之地。推动律师专业化无疑有利于提高我国律师行业在国际法律服务市场中的竞争实力。总而言之，专业化分工应该是深化改革、扩大开放的迫切需要。

（三）律师专业化分工与发展是律师业健康发展的迫切需要。我国律师制度发展20多年，取得了可喜的成绩。我们现在有一支近12万人的律师队伍，同时在上海、北京等地形成了一批办理金融、证券、房地产、涉外法律事务等专业性强，且具有一定知名度的律师事务所。但是同时，与国际上律师业比较发达的国家相比，我们的律师队伍，我们的律师服务，还有很大差距。其中很重要的一条就是缺乏高素质的具有专业定位的律师事务所和律师。单打独斗、小作坊式的律师事务所在我国普遍存在。据有关资料表明，北京等一些特大型城市，在专业化方面，七成左右的律师在从事普通刑事和民事法律事务，能够从事新兴行业、高科技领域法律事务的大约占三成。这与这些城市国际性大都市的地位是不相称的。在当前法律服务业面临的形势下，“万金油”的律师什么案件都可以做，但什么案件都不能做精，难以适应发展的需要。必须大力倡导律师事务所和律师专业化。只有专业化、规范化，我国律师队伍的整体素质才能得到进一步提高，不走专业化道路是没有出路的。总而言之，推动专业化是律师队伍健康发展面临的重要课题。专业化既是经济社会发展的客观要求，也是我国大力发展律师业的趋势。

二、积极推进律师的专业化

关于怎么样推进律师事务所和律师的专业化分工问题，总的来说，我觉得需要三方面的努力，一是律师行业主管部门，二是律师事务所，三是律师自身。

（一）律师行业主管部门要建立完善支持律师专业化分工与发展的政策措施。从我国现实情况来看，虽然社会经济发展需要专业化分工律师，但是由于受市场经济发展完善的制约，加上地区发展的不平衡，律师专业化分工还是有一个逐步推进的过程。这里面我想从律师主管部门角度来说，一定要搭建服务平台。律师主管部门要为律师介入国家经济改革和社会发展的各个领域、各个环节和各个层面进行引导，提供支持。在市场经济发展的前沿领域和关键领域，比如说信息产业、能源、空间技术、环保等这些国际上很多律师事务所作为自己专业定位的领域，在中国还没有形成太多的现实法律业务。这既需要律师事务所自身在这些领域去积极开拓专业化服务的平台，建立有效机制，把潜在的专业领域转换为现实的领域，也需要主管部门为律师提供专业性的法律服务给予政策支持。二是要加大律师专业化培训。专业化分工需要专业化的素质和知识结构。无论是司法行政机构还是协会都要加强律师的继续教育和培训，有针对性地培养一批专业人才。当前，一是市场经济前沿领域和关键领域的人才培养，二是涉外领域熟悉国际规则的人才的培养。很多地方有些好的做法，比如，上海每年把青年律师送出去培训，司法行政机关和协会提供必要的资金上的支持，浙江省司法厅、人事厅、经贸厅实施反倾销人才培训计划，政府出钱，培养人才。这些都是创新的、非常有远见的做法。总而言之，主管部门要发挥好职能工作，广开培训渠道，加快培养律师专业人才。

（二）律师事务所要重视专业化分工。尽管我们不能要求所有的律师事务所都成为专业品牌的所，但是具备条件的所，特别是像上海、北京这些律师业务发展较快的大城市和经济发达地区的律师事务所要有意识地、主动地适应经济社会发展的要求，制定律师专业化分工的方案，推进律师专业化分工。律师事务所要有战略眼光，不能光顾眼前利益而忽视长远发展。要有计划地选派那些具有潜质的律师进行专项培训。通过计划的制定、人才的培养、业务部门的设置、业务的合理分工等，加快专业化速度。现在大家都在谈中国律师行业的文化建设，我看专业化分工就是律师事务所文化建设的一项重要内容。律师事务所要将专业化理念融入到日常管理和发展规划中去，深入人心，为每个成员所自觉遵从。专业化加团队精神，是提升律师事务所竞争实力、服务水平的重要途径。

（三）律师自身要加强学习，不断提高专业化分工素养。随着律师业务专业化的发展，律师不再局限于为委托人提供一切法律服务，而是更具有专业性质的法律服务，成为处理某专业、某领域法律问题的专家。这就要求律师在掌握基本法学知识的同时，根据自己的特长，精通某个领域或者某个专业的法学知识，熟悉与之相关的法律法规和政策，并对服务对象的业务知识有所了解，更好地、更专业地提供法律服务。律师要善于学习，善于总结，善于研究，这样才能开拓思路，跟上时代步伐，在激烈的法律服务竞争中立于不败之地，才能保证服务质量，保证服务的公信力。

总而言之，各个方面都要努力来推动律师的专业化分工。上海有条件、有能力在中国律师专业化分工上，在中国律师法律服务质量提高方面带个好头。今天，在座的各位律师特别是朱妙春律师，都认识到了律师专业化的重要性。天宏律师事务所曾在朱律师的带领下，以知识产权法律服务为特色，在机构设置、人员选择、教育培训及专业深造等方面形成了一套行之有效的专业化管理机制，积累了不少好的经验。据我了解，他在知识产权领域代理了很多知名的案件，取得了很大的成绩，也出版了一些知识产权诉讼方面的专业性法律服务书籍，这种专业精神可喜可贺，借此机会，我要向朱律师表示祝贺。同时，我也希望通过我们大家的共同努力，在我国涌现出具有更多专业定位的品牌律师事务所和专家型律师，推动我国律师业又快又好地发展。

朱妙春律师堪称是一位专业化、专家型的律师，其长年累月办案，并出书不断，将至11本，真是可喜可贺！值此他的新作《商标及专利纠纷案代理纪实》出版之际，我将我于2005年12月17日在由上海市静安区司法局与上海市天宏律师事务所发起的“律师专业化论坛”上的演讲——《积极推进律师专业化发展》奉献给读者，并代为该书之序。

中华人民共和国司法部律师公证司　司长

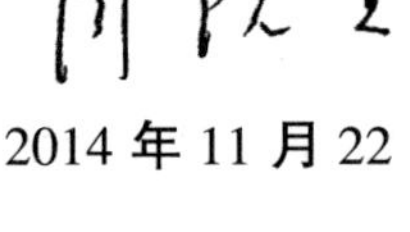

2014年11月22日

目　　录

第一部分　商　标

第二部分　专　利

第三部分　附　录

第一部分　商　标

01 愚公移山
——科麦公司商标争议纠纷案

案　由

台湾科麦股份有限公司（以下简称台湾科麦）于1991年在我国台湾地区成立。2000年4月8日，科麦公司将其享有的“科麦中英文及图”的著作权转让给上海科麦食品有限公司（以下简称上海科麦）。2007年3月7日，上海科麦的员工秦女士将“科麦中英文及图”的作品稍作添加后，恶意申请为注册商标，并于注册成功后将该商标转让给了第三人。

上海科麦在长达5年的时间里，对该涉案商标进行了漫长艰苦的维权，然而，历时多年却迟迟未能盼到裁定结果。2012年9月，由我接手承办后，经过细致的分析与深入的操作，最终撤销了秦女士恶意抢注的商标，在3个月的时间内便成功地解决了这个耗时长久的棘手案件。这个圆满的结果令客户赞不绝口，欣慰地等到了迟来的正义。

2012年9月11日上午，我正在上海世博园处理一起专利侵权诉前保全的事宜。此时，电话突然响起，原来是我多年的老友——某知识产权代理公司的汤总来电话，他告诉我，公司里有一起棘手的商标争议案件需要处理，该案已经拖延了5年的时间都没能解决，现在想请我老将出马。我一向对于疑难案件颇有兴趣，便很爽快地答应了。汤总说客户想直接与我见面，这样可更详细地告诉我整个案件的来龙去脉，便约定下午到律师事务所详谈。

烘焙帝国

台湾科麦成立于1991年，专营高级烘焙食品的原料。1996年4月，台湾科麦为打造自己的品牌，便委托了一名女设计师代为设计两款图案作为公司的服务标识，要求以科麦公司所经营的食品烘焙业务为构思，表达烘焙行业的基本元素，如小麦及工具，以塑造出科麦公司“烘焙王国”之企盼，并约定完成设计图案后其版权归台湾科麦。根据台湾科麦的要求，女设计师开始构思和设计。通过几次三番的修改，经科麦公司的确认，女设计师终于圆满地完成了“科麦”图案设计，台湾科麦也按约向其支付了设计费用。

之后，台湾科麦经过多年的发展，渐渐地树立了自己的品牌，在行业中取得了领先地位。他们在海峡两岸相继建立了多处服务网点及办事处，品牌遍布台北、上海、南京、武汉、青岛、成都、沈阳等各大城市，一个食品烘焙业的“商业帝国”逐渐显露雏形。1998 年 4 月，台湾科麦在上海设立了首家分公司——上海科麦。上海科麦成立后，全面代理台湾科麦的产品在大陆市场的销售，并使用“科麦”字号作为商标标识开展相关业务。由于拥有世界一流的食品原料、食品机械和加工技术，并聘请了国外知名企业的技术顾问，上海科麦很快就拓展了大陆市场，其旗下相继设立了“欧贝拉烘焙示范饼屋”“奉贤食品机械厂”“奉贤调料厂”“吐鲁番葡萄干生产基地”和“联旭糕点专业代工工厂”等烘焙基地，从 2001 年至 2007 年连续 7 年参加了由中国焙烤食品糖制品工业协会举办的“中国国际焙烤展览会”。至此，上海科麦已在全国焙烤市场中具有较高的市场占有率，在焙烤行业中取得了较高的品牌知名度。

2000 年 4 月，台湾科麦与上海科麦签订了“科麦”图案的著作权转让合同。合同约定：台湾科麦将“科麦”图案的相关著作权，在大陆范围内永久转让给上海科麦，转让费为 20 万元人民币。所转让的著作权包括：复制权、发行权、出租权、展览权、表演权、放映权、广播权、信息网络传播权、摄制权、改编权、翻译权、汇编权以及双方尚未明确列举的著作权。该合同还约定在著作权转让后，上海科麦可以在大陆范围内对侵犯“科麦”图案著作权的一切行为以自己的名义采取保护措施，保护措施包括但不限于提起民事诉讼的行为。

祸起萧墙

2004 年 10 月 12 日，上海科麦济南办事处的一名员工秦女士瞒着公司，私自在上海科麦享有著作权的图案两侧加添了“科麦”中文字样，在图案下方英文“BAKER'S KINGDOM”前加注“KM-”字母，组成了近似图案，并到原国家工商行政管理总局商标局（以下简称国家商标局）在国际分类第 29 类上申请了注册商标。上海科麦在上述商标初审通过后的公告期内未及时发现，故无法走商标异议程序，而只能向国家商标评审委员会（以下简称商评委）提出商标争议请求，要求撤销该注册商标。当时，考虑到撤销注册商标的难度，上海科麦便决定采取釜底抽薪的方法，将自己享有著作权并在先使用的“科麦”图案到上海市版权局登记了著作权。接着，就开始着手著作权的官司准备，所以上海科麦在2008年3月23日以注册商标侵犯其著作权为由将秦女士起诉至山东省烟台市中级人民法院，请求法院判令：1. 秦女士停止一切侵犯上海科麦美术作品著作权的行为，包括使用及转让“科麦中英文及图”商标；2. 秦女士赔偿上海科麦损失人民币10万元；3. 秦女士消除影响，公开赔礼道歉；4. 本案的诉讼费由秦女士负担。

但在案件的审理过程中却节外生枝，突然杀出了一个“程咬金”，即案外人济南科麦商贸有限公司（以下简称济南科麦）。济南科麦致函法院，称其是系争商标的合法持有人，其商标来源于山东泰和世纪投资有限公司（以下简称山东泰和），该公司在2009年3月28日将争议商标转让给了他们。从商标局颁发的商标注册证上可以看出，秦女士在2007年3月7日将系争商标注册成功后就立即转让给了山东泰和，两年后即2009年3月，山东泰和又将该系争商标转让给了济南科麦。至此，因秦女士的抢注商标行为而引发的一场涉及商标专用权、商标转让合同、著作权侵权等知识产权系列纠纷的案件就此拉开帷幕。

孰是孰非

烟台中院在审理过程中发现，本案存在着诸多知识产权的权利冲突问题。案件的争议焦点主要涉及著作权的侵权认定。涉案图案是台湾女设计师受台湾科麦委托，以台湾科麦经营的烘焙行业为元素设计的，图案富有艺术美感，且体现了企业文化和经营理念，具有独创性，理应受到法律保护。此后，台湾科麦与上海科麦签订了著作权转让合同，上海科麦在取得“科麦”图案的相关著作权后，到上海版权局进行了登记，从而成为该图案的权利人。秦女士作为上海科麦的员工，在知道本公司及其商标在行业内的知名度的情形下，发现公司尚未申请注册商标，于是便乘机擅自向国家商标局注册了商标。法院经审理后认为秦女士的这一行为从未得到上海科麦的授权，因此构成了对上海科麦“科麦中英文及图”作品著作权的侵犯，判令其应停止侵权。但上海科麦请求秦女士停止使用及转让“科麦中英文及图”商标的诉求却被法院驳回。法官在合议过程中考虑到该商标已两易其主，且均通过国家商标局核准，同时系争商标的所有权人又是案外人济南科麦，不是本案的诉讼主体，据此建议上海科麦可以另行起诉。

上海科麦同时还要求法院判令秦女士消除影响，公开赔礼道歉。法院认为虽然法律条文中规定了消除影响、赔礼道歉的民事责任，但该责任承担的前提是侵权行为侵犯了著作权中的人身权利。由于秦女士仅侵犯了上海科麦著作权中的财产权，故法院也未支持该项诉讼请求。

法院判决后，秦女士不服判决结果上诉至山东省高级人民法院。山东高院经审理后认为，原审认定事实清楚，适用法律正确，便驳回了秦女士的上诉，维持了原审法院的判决。

任督二脉

该著作权纠纷终于在山东高院的一纸判决中尘埃落定，上海科麦以为将这份权威的判决书交到商评委便胜利在望了，于是在 2011 年年初就将这份判决书作为补充证据提交到了商评委，满怀信心地等待结果。但令人沮丧的是，在递交了这份充分有力的补充证据后，商评委却仍然迟迟没有作出裁定。当事人和代理公司左等右等、望眼欲穿，虽几经努力但案件仍石沉大海、杳无音信，代理公司的汤总屈指一算，该案已历时 5 年有余，再不设法解决便对不起当事人了，于是就与我来商量对策。作为一名专攻疑难案件的知识产权专业律师，对老朋友的真诚相托难以推却，且我对这种高难度的、具有挑战性的案件尤感兴趣。于是，便抓紧了解案情始末，并很快就找到了突破案件的关键命脉。

深夜里，我独自坐在办公室里静静地思考该案究竟应如何操作？我百思不得其解的是，为什么一个清晰明了的商标争议却多年久拖不决，其中究竟存在什么问题？考虑再三后，便决定乘胜追击，促使商评委尽快裁定撤销系争商标。

经过深思熟虑，我认为本案的关键点是两大问题：首先是实体问题。著作权案件的胜诉对我们来说是一个极为有利的证据，可以用在先的著作权来对抗在后的商标权。其次是程序问题。该案的审限不明确，已审理了逾 5 年，但仍无结果。若能指出程序瑕疵，商评委便会抓紧裁定。因此，我决定双管齐下，打通这“任督二脉”，本案就能见到曙光。

几经曲折，我终于了解到案件久拖不决的原因：一是由于没有审限要求，案件审理缺乏督促；二是审查人员不足，多年如此，后虽有增加，但仍远远不够；三是由于当年国家商标审查机关的办公场所面临搬家，有关人员均在做搬迁准备；四是该案具体审查员意外受伤，休养在家。了解情况后，我觉得确实情有可原。岁月如梭，转眼已到 11 月下旬，我又撰写了一份书面补充意见交给了商评委。同时，为了确保不受地域限制，能及时得到反馈信息，我便又委托了北京一家经验丰富且交情深厚的知识产权代理公司，来辅佐我们进行案件材料的交接，以及与审查员之间的沟通交流。

2012 年 12 月 21 日下午，我收到了北京代理公司发给我的短信，说商评委的领导认真负责地督办了此案，基本上认可我方的补充意见，将作出撤销对方商标的决定。不久，该代理公司又告诉我商评委的裁定书已下，后续事宜交由商评委下属的公司办理，因公司流程周期较长，故裁定书送达尚需一段时间，估计春节前能拿到正式的裁定书。此时，我心中的石头终于落地，这个长达近 6 年的商标争议纠纷，在我的努力下最终拨云见日，开花结果。寒冬，我独自坐在办公室里，望着窗外凝结的雾气和路边白皑皑的积雪，心里却是暖洋洋的。

再移一“峰”

初战告捷，一起拖了逾 5 年的悬而未决的商标疑难案件，在不到 5 个月的时间内就圆满解决了，犹如在上海科麦商标维权征途上搬走了一座大“山”。然而，这仅仅是“科麦中英文及图”商标系列案的开局。上海科麦商标战略的真正目的是要将“科麦中英文及图”商标在第 29 类和第 30 类商品上均注册下来，一则可与自己公司的字号相吻合，二则也可使海峡两岸均有科麦品牌。如今虽然搬走了一个高大的拦路障碍，但切不可浅尝辄止，半途而废。接下来就要双管齐下——在对方“科麦中英文及图”商标（第 29 类）被争议撤销的基础上，一方面要通过商标异议复审程序，千方百计地使对方的“科麦中英文及图”商标在第 30 类商品上不予核准注册；另一方面又要通过驳回复审程序，促使我方申请注册的“科麦中英文及图”商标在第 30 类商品上核准注册。

早在 2007 年，秦女士不但以济南科麦的名义在第 29 类商品上注册了侵犯上海科麦著作权的“科麦中英文及图”商标，同时还以个人名义在第 30 类商品上注册了相同的“科麦中英文及图”商标，待到上海科麦发现时，第 29 类商品上的“科麦中英文及图”商标已逾初审公告期，秦女士侥幸成功注册。故上海科麦只得通过争议程序，直接向商评委提出要求撤销系争注册商标，即前述搬走的第一座大“山”。而发现秦女士在第 30 类商品上申请注册“科麦中英文及图”商标时，尚处于初审公告期内，为防前车之覆，上海科麦就毫不迟疑地立即向国家商标局提出异议。然而，当时上海科麦尚未确立以侵犯在先著作权为由的异议思路，也确实尚未取得后来山东高院确认其拥有“科麦中英文及图”著作权的生效判决书，故上海科麦的异议被商标局驳回。当然，上海科麦并未气馁，立马就向商评委提起复审程序。后来我参与了上海科麦对“科麦中英文及图”商标（第 29 类）的异议复审程序，并收到了商评委撤销济南科麦在第 29 类商品上注册的“科麦中英文及图”商标的裁定书，于是上海科麦又重燃希望，继续委托我代理其向商评委提出商标驳回复审申请，要求对秦女士在第 30 类商品上申请注册的“科麦中英文及图”商标不予核准注册。

不久，商评委就于 2013 年 10 月下旬下达了驳回复审裁定书：“申请人的‘科麦 BACKER’S KINGDOM 及图’等商标的图形部分为在一圆形背景图案下凸显麦穗和面杖图形，该图形部分经过艺术化处理且具有艺术美感，具有较强独创性和可复制性，符合我国《著作权法》规定的作品独创性要求，属于我国《著作权法》保护的美术作品。”裁定书在确认了系争商标具有独创性，受我国著作权法保护后，继续查明事实，并认为：“可以证明上海科麦对该图形作品享有在先著作权。被申请人（秦女士）对申请人（上海科麦）提交证据的真实性等问题存在质疑，但未提出相反证据，且申请人提交的民事判决书证据已推翻被申请人的质疑，对此，我委不予支持被申请人的质疑。本案被异议商标的图形部分与上海科麦享有著作权之图形作品在构图内容、图形设计细节、颜色填充方面高度相似，已构成实质性相似。同时，被申请人未提交任何证据说明其对被异议商标图形部分的设计具有合理出处。”裁定书最后认定，“被申请人在未取得上海科麦许可的情况下，注册与其享有著作权的美术作品相似的标志为商标，侵犯了该公司的在先著作权，违反了《商标法》第三十一条的规定”，并裁定“被异议商标不予核准注册”。

看到上述裁定后，我如释重负，我们再一次成功地阻止了秦女士在第 30 类商品上恶意注册商标——上海科麦在与对手秦女士关于“科麦中英文及图”商标纠纷系列案的博弈中，再搬一峰，下一步就是要使上海科麦在第 30 类商品上申请注册的“科麦中英文及图”商标注册成功。为此，上海科麦在要求国家商标局不予核准秦女士注册商标受挫时，并不气馁，而是逆水行舟，继续向商评委申请复审，在“再搬一峰”成功后，乘胜追击，催促商评委尽快核准我方在第 30 类商品上申请注册的“科麦中英文及图”商标，使两起复审攻防兼备、双管齐下、互为因果。

果然，2013 年 11 月 12 日，也就是秦女士在先注册的“科麦中英文及图”商标被撤销后约半个月，我们就又收到了商评委商评字（2013）第 110480 号驳回复审决定书：“至本案审理之时，商标局引证的第 4305051 号‘科麦 KM·

BAKER'S KINGDOM 及图' 商标（以下称引证商标）已经我委 '商评字(2013) 第95169号'《商标异议复审裁定书》裁定不予核准注册。我委认为，依据我委查明的事实，鉴于引证商标已不予核准注册，申请商标与引证商标之间已不存在权利冲突。依据《中华人民共和国商标法》第二十七条的规定，我委决定：申请商标予以初步审定，由我委移交商标局办理相关事宜。”大约又过了半年，2014年4月底，我们收到了国家商标局核发的商标注册证。

至此，上海科麦终于可以在第30类“科麦中英文及图”商标的大道上畅通无阻地“奔跑”——名正言顺地使用自己的“科麦中英文及图”商标了。我在由衷地为上海科麦高兴之余，也不禁有些感慨。摆在上海科麦商标战略面前的三座大“山”：横向是左右排列的由秦女士于2007年分别在第29类和第30类商品上抢先申请注册的“科麦中英文及图”商标；纵向是前后序列的由秦女士和济南科麦先后于2007年和2011年分别在第29类商品上申请注册的“科麦中英文及图”商标和“科麦黑体字”商标。经过不屈不挠的努力，上海科麦终于逐步扫清了左右横向的两座大山。然而，第29类“科麦中英文及图”商标的大道仍然被“科麦黑体字”商标这座大“山”所阻隔。而且此“山”较前两“山”更高更坚，前景不容乐观。

终凿后“岳”

在将横向左右排列的第29类和第30类商品上申请注册的“科麦中英文及图”商标两座大“山”移开后，即打开了通往在第30类商品上注册“科麦中英文及图”商标的大道。接下来就要凿开“科麦黑体字”商标这座大“山”了。然而要凿开“科麦黑体字”商标这座大“山”又谈何容易！首先，“科麦黑体字”商标申请注册在先；其次，“科麦黑体字”商标不存在著作权侵权问题，因此不能以侵犯在先著作权的理由来申请不予其核准注册；再次，若以不正当竞争为由来确认济南科麦在第29类商品上注册“科麦黑体字”商标系恶意抢注，却又不明济南科麦与秦女士的法律关系。案件的进展一度陷入了僵局。要打破僵局，就必须要凿开“科麦黑体字”商标这座后“岳”，而凿开这座“岳”的关键在于要找出济南科麦与秦女士是否有恶意串通之嫌，因此就必须在他们之间的关系上寻找突破口。

在确定了以济南科麦恶意抢注“科麦黑体字”商标，济南科麦与秦女士有恶意串通之嫌作为凿开后“岳”的突破口后，接下来的几天里我就一直在思考秦女士与济南科麦之间的关系。

2014年8月中旬的一天，我的助手们都已经下班回家，我还在办公室里为这个问题而苦思冥想。正当我坐在窗边阅读山东高院的二审判决书的时候，秦女士二审代理人李海的名字突然在我脑海中一闪而过。济南科麦的法定代表人叫李洋。这两人都姓李，又都是单名，会不会是兄弟关系？当这个念头闪过的一刹那，第六感觉告诉我这极有可能就是我们一直在苦苦寻求的突破口，想到这里，我心中不禁窃喜。因为如果他们真是兄弟关系的话，就将秦女士与济南科麦连接起来了。于是我打算第二天上班后让助手核对李海与李洋两人的住址。第二天上午，我的助手在核对了李洋身份证上的地址与山东高院判决书上李海的地址后，欣喜地告诉我说："朱老师，两人的地址是完全相同的。"听到这句话，我瞬间有一种拨云见日、醍醐灌顶之感，不禁喜出望外，最后的结果也确实不出我所料。当时我考虑，首先，李海和李洋可能的兄弟关系就将秦女士与济南科麦直接关联起来，也就是说在第29类商品上申请注册"科麦黑体字"商标的行为可能是秦女士与济南科麦恶意串通的结果。其次，此前秦女士既然有在第29类商品上恶意抢注"科麦中英文及图"商标的行为，那么也有可能与济南科麦串通共同恶意抢注"科麦黑体字"商标。于是连日来一直困扰我的疑云也因为一个灵感而烟消云散，我仿佛隐约看到了一丝胜利的曙光。

然而，李氏的兄弟关系毕竟还是推测，尚无确凿证据证实，还需去济南进一步取证。2014年8月下旬，我满怀期待地和助手再次坐上了开往济南的列车，此行的目的就是去当地派出所调查李洋和李海是否为兄弟关系。但令人失望的是由于他俩已独立门户，他们的户籍资料分属不同的派出所，而且均是个人独立信息，因此虽然调取了两人的户籍资料，却无法证明二人系兄弟关系。由于中午还要赶往北京，所以，此次取证并未遂愿，但我们并不气馁。2014年9月下旬，我又携助手三上济南。最终功夫不负有心人，这次我们顺利调取到了李海和李洋的户籍资料，证实他们确系兄弟关系。

为了能尽快促使商评委对济南科麦在第29类商品上申请注册的"科麦黑体字"商标不予核准注册，我们在着手调查李氏兄弟关系的同时，对济南科麦不正当竞争恶意抢注的行为也启动了鉴定程序。此前也曾先后向商评委递交了《济南科麦黑体字商标补充意见书》和《上海科麦再补充意见陈述书》两份材料，但是总感到意犹未尽，没有达到我所期望的最佳状态。因此便想到请商标鉴定机构的专家做一个鉴定，希望能借助专家们精深的专业知识帮助我们准确地将对方侵权行为的性质表达出来，以向商评委提供一个完整的借鉴方案。

于是在 2014 年 8 月下旬，在我们第二次去济南取证未果后，当天中午我们就乘车前往北京寻找商标鉴定机构。由于我们带了比较充足的证据，相信鉴定机构定能给出一个令人满意的结果。

果然，2014 年 9 月下旬，商标鉴定机构就出具了《商标法律论证意见书》。鉴定专家们认为："考虑到秦女士曾是上海科麦济南办事处的员工，显然知道上海科麦在先使用但未注册的'科麦中英文及图'商标，其抢先注册，又将该商标在案件审理期间转让于济南科麦，而济南科麦的法定代表人李洋与秦女士二审代理人是同胞兄弟，可得知李洋同样知晓上海科麦在先使用但未注册'科麦中英文及图'商标的事实，而正是在该案的二审期间，济南科麦又申请注册了'科麦'文字商标，该行为具有明显的恶意，可以判定为是恶意抢注行为……济南科麦将上海科麦的商号'科麦'注册为'科麦'文字商标的行为，考虑到济南科麦具有明显的主观恶意，是一种对上海科麦企业名称的擅自使用行为，容易引起相关公众对产品来源的误认，属于不正当竞争行为。"

在收到《商标法律论证意见书》后，我们就将其与《科麦商标鉴定资料和证据》一并寄送至商评委，接下来便是等待商评委的最终裁定。我们相信以现有的资料和证据，加上专家们的论证意见，商评委定能给我们一个公正的答案，案件进展到这一步已经是胜利在望了。

又过了大半年，到了 2015 年炎夏，商评委裁定对济南科麦的"科麦黑体字"商标不予核准注册。至此，横在上海科麦面前的三座大山终于被移开。2015 年 5 月 12 日，我们就向商标局在第 29 类和第 30 类商品上申请注册了"科麦黑体字"商标。

孰料好事多磨！2016 年 3 月 24 日，我们收到了商标局发出的《商标部分驳回通知书》，驳回了我们所申请的商标在第 29 类部分指定商品上的使用以及在第 30 类全部指定商品上的使用，原因是所申请商标与其他商标近似。原来，此次我们是以科麦（上海）烘焙食品贸易有限公司（以下简称科麦烘焙）的名义向商标局申请注册"科麦黑体字"商标，而所谓相似的商标其实就是上海科麦申请的"科麦中英文及图"商标。在知道原因后，我们马上向商评委提起复审申请，并递交了关于上海科麦与科麦烘焙的关系以及上海科麦同意科麦烘焙申请商标的说明。

经过多次沟通后，我们复审成功，商评委将申请移交商标局继续办理注册事宜。2017 年 4 月 6 日商标局终于对在第 29 类和第 30 类商品上申请的"科麦黑体字"商标进行初审公告，并于 2017 年 7 月 7 日正式发布注册公告。至此，我们以愚公移山的精神，终于排除了全部障碍，科麦商标系列案迎来了最后的胜利。

感　　由

一、知识产权的不同权利发生冲突时，应适用在先原则

本案的主要焦点是对知识产权权利冲突的处理原则，特别是著作权与商标权发生冲突时的处理原则。对此，理论界与实务界已进行了较多的探讨，但既有共识，也有分歧。有些学者将处理原则归纳为在先原则、权利合法原则、知名度原则和制止不正当竞争原则。最高人民法院有关知识产权权利冲突的司法解释（讨论稿）曾将这些原则归纳为保护在先权利、诚实信用和公平竞争。对此，审判实践中也有大同小异的各种做法，如有的法院归纳为保护在先权利和禁止混淆原则，有的法院归纳为应当遵循诚实信用原则或保护在先取得的合法权利原则。其实，司法实践中已经对解决冲突的原则进行过权威性的归纳和总结。时任最高人民法院副院长曹建明在《加强知识产权司法保护，优化创新环境，构建和谐社会——在全国法院知识产权审判工作座谈会上的讲话》中指出："对于知识产权权利冲突案件的审理，一般应当遵循保护在先权利、维护公平竞争和诚实信用的原则。"

因此，就解决知识产权权利冲突的特殊情况而言，可以将保护在先权利和维护公平竞争（防止误导或者市场混淆）作为其核心的法律原则。保护在先权利立足于保护在先的合法权益，制止的是对已经存在的他人合法权益的侵夺；维护公平竞争则是通过防止误导或者混淆而维护公平竞争的市场秩序。从知识产权权利冲突的实际情形或者后果来看，无非有两大基本情形，即要么是侵犯他人在先的合法权利，要么是误导相关公众而造成市场混淆。因而保护在先权利和防止误导也就顺理成章地成为解决权利冲突的针对性原则，且足以涵盖权利冲突的所有情形。本案中，正是通过主张保护我方在先享有的著作权，成功对抗了对方的商标专用权。

二、企业应当重视自身的商标战略

回顾上海科麦的艰苦维权历程，可见企业商标战略的重要性，为此，企业在制定商标战略时应当注意以下几点：

第一，企业应该加强商标意识，尽早注册商标，特别是应将自己的企业字号

和特有的名称、装潢及特殊标志注册成商标，以免被他人抢注，造成法律上不必要的麻烦和损失。

本案中，上海科麦在商标被秦女士抢注后，其经营范围不断扩大，但却始终没有想到将自己具有著作权的“科麦中英文及图”注册为企业的商标。直到2007年，秦女士恶意抢注的“科麦中英文及图”商标公告时，上海科麦才恍然大悟，但此时已错失良机，陷入了被动局面。

第二，企业发现自己的商标在注册之前已被他人非法抢注时，应当尽快聘请专业律师，及时收集证据，积极向有关行政部门投诉或向司法机关起诉，并要持之以恒、坚持不懈、屡败屡战。

本案中上海科麦在被侵权后，就立即聘请了律师，积极地维护自己的合法权益。在之后的五六年里，上海科麦奔波于山东、北京，先是取得了烟台中院的判决书，使其对“科麦中英文及图”的著作权得到了确认，接着又向商评委提出秦女士所申请的“科麦中英文及图”商标侵犯其在先著作权，应予立即撤销。紧接着上海科麦又向商标局申请了“科麦中英文及图”商标注册，在商标申请被驳回之后并不气馁，立即向商评委提起了复审。正是他们这种对自己品牌誓死捍卫、锲而不舍、坚持不懈的精神和行动，才最后取得了胜利。

第三，企业在商标维权时要讲究策略、统筹考虑、及时跟进、不屈不挠。企业应充分认识到，撤销他人恶意抢注的商标只是企业商标战略的第一步，而更为重要的是自己要抓紧时机、及时跟进，申请注册，切忌错失申请注册商标的时机。即使商标申请被驳回，也仍应立即申请复审，以防他人“插队而上”，致使即便异议或撤销成功，也仅为他人做了嫁衣。

本案中上海科麦在通过商标异议复审程序，使得对方的“科麦中英文及图”商标（第30类）被不予核准注册之后，又立刻向商评委申请复审，通过驳回复审程序，最终促使商评委核准上海科麦的“科麦中英文及图”商标在第30类商品上得以注册。两者互为因果，紧密衔接，避免了其他人插队现象的出现，减少了不必要的麻烦。

第四，企业在面对商标侵权的时候，不仅要有维权的决心和毅力，更要掌握一定的技巧和策略，善于借助他“山”之石，为我所用。尤其是在案件比较复杂的时候不妨寻求商标鉴定机构的帮助，一则商标鉴定机构的专业性较强，能够将侵权事实表述得更加具有说服力；二则商标鉴定机构在分析时善于把握案件的关键点，可以为维权提供重要的帮助；三则商标鉴定机构具有一定的权威性，因此其意见在案件审理中也更加容易得到法官的重视，进而为胜诉增加更多的可能性。

本案中，上海科麦在确定了秦女士二审代理人与济南科麦法定代表人系同胞兄弟关系后，就转换思路，着手论证济南科麦的注册行为属恶意抢注，这是最为关键也是颇有难度的一步。后来，又借助商标鉴定机构的专业性和权威性为其所用，这也是上海科麦取得案件最终胜利的一个重要的因素。

02 顺藤摸瓜
——阿迪达斯商标侵权案

案　由

阿迪达斯有限公司（adidas A. G）（以下简称阿迪达斯）是全球著名的运动品牌制造商，旗下拥有三大系列：运动表现系列 performance（标识为“三条纹”）、运动传统系列 original（标识为“三叶草”）和运动时尚系列 neo（标识为球状内含“三条纹”LOGO）。其中阿迪达斯运动表现系列 performance 的“三条纹”标识是最早被启用的，在阿迪达斯品牌成立的第二年，也即从 1949 年开始就被应用到阿迪达斯旗下的各类商品中，其代表了不断前进、不断超越的体育精神。

在消费市场，可以说“三条纹”是阿迪达斯最具代表性的标识。这一标识长期在中国国内市场使用，有较高的知名度，而且图形简洁、美观，但极容易被模仿和借鉴。一直以来，不法商家借阿迪达斯此品牌标识“搭便车”的行径不胜枚举，阿迪达斯也饱受其“三条纹”标识被仿冒、攀附之苦，而这一情况在《商标注册用商品和服务国际分类》中第 25 类商品“鞋、包括运动鞋和休闲鞋”上尤为明显。为了保护自己的合法权益，阿迪达斯在中国境内申请了几百件图形及文字注册商标，其中本案被侵权的注册商标就是阿迪达斯 G730835 号“”图形商标（以下简称“三条纹”商标）。

2015 年 1 月，阿迪达斯的维权部门在做市场调查时发现，上海有商家在销售与阿迪达斯上述“三条纹”商标极为相似的“四条纹”标识的运动鞋。香港高露云律师行此时正在为阿迪达斯处理商标维权的法律事务，由于之前在“轩尼诗”“彭博资讯”等商标侵权案上与我所有过密切的合作，且这些案件均取得了理想的结果，彼此都留下了良好的印象。因本案的侵权行为地恰好在上海，故经办本案的高露云律师行北京分所主任曾律师马上就想到了我所，于是便与我联系，并将我所推荐给阿迪达斯。此后，经过我们两所三年多的不懈努力，经多处调查、严谨分析和审慎排除，最终精确地确定了多个侵权主体，顺藤摸瓜找到躲在小小沿街门店后面的“大鱼”，进而让整个侵权的利益链条原形毕露，并最终为客户成功维权。

初露端倪

2015年6月，香港高露云律师行的曾律师通过电话联系我，介绍了这起案件，并告知我他们已做了不少准备工作，包括以公证购买的方式对侵权商铺进行了证据保全，初步固定了证据，但仍需要上海的律师进一步深挖线索。听完曾律师的话，我感觉这起案子虽然涉案标的不高，但影响力较大。同时，案件胜诉虽较有把握，但要彻底挖出全部侵权主体并获得赔偿还是有相当难度的，这反而勾起了我较大的挑战兴趣，因此便一口应承下来，刚好不久有起案件将在北京知识产权法院开庭，便与曾律师约好具体事宜届时去北京同他面议。

2015年6月9日，我携助理前往北京参加一起知识产权案件的开庭。庭审结束后，我按照之前预定好的行程拜访了高露云律师事务所的曾律师及该所负责对接本案的房律师。房律师先细致地向我们介绍了本案的来龙去脉和初步工作进展，以及他们怀疑本案可能暗藏的玄机。曾律师接着提出这次侵权行为的幕后极有可能涉及2009年他们在上海代理阿迪达斯起诉过的上海众联体育用品有限公司（以下简称众联公司），该公司当时曾侵犯阿迪达斯商标权。好在已经通过公证购买的方式保全了涉嫌侵权的相关实物和照片，其中包括一双“四条纹”运动鞋和一些关于店铺内外装潢和店内设施的照片，其上均有含“万达奴 wandanu® 万达奴”字样的注册商标，看来幕后的“侵权大鳄”已初露端倪。

人去楼空

回到上海后，我们立即从上述“万达奴”商标入手查询，经过商标检索，确认了“万达奴”商标的权利人正是上海万达奴体育用品有限公司（以下简称体育公司），并通过工商信息查询到其住所地。然而，2015年8月，当我们前往体育公司工商注册地址调查时，却发现该地址的办公楼已经是门窗紧闭、人去楼空，隔着窗户只看到里面一片狼藉。我们又根据工商注册信息到该公司在附近的另一处办公地，结果也是大门紧闭，我们同样扑空。后来根据隔壁热心邻居提供的信息，我们获知该公司已经搬迁至沪太路的某处商业园区。但遗憾的是，在聚集的几千家公司里寻找体育公司犹如大海捞针。我们几经周折仍未能找到这家公司，最后只能无奈放弃，无功而返。如此一来，通过商标追溯侵权主体的这条线索也就断了。

思忖再三，我们决定另辟蹊径，调转头来直接调查涉嫌侵权的门店，可是该门店内未按规定展示营业执照，故无法了解到其经营主体。因此，我们转而去房产交易中心调查了该门店的产权人，但该产权人并非该门店的实际经营人。当时情势紧迫，我们担心相关证据存在灭失的可能，遂先下手为强，于2016年2月6日向法院申请对门店的涉嫌侵权产品和相关销售记录、账册进行保全，并对门店销售人员做谈话笔录，以查明产品来源，确定侵权主体。但遗憾的是法院经评估，认为不存在证据灭失的紧迫性，因而未受理我们的申请。同时，由于门店产权人并不是实际经营人，故在确认门店实际经营人之前，我们既无法申请对其采取诉前保全，法院也不能以其作为本案被告。

结合上述信息，我们考虑到在目前的情况下，证据保全还是非常紧迫的一项工作，于是立即着手准备对体育公司的起诉，这也是因为体育公司作为侵权产品的商标权利人，不管是其自己生产，还是授权其他生产者使用商标，都不能摆脱其参与实施侵权行为的责任。同时因上述涉嫌销售侵权产品的门店经营主体尚未查明，故我们只能仅将体育公司作为本案被告提起诉讼，待今后再适时追加被告。就这样，我们在2016年2月16日先向上海市杨浦区人民法院递交了起诉材料，并请求法院立案庭予以诉讼证据保全。可是恰逢此时上海法院知识产权案件管辖区域调整，杨浦区法院告知我们从2016年3月1日起，本案将由上海市普陀区人民法院管辖。

事不宜迟，在2016年5月5日，经过新一轮的准备，我们先向上海市普陀区人民法院提起对体育公司的诉前证据保全，但是该院合议庭还是不同意本次诉前证据保全的申请。事态紧急，正所谓“箭在弦上不得不发”，于是我们便于2016年6月将起诉状和有关材料递交到了普陀区人民法院，对体育公司提起了诉讼。

由表及里

由于在证据保全上“一筹莫展”，对体育公司提起诉讼也是无奈之举，不能仅仅把注意力停留在体育公司这一个被告上，还是要继续追加直接侵权人，因此我们通过现有线索由此及彼、由表及里地深挖侵权利益链，尽可能把全部侵权人一网打尽，以期充分维护委托人的合法权益。

我们决定先攻克侵权门店这个“硬骨头”，由于此前在调查门店时，发现其并未按规定悬挂营业执照，我们遂以此为由向辖区工商局进行举报，后来接到该工商局的书面答复，函中载明这家门店的经营者是陈某。

在对门店的调查中，我们还发现陈某疑似将门店转租给了众联公司，众联公司的注册地址和体育公司住所地一样，均为“平型关路××号×楼”。

接下来，我们又发现了另一个疑似侵权人。2017 年 3 月，为了锁定证据和调查侵权行为的持续情况，高露云律所通过调查员再一次到侵权门店进行了购买公证，除了证明侵权销售行为的持续性外，还在付款时获得了 POS 机刷卡的小票，由此得知本次销售的实际收款方是“上海豪客贸易有限公司”（以下简称豪客公司）。与之前众联公司的情况极为相似，豪客公司与体育公司二者之间的企业联系电话、地址、企业电子邮箱等也完全一致，我们认为二者之间有很大的关联性。

在 2017 年 9 月的首次庭审中，侵权产品的生产商也终于浮出水面。法官打开公证保全的运动鞋包装，拆开封条后发现盒身上记载了该鞋的生产者为上海万达奴实业发展有限公司（以下简称实业公司），真是“踏破铁鞋无觅处，得来全不费工夫”，于是我们当庭就提出追加实业公司作为本案被告。

本次庭审中体育公司的代理人首先称其采用“四条纹”标识不构成混淆，强调该标识仅具功能性而非辨识性，以弱化其与原告商标的相似度，并特别强调侵权产品设置了自有注册商标 wandanu® 万达奴；同时，力图摆脱与其他各个被告之间的关联关系，极力避免陷入承担连带责任的境地。其他被告则均未出席庭审，也未提交任何书面答辩意见。

庭后，通过工商公示信息系统，我们查到实业公司的两个股东之一正是体育公司，且实业公司与体育公司的企业联系电话、地址、企业电子邮箱等重要企业信息也完全一致。除此以外，我们还发现双方于 2014 年签署了《授权契约书》，约定体育公司将“万达奴”商标独家授予实业公司使用，并且体育公司还负有对实业公司所生产的贴标产品规格和样式进行审查的责任。这一证据确定无疑地表明，体育公司确实是完整地参与了侵权产品的生产环节。

就这样，通过上述一系列的取证操作，我方步步为营，层层推进，使本案在侵权主体的认定上不断取得突破。截至 2017 年 11 月，除了先前被起诉的体育公司（即侵权产品的注册商标持有人）外，我们根据上述收集和整理的证据，逐步确定了本案是一起由数个主体共同实施侵权行为的商标侵权案。在此基础上，我们与委托人阿迪达斯经过商议，决定再追加豪客公司（为侵权销售提供收款服务）、众联公司（与本案其他被告有重大关联嫌疑）、实业公司（侵权产品制造商）以及门店实际经营人陈某（侵权产品的零售商）四个主体为共同被告，调整了起诉状有关内容并向普陀区法院重新递交。

去伪存真

2018 年 6 月 26 日，本案在上海市普陀区人民法院再次开庭审理，阿迪达斯所指控的被告分别为：被告 1 体育公司、被告 2 豪客公司、被告 3 众联公司、被告 4 实业公司、被告 5 门店经营者陈某，但以上各被告均未出庭，法庭决定对本案缺席审理。

在庭审调查中，我方提出：1. 本案被告 5 系门店的实际经营者，其实施了销售侵权产品的行为。2. 本案中被告 1、被告 2、被告 4 在组织机构及经营业务上均构成混同，共同实施了侵权行为。三被告的联系方式、联系地址等组织机构及经营业务上均存在混同。此外，被告 3 在 2009 年就曾实施过侵犯原告注册商标专用权的行为。3. 本案侵权商品侵犯了原告的注册商标专用权：（1）原告享有的涉案“三条纹”商标具有较高的市场知名度和美誉度；（2）本案侵权商品上的“四条纹”标识处于显著位置，客观上起到了区别商品来源的作用，属于商标性使用；（3）本案侵权商品的“四条纹”标识与涉案商标在视觉效果上基本无差异，应属相同商品上的近似商标。4. 根据商标侵权的相关司法解释，认定侵权商标与原告商标是否近似应当以一般消费者的注意力为标准，考虑到涉案商标的显著度和知名度，当两者不存在视觉上的显著差异时，应当认定构成近似商标。在本案中，涉案商标具有较高的知名度和美誉度，被诉侵权标识与涉案商标在视觉效果上基本并无差异，应当认定两者构成近似。最后我方意见归纳为：本案三被告构成人格混同，三者未经原告许可擅自销售侵权商品的行为侵犯了原告的注册商标专用权。

在庭审过程中，由于我们确实尚未掌握众联公司与本案存在关联的证据，因此我们审时度势，当庭撤回了对其的诉讼请求。此外，由于 2017 年取得的证据中，被告已经在相关产品上去除了侵权的条纹状标识，故法院也未认可豪客公司实施了侵权行为。本次庭审虽然因被告的缺席而采用了缺席审判，但是整个庭审过程依然严格贯彻了实事求是、去伪存真的精神，保护了各方当事人的合法权益。

圆满收官

2018 年 11 月 30 日，历经三年，本案终于迎来我们期待已久的一审判决书。

基于认定的事实，法庭的审判意见主要包括：1. 原告商标“三条纹”属于有效商标，通过原告多年的使用和宣传，在相关消费者中建立了较高知名度。2. 被诉侵权商品的“四条纹”标识与原告商标的相似之处，足以使相关公众在一般注意力下对商品的来源产生混淆误认，构成商标近似。3. 认定被告实业公司系被诉侵权商品的生产商，认定被告陈某销售了被诉侵权商品，被告体育公司作为“万达奴”商标许可人，对于实业公司生产的授权产品负有审查义务，法院对其不知晓实业公司使用授权商标情况的辩护意见不予采纳，其应对实业公司的赔偿义务承担连带责任。4. 被诉侵权商品虽然已经单独标明了“万达奴”商标，但从整体看，“四条纹”标识的视觉效果更为显著，并且本案的关键在于“被诉侵权产品同时使用了自己的注册商标也仅仅是防止部分消费者购买时的混淆，而不能避免被诉侵权产品销售后对其他相关公众所造成的混淆。被诉侵权产品攀附了原告涉案商标的商誉，纵容了部分消费者攀附名牌、搭便车的心理，不利于保障正品消费者的利益，亦挫伤了权利人通过商标传递良好信誉的积极性，损害了商标权利人的合法权益”。

综上，主审法官判决本案被诉侵权产品构成对原告商标的侵权，被告 1、被告 4、被告 5 承担相应的连带责任，被告 1 与被告 4 共承担连带赔偿责任 8 万元，被告 5 承担其中 2 万元的连带赔偿责任。一审判决后，各被告均未在规定期间内提起上诉，一审判决生效。

本案法院通过认定被诉侵权产品的标识与原告商标构成商标近似，确认被告存在侵权行为，同时通过认定被诉侵权产品的生产者、被诉侵权产品的商标许可人和终端零售商等相关角色分工，明确了侵权主体及其过错，判决相关侵权主体承担连带赔偿责任，在最大限度上维护了原告的合法权益。主审法官精准地剖析了本案侵权行为的构成、对原告利益的实质损害和各主体的连带侵权责任，彰显了主审法官精湛的业务能力和高超的审判技巧。

感　由

本案虽已结束，但仍有两点值得深思。

一、侵权商标持有人是否应当承担侵权责任

对此是有争议的。本案法院支持了原告的意见，判决侵权商标持有人承担侵权责任，我们认为法院的判决无疑是正确的。

关于商标许可人的责任，主要适用《中华人民共和国商标法》（以下简称《商标法》）第43条关于“许可人应当监督被许可人使用其注册商标的商品质量。被许可人应当保证使用该注册商标的商品质量”，以及最高人民法院2002年的相关批复关于“任何将自己的姓名、名称、商标或者可资识别的其他标识体现在产品上，表示其为产品制造者的企业或个人，均属于《中华人民共和国民法通则》第一百二十二条规定的‘产品制造者’和《中华人民共和国产品质量法》规定的‘生产者’”的规定。

虽然上述规定主要是针对产品质量，但本案中体育公司与实业公司签订了“许可协议”，且体育公司进行了对侵权产品的审样工作，综合两者之间的关系以及在本案中的角色分工，可以认为体育公司完全知悉并具备对侵权商品生产环节的控制能力。因此，尽管本案并未出现产品质量方面的问题，但并不能因此排除商标许可人与其他侵权主体构成了共同侵权，其应该承担相应的连带责任。

本案的裁判思路在其他司法案例上也有迹可寻，以深圳市龙岗区人民法院作出的（2017）粤0307民初17076号民事判决为例，该案也是商标持有人授权他人使用其商标直接生产侵权产品，原告便直接向商标持有人主张权利。虽然商标持有人以被诉侵权商品并非其生产、销售为由进行抗辩，但法院引用了上述司法解释并结合其他侵权证据，最终认定商标许可人系被诉侵权商品的生产者，使其承担了作为被诉侵权产品生产者的相应侵权责任。

二、当事人取证和举证遇到困难时如何请求司法机关进行司法救济

当事人取证遇到困难时，一般可以请求法院进行司法救济，采用证据保全或申请法院调查，其依据为《中华人民共和国民事诉讼法》（以下简称《民事诉讼法》）第81条关于“在证据可能灭失或者以后难以取得的情况下，当事人可以在诉讼过程中向人民法院申请保全证据，人民法院也可以主动采取保全措施”以及第64条关于“当事人及其诉讼代理人因客观原因不能自行收集的证据，或者人民法院认为审理案件需要的证据，人民法院应当调查收集”之规定。本案中原告代理人两次诉前保全申请均未获法院批准，为了查明案件中必要的侵权事实，在原告因客观原因不能掌握必要侵权证据的情况下，申请由法院调查收集证据，这是对当事人举证能力不足的一种有效弥补，也有助于保护诉讼中相对弱势的一方。

03 正道沧桑

——“避风塘”非注册商标纠纷案

案　由

避风塘美食餐厅是上海一家知名连锁餐厅。自 1998 年在上海长乐路上开出第一家门店以来，上海避风塘美食有限公司（以下简称避风塘公司）在短短的十多年中就在上海开出了 20 家连锁店。独特的港湾风情，地道的渔家菜式，再加上良好的服务，一时间，避风塘公司在上海的店铺都贵客满座，排队等位和昼夜开张的盛况成为沪上亮丽的风景线。依靠严格的品质监控和良好的经营管理，避风塘公司多项菜点被评为“中国名菜”“中国名点”。让人间美味扩散到更多的角落，让更多的消费者领略浪漫的渔家风情——这就是避风塘公司的经营理念。

然而，随着避风塘公司生意的日渐兴隆，同行在艳羡之余也纷纷效仿其经营模式，甚至在店面装潢中也直接使用“避风塘”字样。一夜之间，在上海的大街小巷中，“避风塘”的招牌随处可见，顾客难辨真伪，往往误认为大大小小的“避风塘”均为避风塘公司的连锁店。

面对如此情形，避风塘公司从 1998 年起就开始维权，但一直未能如愿。2000 年 7 月 26 日，避风塘公司以不正当竞争为由将上海 X 餐饮管理有限公司（以下简称 X 公司）告上了法庭。2002 年 10 月 10 日，上海市某中级人民法院（以下简称某中院）公开审理了此案，并于 2002 年 12 月 25 日判决避风塘公司败诉。因不服该判决，避风塘公司于 2003 年 1 月 8 日向上级法院提起上诉。2003 年 6 月 18 日，上级法院裁定驳回上诉，维持原判，后又于 2005 年 11 月 25 日驳回了避风塘公司的再审申请。2007 年 5 月 12 日，执着的避风塘公司再次向最高人民法院提出申诉。最终，2009 年 12 月 31 日，最高人民法院作出（2007）民三监字第 21-1 号民事裁定书，认定“避风塘”为“上海地区知名餐饮服务特有名称”。至此，这起长达 10 年，几乎穷尽了所有诉讼途径的案件终于画下了圆满的句号。

切肤之痛

早在避风塘公司成立之初，公司总经理叶总就意识到了品牌的重要性。但经检索发现，“避风塘”餐饮服务商标早已名花有主。1997年7月14日，成都武侯区避风塘海鲜大排档（以下简称成都避风塘）已在餐饮业服务项目上合法注册了“避风塘 BFT”服务商标。经过友好协商，1999年成都避风塘同意将该商标转让给避风塘公司。因完成转让手续尚待时日，于是先办理了许可避风塘公司独家使用该商标的手续。

在得到商标“避风塘”的专用权后，避风塘公司踌躇满志，热情百倍地经营起了“避风塘”品牌。但未曾想到，半路却杀出个“程咬金”Y公司。该公司曾于1998年5月12日申请注册“避风塘”服务商标，因成都避风塘注册在先而未达到目的。其后，Y公司在上海某会展中心挂牌“Y避风塘料理——静安店”，并将其“Y餐馆”易名为“Y避风塘料理”。

避风塘公司认为，Y公司未经授权和许可擅自使用“避风塘”牌匾的行为侵犯了自己的商标权，遂于1999年6月向上海市静安区、长宁区工商局递交了控告信。面对避风塘公司的控告，Y公司也不甘示弱，于1999年8月1日联合Z酒楼向商评委递交了控告信，指出“避风塘”是一种风味料理的名称，早在成都避风塘申请注册“避风塘 BFT”服务商标之前，就被香港以及内地餐饮业业主广泛使用，因此“避风塘”不应由某家企业独占。1999年8月1日，Y公司又联合Z酒楼向商评委递交了要求撤销“避风塘 BFT”商标的申请书。2000年2月2日，商评委作出《“避风塘 BFT”商标注册不当终局裁定书》［商评字（2000）第11号］，以“避风塘”作为一种风味料理的名称不应由某一家独占，不宜作为商标在餐馆等服务上注册为由，裁定Y公司、Z酒楼对成都避风塘注册的第1055861号“避风塘 BFT”商标所提的注册不当理由成立，对该商标予以撤销。

成都避风塘与避风塘公司在接到撤销裁决书后大为吃惊，认为商评委在己方既未得到通知，更未提交答辩的情况下作出终局裁定，程序本身就严重违法，而且“避风塘”根本不是什么风味料理的名称。于是两企业立即联袂北上，请求商评委对该案进行复审。

为了维护自己的权利，证明“避风塘 BFT”作为注册商标完全合法有效，两企业咨询了烹饪界及法学界的众多专家学者。他们一致认为："避风塘"三字，肯定不是也不能作为风味料理的名称，更不是菜肴烹调方法的通用名称。因此，"避风塘"理应能够注册为餐馆服务商标。

在接到成都避风塘和避风塘公司所提出的重新评审的材料后，商评委由原班人马组成的复审班子对该案进行复审，同时召开专家会听取意见。与会的我国法学界与知识产权界泰斗江平教授、郑成思教授和程永顺法官等多名专家均证明："在复审召开专家会时，商评委只向到会的专家提供 Y 公司、Z 酒楼申请撤销'避风塘'商标的材料，并未同时向专家学者提供成都避风塘递交的材料，也未提供商评委自己向中国烹饪协会调查取证得来的材料。"

2001 年 2 月 7 日，商评委无视申请人所提供的这些权威证据，经过重新评审后维持了商评委作出的商评字（2000）第 11 号商标注册不当案终局裁定书。此时，避风塘公司的叶总真正感受到了切肤之痛。

商评委的最终裁定在第九届全国人大会议上引起了强烈反响，当时的全国人大法律委员会委员郑成思、王家福以及全国人大内务司法委员会委员应松年联名向原国家工商行政管理局发出一份长达几千字的质询案，要求商评委撤销该裁决。

屡败屡战

我本人对避风塘公司可以说是比较了解的，作为避风塘公司的常年法律顾问，无论是其品牌运作，还是相关诉讼都倾注了我大量的心血。早在 2002 年避风塘公司对 X 公司的一审诉讼就是由我代理的。遗憾的是，由于种种原因，一审并未如愿。但多年来我一直都在关注本案的进展，并给予了全程指导，最后本案终于圆满解决。

在商评委裁定"避风塘"商标注册不当并撤销了该注册商标后，一些商家更是有恃无恐，公然在其店招、门面装潢上对"避风塘"三字作突出使用。眼看着被众多同行"搭便车"而无能为力，避风塘公司恰似哑巴吃黄连——有苦说不出。万般无奈之下叶总经朋友介绍找到了我。

听完叶总的介绍后，我向他分析道："由于商标已被撤销，贵公司已不再享有'避风塘 BFT'这一商标的专用权，因此就无法通过《商标法》来进行保护，只能通过《反不正当竞争法》来想办法了。但相关企业又没有直接使用避风塘公司名称的全称。从我个人观点来讲，企业名称是对从事生产、经营、服务等经济活动的经济实体的称呼，其中的字号部分是企业名称的核心和精华部分，其无形资产的价值几乎等同于企业名称的全称。因此，对企业名称专用权的保护不仅应当包括对企业名称全称的法律保护，同时也应当包括对字号部分的保护。但从目前的法律规定以及现实的司法操作来看，所谓侵害企业名称专用权的行为，通常指擅自使用企业名称全称或其他损害企业名称全称的行为。因此，如果现在避风塘公司以被告侵犯企业名称专用权为由请求司法救济，恐怕很难得到法院的支持。但是，如果企业名称中的字号部分成为知名商品特有名称的，可依照《反不正当竞争法》[①] 第五条第二项关于‘擅自使用知名商品特有的名称、包装、装潢，或者使用与知名商品近似的名称、包装、装潢，造成和他人的知名商品相混淆，使购买者误认为是该知名商品’以及第九条关于‘经营者不得利用广告或其他方法，对商品的质量、制作成分、性能、用途、生产者、有效期限、产地等作引人误解的虚假宣传’的规定予以保护。由于避风塘公司的成功经营，‘避风塘’已经成为上海地区餐饮业的知名服务品牌，因此可以从反不正当竞争的角度请求法院予以保护。”叶总对我的分析非常满意，遂委托我作为该案的代理律师来帮其维权。

2002 年 7 月 26 日，避风塘公司向某中院对 X 公司提起诉讼。诉称，X 公司擅自使用“避风塘”的行为构成不正当竞争，请求判令被告立即停止上述侵权行为；判令被告公开向原告赔礼道歉，以消除影响；判令被告赔偿原告经济损失 50 万元（包括调查费和律师费）；判令本案诉讼费用由被告承担。

2002 年 10 月 10 日，某中院就此案进行了公开开庭审理。庭审中，双方就以下争议点展开了质证和辩论：第一，被告在其经营活动中使用“避风塘”文字的行为是否侵犯了原告的企业名称权；第二，被告在其经营活动中使用“避风塘”文字的行为是否构成虚假宣传的不正当竞争行为；第三，“避风塘”是否可以被认定为原告知名服务的特有名称。

2002 年 12 月 25 日，某中院作出一审判决，认为 X 公司使用“避风塘”文字不构成对避风塘公司的不正当竞争。同时法庭认定以下事实：1. X 公司不构成对避风塘公司企业名称权的侵犯；2. “避风塘”为一类特色风味菜肴和饮食经营方式的名称，X 公司使用“避风塘料理”等文字宣传，真实地向消费者说明其菜肴的特殊风味，其行为不构成我国《反不正当竞争法》第 9 条所规定的经营者不得利用广告或其他方法，对商品的质量等作引人误解的虚假宣传的行为；

---

① 本篇中提及的《反不正当竞争法》均为案发时有效及适用的 1993 年版《反不正当竞争法》，该法已于 2017 年 11 月及 2019 年 4 月进行了修改。

3. “避风塘”不能被认定为原告知名服务的特有名称。法院最终判决对原告避风塘公司的诉讼请求不予支持。

2003年1月8日，避风塘公司不服一审判决，向上级法院提起上诉，请求二审法院撤销原审判决，依法改判被上诉人承担侵权责任。其申请理由为：1. 原审法院认定“避风塘”一词成为广大消费者普遍接受的一类特色风味菜肴和饮食经营方式的名称，属于对重大事实认定不清，且于法无据；2. 原审法院认定被上诉人的行为不构成虚假宣传是错误的；3. 原审法院认为“避风塘”并非上诉人首先使用，不是知名服务特有名称，因此不能排斥其他经营者对该文字的使用也是错误的；4. 被上诉人侵犯了上诉人的企业名称权。

2003年6月18日，上级法院作出二审判决：1. “避风塘”一词是否已经成为饮食经营方式的名称，并不影响本案的处理结果，上诉人以原审法院对重大事实认定不清为由请求撤销原审判决的上诉理由不能成立；2. 被上诉人是在烹调方法及菜肴名称的含义上使用“避风塘”一词，其行为并不构成《反不正当竞争法》第9条所规定的虚假宣传，故上诉人认为原审法院认定被上诉人的行为不构成虚假宣传错误的上诉理由不能成立；3. 至于被上诉人是否剽窃上诉人“避风塘”字样的颜色（绿字黄底、绿字白底或者白字绿底）以及广告名片上的广告语是否构成虚假宣传，与本案因使用“避风塘”字样所引发的企业名称、知名服务特有名称及虚假宣传纠纷无关，不属本案二审审查范围。

同时，二审法院还认为：知名服务的特有名称是指知名服务独有的与通用名称有显著区别的服务名称。即使上诉人所提供的服务可以被认定为知名服务，但由于“避风塘”已具有了烹调方法及菜肴名称的含义，且上诉人所提供的餐饮服务包括避风塘特色风味菜肴，故“避风塘”难以成为上诉人知名服务特有的名称。即使通过上诉人的经营，“避风塘”作为上诉人服务的名称获得了足够的显著性而可以被认定为知名服务的特有名称，被上诉人在烹调方法及菜肴名称的含义上使用“避风塘”仍属于合理使用，不构成擅自使用知名服务特有名称的行为。因此，上诉人认为被上诉人的行为构成擅自使用知名服务特有名称的不正当竞争行为的上诉理由不能成立。最终，二审法院判决驳回上诉，维持原判。

2005年6月6日，避风塘公司不服二审判决向最高人民法院申请再审。请求：1. 撤销二审民事判决书，依法进行再审；2. 依法支持申诉人的原审诉讼请求。避风塘公司认为：1. 原审判决错误认定“避风塘”是一种独特烹调方法以及由该种烹调方法制成的特色风味菜肴名称。2. 原审判决认为“避风塘”并非申诉人知名服务的特有名称是错误的。3. 原审判决认定被申诉人的行为属于合理使用、不构成虚假宣传是错误的。4. 被上诉人侵犯了上诉人的企业名称权。

最高人民法院指定由二审法院进行再审，但二审法院经审理后，再次驳回了避风塘公司的再审申请。

由于不服一、二审判决以及二审法院的驳回再审决定，避风塘公司于2007年5月12日仍然委托我再次向最高人民法院提出申诉，请求：撤销二审民事判决书；确认被告擅自使用“避风塘”的行为系不正当竞争行为，并判令被告立即停止侵权行为；判令被告公开向原告赔礼道歉、消除影响；判令被告赔偿原告经济损失50万元（包括调查费和律师费），以及承担本案诉讼费用。

曙光在望

最高人民法院知识产权庭再次收到避风塘公司的申诉状后相当重视，决定于2008年4月22日组织申诉复查听证。在听证时，我们就该案三个核心问题，即“避风塘”一词性质的认定、“避风塘”一词的第二性含义（原义是指船舶躲避台风的海湾，但经过申诉人多年的经营和宣传，已经成为餐饮服务行业“知名服务的特有名称”）以及“避风塘”属于申请人的企业名称进行了阐述。最高人民法院对我们的代理意见表示了一定程度的认同，同时建议双方当事人和解结案。

2009年8月底，审判长郃法官带领合议庭其他法官亲临上海调查取证，并于9月2日对双方当事人进行了询问。我们指出：“第一，‘避风塘’是申诉人的企业名称，并具有知名度；第二，‘避风塘’也是申诉人的服务标识，并具有知名度和特有性；第三，‘避风塘’不是烹饪方法，在餐饮业不具有通用性；第四，被申请人在其店招、户外广告中突出使用‘避风塘’三字不具合理性，属不正当竞争。综上，被申请人突出使用‘避风塘’三字的行为不属合理使用，而是违背诚实信用原则和公平竞争原则的不正当竞争行为，严重破坏了公平竞争的市场秩序。”法官在听了我们于法有据且言辞恳切的陈述后表示认同，但考虑到本案的特殊性，合议庭再一次提出双方最好能够和解结案。

闭庭后，我与助手们在回顾该案时说：“看来案件有希望了！从此次最高人民法院的一系列‘动作’来看，至少说明他们很重视，而且他们两次都传达了希望和解的信号，说明案件有了转机！”

运筹帷幄

既然确定了和解的策略，我们便马上围绕和解细做文章。一方面，必须认定“避风塘”为上海地区知名餐饮服务的特有名称，这是我们的诉讼目的，因此这也是和解的前提。另一方面，考虑到对方早在2006年就停止了侵权行为，说明他们能够知错而改，将来未必再用。因此，和解是可能的。如此，以什么方式达成和解，以及和解协议所涉及的内容就成了亟待解决的问题。

当然，只要权利能够得以实现，形式并不重要，而且就本案具体情形来看，能够和解结案在我看来是最好不过了。因为：第一，避风塘公司三次诉讼，三次败北，能够反败为胜的难度相当大。第二，本案历经8年，跨越3个诉讼阶段，无论对双方当事人还是法院，投入之大，消耗之巨，诉讼成本之高，实为罕见。第三，如前所言，其实对方在2006年已经停止侵权，而我方的主要诉讼目的是要认定“避风塘”为知名餐饮服务特有名称，追究对方的侵权责任倒在其次。因此双方的“距离”并不太远，这也为和解提供了可能。第四，就我个人而言，并没有推翻一、二审判决的本意，而只是出于维护避风塘公司合法正当权利的需要才无奈申诉。加之诉讼中，各级法院都有意促成双方和解结案，尤其是最高人民法院两次询问中都建议双方和解结案。第五，我本人是上海浦东新区知识产权调解委员会主任，促成双方和解结案，是我多年来一贯的想法和做法。古语讲：“小人同而不和，君子和而不同。”在我看来，做人如此，做企业也同样如此。企业以营利为天职，追求利润无可厚非，这样，在相互的经济往来中出现利益纠纷也就在所难免。是争个鱼死网破、两败俱伤，还是各自相让、争取双赢？答案显而易见应是后者！尤其在国家构建和谐社会的当下，法律界正倡导和解结案。作为律师，理应为此做出贡献。

崎岖曲折

方案既定，我们决定兵分三路立即付诸实施。一是由我来全面负责三方之间的沟通和协调，二是由钱律师向避风塘公司提出诉讼策略与和解方案，三是由某中院负责做对方当事人的工作。

俗话说：“万事开头难。”没想到双方当事人一开始都不同意和解。当钱律师向叶总提出“以我方撤诉来换取双方和解”的方案时，他立即否决。因为在他看来，撤诉之后所有的诉讼目的就会化为泡影。我和钱律师向他解释说：“和解的前提是对方承认‘避风塘’为知名服务特有名称。这是诉讼的主要目的，判决、和解和撤诉裁定都只是形式而已。”闻听此言，叶总欣然同意。另一边，为了说服对方，某中院知识产权庭庭长亲自上阵。几番明之以法、晓之以理、动之以情，对方终于同意与我方和解。

然而，接下来和解协议的达成远比想象的困难，围绕和解协议中的以下两个争议焦点，双方几易其稿，进行了多轮谈判。

首先，关于和解协议是在最高人民法院主持之下达成，还是双方私下达成问题，我方坚持要在和解协议中写明协议系在最高人民法院主持之下达成，而对方却始终都不同意。但恰恰这一点又是最重要的，因为它直接关系到和解协议的内容能否在裁定书中得到最高人民法院的认定。最终，在我方坚决坚持下，对方同意了。

其次，关于“避风塘”三字是否为避风塘公司的知名服务特有名称问题，对方认可“避风塘”是特有名称，并且强调他们早在2006年就不再使用，同时承诺今后不再以先前方式使用“避风塘”一词。我方鉴于对方的诚意，又考虑到此次申诉的目的，遂决定放弃对对方的其他诉讼请求。

就这样，几经周折，双方终于达成了和解协议。

一朝释怀

2009年12月31日，最高人民法院作出民事裁定书，厚达15页，对事实和法律的表述完整而准确。法院准许避风塘公司撤回申诉，同时作出三项认定：第一，避风塘公司与X公司达成的和解协议真实有效；第二，认为二审法院关于“避风塘”已经成为一种独特烹调方法以及由该种烹调方法制成的特色风味菜肴的名称的认定，并无充分证据支持，因此认定“避风塘”一词在上海地区是避风塘公司提供的知名餐饮服务的特有名称；第三，X公司先前对“避风塘”一词的使用行为已经超出了合理使用范畴。

感　　由

眼前放着这份沉甸甸的裁定书，我不禁感慨万千。最高人民法院作出的这份开创性的裁定，不仅一举驱散了“避风塘”知名餐饮服务特有名称多年得不到保护的尴尬，又为解决陈年积案提供了思路和经验，这种睿智和魄力令人赞叹！诚然，民事裁定是法院在审理民事案件时，为解决诉讼程序上的问题所作的裁判，但此次最高人民法院作出的裁定书对事实和法律的表述完整而准确。首先，双方的真实意思表示得到了确认；其次，一、二审判决的不当之处也得到了纠正；最后，最关键的是避风塘公司的合法权益得到了认可。显然，最高法院的这一举措是对撤诉裁定书的一次突破。这一举措同样是《易经》中“穷则思变”思想的最佳体现。在现有的模式无法解决实际问题时，就要敢于打破陈规、大胆创新。本案中最高人民法院的裁定书作出后，双方当事人的欣然接受就是最好的证明。

我又想到了叶总十年来锲而不舍，屡战屡败而又屡败屡战的维权历程。十年，避风塘公司执着地走在诉讼路上，间接推动了两次《商标法》的修改，并最终成功维权。十年，我们并不愿看到，但十年来他们又让我们如此感动，中国法治的进步需要更多敢于维权十年的公民和企业。

04 真假难分
——“毕加索”商标纠纷、不正当竞争案

案　由

上海帕弗洛文化用品有限公司（以下简称帕弗洛公司）成立于2003年6月22日，同年10月，帕弗洛公司开始销售“毕加索”品牌系列书写工具（钢笔、宝珠笔）及相关的笔芯、墨水等。产品上市前，公司即配套设计了独特的产品名称、包装和装潢。2004年1月2日，帕弗洛公司就笔盒外观和装潢向国家知识产权局申请了外观设计专利，并于同年9月1日获得外观设计专利权。

2007年下半年，经过四年多的苦心经营和积极的品牌推广，“毕加索”系列书写工具依靠其上乘的质量和极富艺术感的外观设计，在赢得市场的同时，更是获得了较高的行业知名度。令人遗憾的是，在巨大商业利益的诱惑下，有些公司纷纷铤而走险进行假冒仿造。一时间市场上“李鬼”层出不穷，大量打着“毕加索”品牌的产品鱼目混珠，消费者深受其害。经调查发现，上海X文化用品有限公司（以下简称X公司）就是上述侵权公司之一。

2008年12月30日，帕弗洛公司将X公司诉至上海市第一中级人民法院。一年后法院判令X公司停止对帕弗洛公司的不正当竞争行为，不得使用“毕加索”名称和红黄黑色块组合图形的包装、装潢（即非注册商标），并判令其限期在《新民晚报》上刊登声明以消除影响，适当赔偿帕弗洛公司的经济损失。

X公司对一审判决不服而提起上诉，后上海市高级人民法院维持原判。岂料，此案并未就此了结，X公司一方面继续向最高人民法院申诉，另一方面则将帕弗洛公司红黄黑色块组合图形的包装、装潢向国家商标局申请商标注册，并在申请注册成功后立即反守为攻，倒打一耙，通过向司法、行政机关指控和举报帕弗洛公司侵犯其红黄黑色块组合图形的商标权的方式，企图继续享有市场。一时间，“毕加索”品牌系列书写工具在市场上鱼龙混杂，真假难分。后最高法院于2012年9月裁定驳回X公司申诉，与此同时，帕弗洛公司又向商评委提出商标

争议申请，要求撤销X公司注册的侵犯其在先民事权利的商标。后经努力，商评委于2013年年底裁定撤销X公司的争议商标。

丽水姊妹

2008年冬日的一天傍晚，我正在办公室翻阅一份案件的材料。这时，门声轻叩，助手告诉我帕弗洛公司的董事长邹女士，因公司产品被大量仿冒，严重影响了公司的运营，在走投无路的情况下专程前来咨询，并有意委托我们代理维权。听了助手的简单汇报后，我便去接待室。一进门，邹女士马上起身相迎。只见她40岁上下，五官端正，打扮得体，气度不凡，举手投足间透露出现代女性所独有的气质和干练。据她自我介绍，她与总经理季女士都是浙江丽水人，宛如丽水姊妹。我心里暗忖：真是一方水土养一方人，丽水山清水秀，人杰地灵，难怪董事长人如其地。

邹女士将案情娓娓道来。正如上文所述，帕弗洛公司成立于2003年，经美国毕加索创意公司（1988年由毕加索家族在美国图书馆注册创立）认可，授权为中国地区唯一的合法代理商。几年来，由于经营得当，管理有方，公司业绩蒸蒸日上。仅四年时间，帕弗洛公司的销售范围便覆盖了全国大部分省市。与此同时，公司也特别重视知识产权保护。“毕加索”系列书写工具刚一上市，公司就专门为其量身定制了特有的产品包装和精美的装潢，并申请了外观专利。2004年，“毕加索”系列书写工具的笔盒及装潢图案成功获得了外观设计专利权。紧接着在2005年中国国际文化用品博览会上，帕弗洛公司一举夺得“最佳展示奖”。2008年，“毕加索”系列书写工具被中国制笔协会授予了“中国制笔名牌产品”证书。在获得一系列荣誉之后，“毕加索”书写工具的知名度和品牌影响力也与日俱增。正在帕弗洛公司踌躇满志准备大显身手之际，公司在一次惯常的客户走访中发现了令人震惊的情况。原来在部分帕弗洛公司“毕加索”书写工具专卖柜里已经赫然摆放了另外一家公司生产的“毕加索”书写产品。在仔细调查后得知该公司名为X公司。为防事态恶化，邹董便慕名前来求助。

经过邹董的一番陈述，我对案情也有了基本了解。于是，我问她帕弗洛公司是否有在书写工具以及其他类别上注册“毕加索”或英文“PICASSO”商标。在得到否定回答后，我意识到本案打商标侵权胜诉难度较大，只能从不正当竞争角度入手。而且，邹董是第一次造访，相关的诉讼材料尚待准备。考虑到以上情况，我对她说：“鉴于贵公司并没有‘毕加索’商标所有权，因此从不正当竞争角度入手更为有利。这样一来，以下事实的明确就显得相当关键：第一，贵公司的‘毕加索’系列书写工具是否构成不正当竞争法所保护的‘知名商品’；第二，‘毕加索’品牌系列书写工具以及相关产品的名称、包装和装潢是否为贵公司的特有名称、包装和装潢；第三，X公司的产品名称、包装和装潢是否与贵公司产品名称、包装和装潢相同或近似；第四，贵公司成立的时间，以及生产销售‘毕加索’系列书写工具的时间，还有X公司成立和生产销售假冒‘毕加索’产品的时间。就目前情形来看，第一个问题是最为关键的问题，其中涉及知名商品的认定和保护。第二、第三个问题如果正如二位所言那就相对容易解决。第四个问题涉及调查取证，我们可以配合贵公司一起来做。因此从整体上看，本案胜诉还是有希望的，但尚需完备证据，你们要树立必胜的信念，做好充分的准备。”

运筹帷幄

聘请合同签订后，我们立即开展工作，当场决定第二天去帕弗洛公司实地考察。按照邹董提供的地址，我和助手一行驱车前往上海市嘉定区帕弗洛公司总部。经过交流我们得知，受X公司不正当竞争行为的影响，帕弗洛公司的经营遭受了沉重打击。由于X公司生产的“毕加索”系列产品质次价低，到目前为止，唯利是图的经销商已经纷纷开始销售X公司的“毕加索”产品，从而导致帕弗洛公司的订单数量越来越少。在真假“毕加索”的较量中，正上演着“劣币驱逐良币”的悲剧。而更为可怕的是，由于市场上“毕加索”系列书写工具品牌鱼龙混杂，质量参差不齐，“毕加索”品牌的公信力也被越来越多的消费者所质疑。更有甚者，一些经销商也开始怀疑帕弗洛公司到底是否是“毕加索”品牌的真正主人。面对急剧下滑的销售业绩，公司想到了用诉讼的手段以正视听，进而挽回损失。季总一番恳切的肺腑之言，透出的更多是气愤和无奈。听她这样一讲，我们更加坚定了本案的诉讼策略，即避开商标侵权，从不正当竞争角度入手。考虑到知名商品认定的重要性，同时结合帕弗洛公司当前的实际情况，我制定了双管齐下的诉讼策略。一方面以不正当竞争为案由向法院提起诉讼，另一方面由帕弗洛公司主动在相关媒体投放“毕加索”品牌书写工具的广告，以加大宣传力度，进而提升产品的知名度和品牌价值。这样让诉讼和宣传互为犄角，相互配合，形成攻防兼备的阵势。为避免打草惊蛇，我们决定先收集证据再予起诉。

诉讼成败的关键在于证据，结合本案，我们决定从以下几个方面收集证据：

第一，确定帕弗洛公司为“毕加索”系列产品的在先使用人；第二，“毕加索”系列产品的知名度认定；第三，确认X公司的不正当竞争行为；第四，核算帕弗洛公司所遭受的经济损失等。

为进一步证明X公司产品同“毕加索”系列产品构成近似，2009年3月2日，我们又委托了上海某知识产权司法鉴定所，对帕弗洛公司和X公司各自生产的902、908型铱金笔的产品及铱金笔笔盒、盒套、手提袋的装潢是否构成相同和近似进行了司法鉴定。在得到肯定的结论后，我们对诉讼成功就更有信心了。

证据收集完毕后，我们便马上向上海一中院提交了起诉状。

名特装潢

2009年6月2日，上海一中院就本案进行了开庭审理。经过形式上简单的程序后，庭审很快进行到调查和辩论阶段。庭审中我方诉称：原告是“毕加索”书写工具特有的名称、包装和装潢的合法权利人。原告毕加索公司成立于2003年6月，同年10月公司便开始经营“毕加索”系列书写工具。在产品推出伊始，公司就为其设计了独特的名称、包装和装潢，并于2004年获得了笔盒的外观设计专利权。四年多来，经原告积极有效的品牌推广，凭借上乘的产品质量和极富艺术感的设计，原告产品在国内市场已具有较高的知名度，产品销售对象广泛，销售范围覆盖全国大部分省市，仅仅在上海一地就有数十家商城销售，近年来原告产品年度销售额逾千万元。接着我们指出，被告产品与原告产品的名称相同，包装、装潢构成近似，被告具有“搭便车”的故意。被告成立于2008年5月，从同年9月起生产、销售与原告的“毕加索”书写工具名称、包装和装潢相同或近似的侵权产品，被告生产、销售的侵权产品与原告产品同为书写工具，销售范围重合，销售对象相同，与原告存在明显的竞争关系。最后，我们提出原告的“毕加索”品牌书写工具属于知名商品，原告的商品名称、包装和装潢已经构成知名商品特有的名称、包装和装潢，被告在相同产品上恶意使用与原告产品相同或相似的商品名称、包装和装潢，谋取不正当利益，已构成了不正当竞争。

被告X公司则辩称：本案系争产品不具有知名度，商品名称、包装和装潢也未因原告的使用而与其产品产生固定联系，成为商品的特有名称、包装和装潢，故被告使用相关的商品名称、包装和装潢的行为不构成不正当竞争行为。

法庭经过审理后认定以下事实：第一，本案中原告的商品不能认定为知名商品。第二，原告的商品名称、装潢为其特有的名称、装潢，但其主张的特有包装不能成立。第三，被告在其商品上仿冒原告的商品名称、包装和装潢构成不正当竞争。2009 年 12 月 21 日，法院对本案判决如下：被告 X 公司立即停止对原告帕弗洛公司的不正当竞争行为，并赔偿原告经济损失（含合理费用）人民币 50000 元。

对于一审判决，我们认为其既彰显了公正，又存在缺憾。公正的是该判决认定了“毕加索”书写工具的名称及其使用的装潢为特有名称和装潢，而且也认定了 X 公司的不正当竞争行为。缺憾的是该判决没有认定“毕加索”书写工具为知名商品。而这一点极有可能成为我们的一大隐患，因为如果对方上诉，上诉法院不会对“毕加索”书写工具是否为知名商品进行主动审查，一旦其推翻了一审判决中关于特有名称和装潢的认定，就会直接改判 X 公司不具有不正当竞争行为。这样对于我方来说是极不公平的，唯一的解决办法就是我们也上诉，以不服一审判决未认定“毕加索”书写工具为知名商品为由，请求上诉法院对这一问题重新进行审查。这便是我一直所强调的，即使赢了一审，也不能轻易放弃上诉的权利。

果然不出我们所料，X 公司不服一审判决，将本案上诉至上海高院，幸好我们料敌于先，也提起了上诉请求。上海高院审理后认为：“认定反不正当竞争法上的知名商品，应当考虑该商品的销售时间、销售区域、销售额和销售对象，进行任何宣传的持续时间、程度或地域范围等因素，进行综合判断……从培育、保护品牌以及维护市场公平竞争秩序的目的出发，综合考虑上述各种因素，帕弗洛公司的‘毕加索’书写工具在相关公众中已经具有一定的知名度，可以认定为知名商品。”并且“帕弗洛公司使用在涉案商品上的商品名称、装潢为其特有的名称、装潢”，“X 公司的涉案行为构成不正当竞争”。最后上海高院认为，一审法院未认定帕弗洛公司的商品为知名商品，系定性不当，然而并不影响本案的实体处理结果。原审判决认定事实基本清楚，判决结果正确，应予维持。据此，上海高院于 2010 年 6 月 22 日作出二审判决：驳回上诉，维持原判。

铁板钉钉

上海高院这一判决结果对于我方来说可谓是莫大的欣喜，既解决了我们的后顾之忧，又更加明确了对方的不正当竞争行为。也许 X 公司觉得这场官司输掉后，将来恐怕在书写工具这一行业中就难以立足了。所以，当帕弗洛公司还沉浸在胜诉的喜悦中时，却又传来了 X 公司将本案申诉到最高法院的消息。得知该情况后，季总当即表示，无论X公司告到哪里，我们都奉陪到底！最高法院受理本案后，根据双方的理由及案件基本事实，总结出本案的争议焦点为：1. 帕弗洛公司的“毕加索”书写工具是否构成知名商品；2. “毕加索”是否构成帕弗洛公司书写工具商品的特有名称；3. 帕弗洛公司在包装上使用的红黄黑色块组合是否构成知名商品的特有装潢等。

对于第一个争议焦点，最高法院认为，帕弗洛公司自2004年起即开始生产、销售“毕加索”书写工具，在全国十几个大中城市设立了专柜进行销售，销售时间较长、销售区域较广。此外还要考虑到帕弗洛公司的“毕加索”书写工具不仅是一种书写工具，还是一种馈赠礼品，其市场定位是中、高端客户，其销售的规模和数量必然有所限制。基于上述市场定位和市场特点，该产品的市场占有率和利润不应该成为决定其是否知名的决定性因素。综合上述因素，帕弗洛公司的“毕加索”书写工具在相关公众中已经具有一定的市场知名度，可以认定为《反不正当竞争法》意义上的知名商品。

对于第二个争议焦点，最高法院认为：“帕弗洛公司不仅在系争产品的笔盒、盒套、手提袋上多处使用了‘PICASSO ART COLLECTION’‘PICASSO’等标识，还在盒套上标注了‘PICASSO Enterprises International LTD（Impower）’的企业名称及‘毕加索国际企业股份有限公司监制、上海帕弗洛文化用品有限公司’的字样，在手提袋的左、右视图上标注了‘毕加索’标识。而且，本案没有证据表明，在帕弗洛公司将‘毕加索’或者‘PICASSO’标志使用在书写工具上之前，已有他人将相同或者类似的标识使用在相同或者类似的产品上。因此，可以认为，帕弗洛公司对‘毕加索’标识的使用已经使其具有区别商品来源的意义，构成商品的特有名称。”

对于第三个争议焦点，最高法院认为：“只要能够起到区别商品来源作用的装潢，即可构成特有装潢。首先，帕弗洛公司红黄黑色块组合图案以红黄相间为底色，上下边部饰以黑色条款，设计独特新颖，不同于在先同类商品的装潢。其次，该装潢图案位于包装中间显著位置，很容易引起消费者的注意。最后，消费者已经对X公司生产的类似装潢的产品与帕弗洛公司的产品产生混淆，可以证明该装潢已经起到区别商品来源的作用。”

综合上述理由，最高法院认为X公司的再审申请不符合我国《民事诉讼法》的相关规定，最后于2012年9月29日裁定驳回了X公司的再审请求。随着最高法院裁定书的下达，帕弗洛公司的“毕加索”书写工具为知名商品，其使用的商品名称、装潢属于其特有名称、装潢等事实已经尘埃落定、铁板钉钉了。

倒打一耙

然而早在2010年8月，即二审判决刚刚下来的两个月后，X公司竟然不顾法院关于“帕弗洛公司在包装上使用的红黄黑色块组合构成知名商品的特有装潢”的判决，擅自将该红黄黑色块的组合图形向商标局在第16类书写工具上申请注册商标。由于季总及帕弗洛公司在监控方面的疏忽，导致该商标于2011年8月被核准注册。随后，X公司便以帕弗洛公司侵犯其商标权为由对其进行了大规模、全方位的工商投诉，并将帕弗洛公司诉至多个法院，还频频发函给帕弗洛公司全国各地的销售商，称帕弗洛公司的产品侵犯其商标专用权。一些不明真相的工商机关责令帕弗洛公司下架产品，部分法院则纷纷立案，频频开庭，致使帕弗洛公司忙于官司应付，焦头烂额，十分被动。

这一事件在帕弗洛公司内部也引起了轩然大波，红黄黑色块组合图形不仅已被其登记了美术作品的版权，而且也已先后被上海一中院和上海高院认定为帕弗洛书写工具的特有装潢，X公司居然还将其注册成商标，并倒打一耙，起诉帕弗洛公司侵犯其商标权。虽然当时还没有最高法院的终审裁定，但已有上海高院的生效判决，X公司的这种行为确实不可理喻。

面对这一情况，季总有些手足无措，她与我电话稍作沟通后便亲自来到我所向我咨询。此时季总神情略显疲惫，她表示没想到X公司如此无赖，从2008年发现X公司侵权开始，帕弗洛公司维权至今已有四个年头了。再加上全国各地的维权诉讼，其与X公司的诉讼已经不下数十起。进行如此旷日持久的全面诉讼不仅影响了公司正常的生产经营，也使其感到疲于奔命，不知有何办法能彻底摆脱X公司的纠缠。我十分理解季总的心情，于是对她说：“既然对方以侵犯商标权为由进行诉讼，那我们就来个釜底抽薪，采取争议程序将其商标撤销。”季总听我此言当即精神一振，急忙询问道：“已经注册的商标还能被撤销掉吗?”我回答说：“可以的，我国《商标法》[①] 第四十一条就规定了，侵害他人现有的在先权利或者以不正当手段抢先注册他人已经使用并有一定影响的商标的，商标所有人或者利害关系人可以在该商标注册之日起五年内请求商标评审委员会裁定撤销该注册商标。”随后，季总的商标代理人起草了商标争议申请书，在申请书中列出以下几点争议的理由：1. 帕弗洛公司曾于2004年对其设计的红黄黑色块组合图

① 《商标法》已于2013年8月和2019年4月进行了修改。

形包装申请了第ZL200430019208.5号“笔盒（I）”外观专利，又于2009年登记了红黄黑色块为主的《金宫装饰盒（1-3）系列》美术作品。X公司注册的红黄黑色块组合的图形商标损害了帕弗洛公司的在先著作权。2. X公司生产与“毕加索”书写工具名称、包装、装潢相同产品的行为已经被上海市一中院、上海高院和最高法院认定为侵犯知名商品特有名称和装潢的不正当竞争行为。3. X公司恶意抢注红黄黑色块图形商标的行为构成了以不正当手段抢先注册申请人已经使用并有一定影响的商标的情形。

很快，帕弗洛公司通过商标代理人向商评委提交了该商标争议申请书。商评委审理后认为：“争议商标与申请人特有的上述包装装潢在构图、制定颜色等方面构成近似。争议商标核定使用的纸餐巾、文具等商品与申请人上述特有装潢使用的笔盒、盒套与手提袋商品在销售渠道、消费对象等方面具有一定重合性和较强关联性。争议商标的注册和使用易引起消费者对商品来源产生混淆误认，进而致使申请人的利益可能受到损害。故争议商标的申请注册已构成对申请人在先使用于笔盒、盒套与手提袋上的特有包装装潢权益的损害，违反了《商标法》的规定。”最后，商评委在2013年年底作出了商标争议裁定书，撤销了X公司的红黄黑色块组合商标。

2014年1月3日，X公司以不服商评委裁定为由向北京市第一中级人民法院提起了行政诉讼，又一轮漫长的诉讼程序即将展开。

感　　由

一、企业应当将其特有的名称或包装装潢注册成商标

产品的特有名称和包装装潢经过设计构思，具有一定的特色和美感，也属知识产权，实为非注册商标，具有识别产品来源的作用。当产品具有一定知名度之后，就应当尽快把产品的特有名称和包装装潢注册成商标，或申请外观设计专利，或商标和专利两者同步进行，用知识产权来加以保护。否则容易被他人抢先注册，倒打一耙。而且商标权和专利权属工业产权，是“强权”，举证相对方便，维权也比较容易。企业知名商品特有名称和包装装潢是“弱权”，要对抗商标权则比较困难。且要证明侵权人的行为是“不正当竞争”则难度更大，其维权成本更高。

二、申请注册商标无效宜趁早

上文中提到的请求商评委撤销注册商标的商标争议程序如今已被新修改的商标法所取消了，取而代之的是商标无效程序。2014 年修订的《商标法》第 45 条规定，“已经注册的商标，违反本法第十三条第二款和第三款、第十五条、第十六条第一款、第三十条、第三十一条、第三十二条规定的，自商标注册之日起五年内，在先权利人或者利害关系人可以请求商标评审委员会宣告该注册商标无效”。可见，原来的商标争议程序已被现在的商标无效程序所取代了，然而无效与撤销的目的都是一致的，即纠正有瑕疵的注册商标，只是称呼不同而已。

申请宣告商标无效的理由之一为“申请商标注册不得损害他人现有的在先权利，也不得以不正当手段抢先注册他人已经使用并有一定影响的商标”。其中所述的“在先权利”是指在系争商标申请日之前已经取得的除商标权以外的其他法律规定的权利和合法权益，包括商号权、专利权、著作权、知名商品特有名称及包装、装潢权等。以上这些在先权利人一旦发现有注册商标与自己的在先权利相冲突时，宜及时进行商标无效宣告，以防止对方主张商标权倒打一耙。2014 年新修改后的商标无效程序规定了商评委作出无效裁定的期限为 12 个月，最长也只能延期到 18 个月，这就大大缩短了商标无效程序的时间，是新法的一大进步。

05 真假“彭博”
——“彭博资讯”商标和字号侵权案

案 由

美国彭博有限合伙公司（以下简称彭博公司）于1986年成立于美国特拉华州，系一家提供财经软件、信息服务、新闻报道等产品和服务的跨国公司，总部设在纽约，在世界各地设有9个销售分部、2个数据中心以及78个新闻处，共有7000多名职员，客户遍布全球100多个国家和地区。公司最初的产品是为金融机构开发的财经软件，使其客户在20世纪80年代就可以通过电脑快速了解股市行情等金融信息。其后，由彭博公司开发的包含先进软件系统的彭博终端系统（Terminals）受到财经界专业人士的青睐，目前已有20多万台投入使用。

1995年彭博公司进入中国大陆市场，先后在中国经济最发达的两大城市北京和上海开设了办事处，开始经营运作，拓展业务，向客户发布财经类信息。2003年，彭博公司为了进一步开拓中国市场，以及保护自己的合法权益，向国家商标局在第9类和第41类商品上申请注册了“彭博资讯”商标，并于2004年被核准注册。

2005年，彭博公司发现上海有两家以提供财经信息为主营业务的公司，即“上海澎博财经资讯有限公司”（以下简称财经公司）和“上海澎博网络数据信息咨询有限公司”（以下简称网络公司），均以“澎博”为字号，此两字与“彭博”公司的字号“Bloomberg”的中文读音基本一致，且字形也相差无几，一般情况下极易造成混淆。据此彭博公司认为“财经公司”和“网络公司”的行为已侵犯其商标专用权，为了维护自己的合法权益，遂决定诉诸法律。在香港高露云律师行合伙人曾效良律师的推荐下，我受聘担任彭博公司的代理人，与北京的顿明月律师联手代理这场诉讼。2005年5月，彭博公司以商标侵权为由将“财经公司”“网络公司”诉至法院，请求法院：1. 确认“彭博”和“彭博资讯”是原告在第36类有关提供财经信息服务上拥有的驰名商标；2. 确认两被告在其软件、网页和电子出版物上使用“澎博”和“澎博资讯”标识的行为，侵犯了原告的第3545109号和第3545441号注册商标专用权；3. 确认两被告在其财经信息服务上使用“澎博”和“澎博资讯”标识的行为，侵犯了原告对于“彭博”和“彭博资讯”在第36类商品上的驰名商标专用权；4. 判令两被告立即停止上述侵权行为；5. 判令两被告立即停止在企业名称中使用“澎博”文字；6. 判令两被告在《新民晚报》上向原告公开赔礼道歉，以消除影响；7. 判令两被告赔偿原告经济损失人民币100万元（包括原告因制止被告的侵权行为而支付的公证费、翻译费和律师费等实际支出）；8. 本案诉讼费用由两被告承担。

2006年11月24日，上海市浦东新区人民法院依法作出一审判决，基本支持了原告的诉讼请求。两被告不服，向上海市第一中级人民法院上诉，上海一中院维持原判。

香港高露云律师行是一家成立于1890年，以知识产权专业见长的律师事务所。近年来我与他们几度合作，为一些国外客户在中国成功代理了维权诉讼。2005年年初的一天，我正在为一个案子的开庭做准备，香港高露云律师行合伙人曾效良律师打来电话，向我介绍起他最近代理的一个案子，因为要在上海诉讼，所以邀请我与他合作。随后，他便向我介绍了案情。

此案的委托人彭博公司，是全球最重要的财经数据提供商之一，其依靠快捷、方便、准确的软件系统和专业、及时的新闻资讯服务，在业内享有很高的声誉。20世纪90年代中期，彭博公司进入中国大陆市场，开始为中国客户提供专业的财经信息服务。2005年，彭博公司发现上海有两家公司以“澎博”为企业字号，提供财经信息服务。据曾律师介绍，“彭博”两字不仅是公司的字号，也是彭博公司的注册商标。彭博公司不仅在中国内地（大陆）注册了“彭博资讯”商标，而且还早在我国香港地区、澳门地区、台湾地区，泰国、马来西亚等国家注册了大量带有“彭博”文字的商标。彭博公司认为上述两家上海企业的行为，侵犯了其注册商标专用权，实属不正当竞争的行为，因此决定诉诸法律。

听完曾律师的介绍，我感觉此案不是一件普通的商标侵权案件，而是一件涉及未注册驰名商标的保护、商标与企业名称（字号）之间的关系以及不正当竞争等多个法律难题的案件。考虑到高露云律师行在知识产权方面的专业水准，以及我们双方之前成功的合作，我就欣然接受了委托。

谋定后动

在对案情进行了解后，下一步就是确定诉讼战略。第一步是确定管辖权。由于侵权人即两家上海公司并不直接销售有形的软盘，而是客户在付费后通过网络下载由这两家公司提供的软件，而获取这些侵权产品的客户可能不会局限于上海一地，因此，将会出现几个不同行政区域的法院都有管辖权的情况。对于这一问题，我认为本案还是应该由上海的法院管辖较好。首先，侵权人的住所地是在上海，根据我国民事诉讼法的地域管辖原则，对法人或者其他组织提起的民事诉讼，由被告住所地人民法院管辖。其次，即使民事诉讼法对侵权行为的管辖作出了特殊的规定，即对侵权行为提起的诉讼，不仅被告住所地法院有管辖权，侵权行为地法院亦有管辖权。但此项特殊规定，并没有排除被告住所地法院对侵权案件的管辖权，即使由侵权行为地法院管辖，上海法院亦有管辖权。根据法律规定，侵权行为地包括侵权行为实施地和侵权结果发生地。本案侵权人以网络下载的方式出售侵权产品，虽然侵权产品的购买者实际取得或使用侵权产品所在地不一定是上海，但侵权人是在上海提供网络下载，即侵权行为是在上海开始实施的，上海既是被告所在地，同时也是侵权行为地。因此，上海法院对本案有管辖权是毫无疑义的。在综合考虑了本案的情况后，我与顿律师一致认为在上海起诉侵权人是最合适的。

确定了管辖法院后，我进而考虑，以何种案由起诉，来保护客户的合法权益，才能最大限度、最全面地制止侵权行为。本案中，侵权人不仅在侵权产品中使用“澎博”二字，其企业的字号也为“澎博”，如简单地以侵犯注册商标专用权为由，向法院提起诉讼，则无法阻止侵权人继续在企业名称中使用与彭博公司名称和商标十分近似的“澎博”字号。而侵权人在企业名称中使用“澎博”，正是造成侵权人与彭博公司、侵权产品与彭博公司产品相互混淆的根源。若不能解决这个问题，就不能完全制止侵权人的不正当竞争行为，彭博公司仍将面临被继续侵权的境况。如何解决这一难题？我考虑为“彭博”申请“驰名商标保护”，这是最为有效的办法之一。我查阅了国务院于2002年8月3日颁布的《中华人民共和国商标法实施条例》[①]（以下简称《商标法实施条例》），其中明确规定：商标所有人认为他人将其驰名商标作为企业名称登记，可能欺骗公众或者对公众造成误解的，可以向企业名称登记主管机关申请撤销该企业名称登记。据此，我们在请求法院保护彭博公司注册商标专用权的同时，决定提出驰名商标的认定申请。

证据是诉讼的基础，在明确了诉讼方向后，我们便开始了漫长的证据收集工

① 《商标法实施条例》已于2014年4月进行了修改。

作。由于原告彭博公司是一家美国公司，因此原告方提供的大量证据都要依照法律规定先在美国当地进行公证，再由中国领事馆认证，手续烦琐、耗时冗长。考虑到曾律师、顿律师办理过大量的涉外诉讼，具有丰富的经验，故此项工作便由他们承担了。而我和助手则开始收集被告方“财经公司”和“网络公司”的有关资料和侵权证据。

在我与曾、顿两位律师作了充分准备和部署之后，2005 年 5 月，我们代表彭博公司向上海市浦东新区人民法院正式递交诉状，以财经公司和网络公司商标侵权为由，诉请法院判决两被告停止侵权行为、赔偿原告损失，并承担连带的赔偿责任；同时请求法院认定原告的“彭博”和“彭博资讯”商标在第 36 类有关提供财经信息服务上为驰名商标。

艰难调解

我在处理民商纠纷过程中，一直坚持“和为贵”办案理念，对于本案当然也不例外。曾律师也是一位经验丰富又十分理性的律师，他也认为在法院判决前，如果原、被告双方能够秉着诚意进行谈判，最终以调解结案，既能解决纠纷，又能节约客户的诉讼成本，是比较理想的选择。而作为原告的彭博公司，也颇有气度，尽管两被告的侵权行为持续了很长时间，对原告的商誉造成了持续的损害，但彭博公司仍然愿意与被告心平气和地通过谈判解决争端。

7 月的上海热浪滚滚，持续的高温烘烤着大地，暑气逼人。我刚与助手外出办案回到办公室，电话铃便响了起来，原来是顿律师来电：“朱律师，对方愿意在法庭的主持下与我们谈判了！曾律师将尽快飞来上海！”“那太好了！我会做好准备，来上海后我们再详谈。”挂断电话后，我心里暗忖，从与两被告接触以来，他们一直持不合作态度，情绪对立，怎么突然一百八十度大转弯同意和谈呢？我对他们的诚意和谈判结果，不免心存疑虑。

果然不出我的预料，在协商和谈过程中，对方代理人一直回避实质问题，自始至终敷衍搪塞，持续耗时 3 个小时的法庭调解无果而终。

法庭交锋

自起诉以来的一年时间里，在法院主持下，双方当事人经过多次举证、质证后，2005 年 8 月正式开庭审理。在法庭调查过程中，我重点抓住被告的域名使用、公司字号和确认“彭博”为驰名商标三大问题与被告展开激烈交锋。

被告代理人向法庭陈述域名“pobo. net. cn”“pbo. com. cn”均为网络公司在2004年4月7日注册。域名“pbo. com. cn”未实际对外使用，域名“pobo. net. cn”由网络公司实际对外使用。其中域名“pobo. net. cn”在2005年3月31日因续费的问题，代理机构操作失误，使注册者变为财经公司。法官追问被告，网站的对外名称是什么？被告回答中文是“澎博资讯”，英文是“pobo”。法官对这一问题继续追问道，若“pbo. com. cn”未实际对外使用，在互联网是否可以查询到？被告坚持认为，在互联网上查询不到，但最后也承认在测试的时候，外界也有可能会看到。

对于被告使用“澎博”字号，是否想借助彭博公司的知名度、是否有搭便车的意图，我运用大量证据证明被告是存在这一意图的。而被告方则辩称，被告在成立之初申请的企业名称是“三吉”，但后来因为与他人已注册的企业名称相同，所以未注册下来。被告在商定企业名称时共有6个备选词，其中有“蓬勃”两字，但被告觉得笔画不好，后查字典找到同音字“澎博”。当时备选的还有新易、创智等名字，所以选“澎博”是偶然的、随机的。对被告的解释，我方当即指出被告起名的当时就有搭便车的意图，若对“蓬勃”认真考虑过，则为什么不对其他三个认真考虑。我最后指出，三吉、创智、彭博都是这个行业中非常著名的企业，可见被告搭便车的意图十分明显。

在庭审中，对确认“彭博”为驰名商标的争议尤为激烈。我方提供了大量证据，足以证明“彭博资讯”商标应予认定为驰名商标。而被告则逐条提出异议。争议的焦点在于：

第一，原告提供的基于国家图书馆社科咨询室查询结果的数据统计，是否具有证明力。被告首先对社科咨询室的地位提出异议，认为其出具的统计记录的效力尚待证明。其次，被告对国家图书馆社科咨询室信息采集有疑问，要求提供这些数据的来源，并认为相关内容没有其他证据佐证，证据的证明力可见一斑。我方代理人顿律师指出，国家图书馆社科咨询室的统计结果可以作为证据使用，在先前的一些案例中，社科咨询室的统计结果也均被法庭所认可。

第二，原告提供的1996年、2000—2003年的中文宣传资料，用以证明“彭博”作为商标使用的事实以及“彭博”商标使用时间的事实。被告当庭指出，原告提供的证据是自己制作的，并不能证明原告商标在1996年就开始使用，亦不能证明在2000—2003年，“彭博”商标存在持续使用的事实。顿律师是位十分敬业的律师，她根据对本案大量证据的了解，立即反驳说，原告所提供的有关

“1995—2000 年大陆媒体对原告的报道和稿件”“1998—2000 年港台地区媒体对原告的报道和稿件”“原告稿件被大陆及港台地区媒体转载的年度统计”等证据，均可以佐证原告的上述证据。

第三，原告英文商标“Bloomberg”受驰名商标保护的证据。被告代理人坚持认为，美国仲裁院的仲裁裁定并不能证明“Bloomberg”就是驰名商标，这只是该裁定中提出的观点，不能代表事实。我方当即提出，被告代理人的观点是错误的。美国作为一个判例法国家，法院的判例和仲裁院的裁定均具有同成文法一样的效力，因此，仲裁院裁定的法律效力不容置疑。

第四，为了证明原告在同行业中的排名，我方提交了一份“内部市场数据公司报告”。根据内部市场数据公司的报告，2001 年至 2002 年间，原告在实时数据市场的销售收入为同行业第二名；2003 年至 2004 年，原告在实时数据市场的销售收入居同行业第一名。事实上，内部市场数据公司的报告显示，在实时数据市场中排名前几位的企业也就是彭博、路透社、德励财富、汤姆森金融四家公司，由此可见，原告无疑是这一行业的龙头之一。而被告方对内部市场数据公司报告内容的真实性表示怀疑，不认可内部市场数据公司报告的结论。我方提出，首先内部市场数据公司是一家金融界知名企业，在业内享有很高的声誉。其次，虽然该份证据是原告在美国取得的，但原告提供该证据的形式完全符合美国法律的要求，并依据中国法律对域外证据的要求对该份证据进行了公证、认证，所以该份证据的确定程序是完全合法的，其客观真实性是不容置疑的。

最后攻防

2006 年 9 月 25 日，本案再次开庭。鉴于先前已进行过多次质证，且法官为梳理本案事实做了大量的前期工作，对本案的事实以及证据，法庭已基本调查清楚，原、被告双方亦都在前几次庭审中充分地表达了各自对事实部分的观点，明确阐述了对对方证据的异议，故庭审很快就进入了法庭辩论阶段。

我方顿律师首先强调被告在软件名称、网站名称和网页上使用“澎博”字样均侵犯了原告的“彭博资讯”的商标专用权。其次，被告侵犯了原告“彭博资讯”驰名商标专用权。原告向法庭提供的美国仲裁院的裁定，能够有力地证明原告的英文商标“Bloomberg”确实被生效的裁定文书认定为驰名商标，且《商标世界》的商标排名也是原告商标驰名的有力证明。虽然这两份证据直接指向的是与本案涉案商标相对应的英文商标，但英文商标与中文商标承载了相同的商誉。基于上述理由，原告请求法院认定原告的“彭博资讯”商标为驰名商标，并判令两被告更改其企业字号。

被告代理人的反击也同样咄咄逼人。被告提出：第一，被告在软件和网页中使用“澎博”，是对自己企业字号的合法使用；第二，原告中文商标是否驰名，应依据中国商标法的规定来认定，即使英文商标驰名也不能证明中文商标驰名；第三，被告认为，原告商标在一般公众中的知名度不高，根本够不上认定驰名商标的标准；第四，对我方作为重要证据之一的公证书的合法性又一次提出了异议，并请求驳回原告的全部诉讼请求。

针对双方的辩论观点，我认为：首先，被告以合法使用自己的字号不构成其侵犯原告商标权的抗辩理由是站不住脚的。因为被告在其商品和网页上突出使用的“澎博”字号与原告的商标非常近似，极易造成相关公众的误认，根据最高人民法院相关司法解释的规定，这种行为同样也构成侵权。

其次，被告混淆了“一般公众”与“相关公众”的概念。认定驰名商标，法律要求的是“相关公众”对商标的知晓程度，而不是“一般公众”。最高人民法院对“相关公众”这一概念有明确的规定，即“商标法所称的相关公众，是指与商标所标识的某类商品或者服务有关的消费者和前述商品或者服务的营销有密切关系的其他经营者”。对本案而言，相关公众即指财经界的企业及从业人员。

再次，英文商标的驰名加速了中文商标在公众中的知晓度。不言而喻，原告彭博公司在该领域内是可执牛耳的，所以当原告的中文商标出现后，该行业的从业人员对其接受的速度及程度绝对不同于对一个普通的新商标的接受度，作为商誉承载符号的商标，无论是以中文商标的形式出现，还是以英文商标的形式出现，都代表着同样的商品质量，指向同一家企业，体现了相同的商誉。也即当与原告英文商标相对应的中文商标出现后，消费者必然会自发地将由英文商标所承载的其对彭博商品品质的评价，对彭博专业服务的信赖毫无保留地转移到中文商标上。与这种必然性相对应的，即彭博中文商标迅速地被该领域的相关公众所接受和熟知。

最后，有关我方作为证据提交的“第8667号公证书”存在瑕疵的问题。对方代理人误解了公证的作用，公证是用来解决程序合法性的问题，原告在本案中从委托公证到最后取得公证，程序上完全符合法律的规定，满足了证据的合法性要求。

庭审结束两个月后，上海市浦东新区法院作出一审判决，基本上支持了我方的诉讼请求，判决被告停止侵犯原告注册商标专用权的行为，并赔偿原告人民币

30万元。对原告提出的认定驰名商标的请求，法院认为原告并没有提交其直接进行任何商标宣传工作的证据材料，对涉案商标广告宣传和推广活动的方式、地域范围、广告投放量等均未予以说明。尽管有证据表明原告较早就开始使用“彭博资讯”标识，但是对其使用的范围和程度，原告并未提交有说服力的证据。故法院不予支持。

一审判决后，原、被告双方均提起上诉。2007年1月25日，上海市第一中级人民法院受理了原、被告双方的上诉，并于2007年4月3日开庭公开审理了本案。二审法院经合议庭审理后认为，原审判决认定事实清楚，适用法律正确，故依法驳回上诉，维持原判。

感　　由

一、企业名称权能否对抗他人商标权

本案中，原告认为被告在其网页及产品上使用“澎博”名称侵犯原告在第9类、第41类商品上的注册商标专用权，而被告以其合法使用自己的企业名称为由进行抗辩。那么被告的企业名称权能否对抗原告的商标权？

商标权是指商标所有人依法对其注册商标所享有的专有权利，包括注册商标的专有使用权、禁止权、转让权、许可使用权和续展权等。商标权人有权禁止他人在同一种商品或者类似商品上使用与其注册商标相同或者近似的商标。目前我国的现有法律中，对商标权进行保护的规定主要为《商标法》《商标法实施条例》以及一些相关的司法解释。企业名称权概念的明确提出是在《中华人民共和国民法通则》（以下简称《民法通则》）中，《民法通则》第99条规定，“法人、个体工商户、个人合伙享有名称权”。《中华人民共和国企业法人登记管理条例》则对企业名称权的内容作出了具体的规定，该条例第10条第1款规定：“企业法人只准使用一个名称。企业法人申请登记注册的名称由登记主管机关核定，经核准登记注册后在规定的范围内享有专用权”。

商标权与企业名称权都具有区别商品来源的功能，但两者之间有着根本的区别。首先，权利来源不同。企业名称权依企业名称登记管理法律、法规产生。商标权则是由商标相关法律、法规规定。其次，效力不同。商标专用权的效力及于全国，有绝对的排他权。企业只能在其名称核定使用的范围内享有企业名称专用权，并不享有绝对的排他权。再次，作用不同。商标的根本作用是区分不同商品

或服务的提供者，是一种符号。而企业名称则是用于区分不同的民事主体。正是由于商标权与企业名称权功能上的趋同性及本质上的区别性，导致了商标权与企业名称权的冲突。

最高人民法院2002年10月12日公布的《最高人民法院关于审理商标民事纠纷案件适用法律若干问题的解释》第1条规定："下列行为属于商标法第五十二条第（五）项规定的给他人注册商标专用权造成其他损害的行为：（一）将与他人注册商标相同或相近似的文字作为企业字号在相同或者类似商品上突出使用，容易使相关公众产生误认的……"本案被告在其产品和网页上突出使用其企业名称中的"澎博"两字，客观上造成混淆的效果，极易使相关公众产生误认。本案合议庭正是基于此点考虑，判定被告的行为构成侵权。

二、商誉与驰名商标

驰名商标的概念最早提出是在《保护工业产权巴黎公约》（1925年海牙文本）第6条第2款。我国在《驰名商标认定和保护规定》中，将驰名商标定义为："驰名商标是在中国为相关公众所熟知的商标。"《巴黎公约》（1967年文本）对驰名商标的保护，原则上只适用于商品商标。《TRIPS协定》扩大了驰名商标的保护范围，其不仅适用于商品商标，也适用于服务商标，同时还将驰名商标的保护扩大到非类似的商品或服务上，并以相关公众的知晓度作为驰名商标判断的标准。

我国作为《巴黎公约》的成员国，也按照公约的要求在国内法律中加入了驰名商标保护的规定。我国现行商标法对驰名商标的保护问题作出了明确的规定，确立了驰名商标认定的标准：1. 相关公众对该商标的知晓程度；2. 该商标使用的持续时间；3. 该商标的任何宣传工作的持续时间、程度和地理范围；4. 该商标作为驰名商标受保护的记录；5. 该商标驰名的其他因素。本案中法院在审查原告的"彭博"和"彭博资讯"商标是否驰名时，即依据上述《商标法》的规定，认定原告对其商标使用的范围和程度提交的证据不具有说服力，不能证明原告商标已经驰名。据此，法院对原告申请认定驰名商标的请求不予支持。

虽然法院的判决具有其合理性，指出了原告在驰名商标认定问题上部分证据的欠缺，但我认为法院也应当不仅仅局限于考虑原告商标使用的范围和程度（在此问题上，原告已提出大量证据证明），同时也应考虑商标驰名认定的其他因素，具体到本案即是原告彭博公司的商誉。

商标最重要的价值是其"识别性"，即将不同民事主体提供的商品或服务区别开来，使消费者可以“认牌购物”，防止混淆。商标法对驰名商标的强势保护，也即考虑到驰名商标比普通的商标具有更强的识别性，被侵权的概率更高。商标的此种“识别性”最初是由商品或服务的提供者依赖其商品或服务的品质逐渐在消费者头脑中构建形成，因此，消费者对某一种商品或服务的选择，不仅仅是对商品或服务的单纯选择，更重要的是对商品或服务的提供者的认同，即是基于对商品或服务提供者的信赖而作出的选择。商品的提供者或服务者为了获得这种信赖，必定需要在产品设计、质量控制、技术创新、市场营销、广告宣传等方面投入大量的财力和智力。这一系列的努力便会赢得消费者的信任和支持，综合体现为商品或服务提供者的商誉。因此，商标的“识别性”价值与该商标的商品或服务提供者的商誉具有内在的一致性。

有鉴于此，商誉也应当作为判断商标是否驰名的重要标准。本案彭博公司作为世界上财经软件和金融信息领域最具影响力的跨国公司之一，客户遍布全球，2003 年和 2004 年的销售收入在同行业中排名世界第一，《商标世界》中的一篇文章曾列出了一份根据各商标在诉讼和仲裁中被认定驰名商标的次数而排出的商标名次，“ Bloomberg”名列第 19 位，可见原告的“Bloomberg”已经多次被有关法院和仲裁机构认定为驰名商标。该文章的作者是前国际商标协会（INTA）主席，而且该排名也在国际商标协会的网站上发表。这些均是原告具有较高商誉的表现和证据。故法院未能考虑原告彭博公司的实际情况，没有将原告的商誉作为判断原告商标是否驰名的标准之一，未免给本案留下了遗憾。

06 一波三折
——法国轩尼诗商标侵权案

案 由

法国 Societe Jas Hennessy & Co.（译为中文是雅斯·埃内西有限公司，又译为轩尼诗公司）是世界著名的干邑酿造商和贸易商，早在19世纪初就闻名于世，20世纪70年代进入中国市场，逐渐将中国市场培养成为 Hennessy 干邑的最大消费市场之一。作为一家知名的国际企业，轩尼诗公司十分重视对自身品牌的保护，在中国等全球数十个国家注册了一系列“Hennessy”商标。

2002年，轩尼诗公司发现在中国市场上有标识为“Hanlissy”（译成中文为“亨力士”）文字和“持剑骑士”图的干邑商品在销售。经过调查得知，这些干邑商品的经销商为珠海X贸易有限公司（以下简称X公司），生产商是厦门J食品有限公司（以下简称J公司）。因 Hanlissy 标识与 Hennessy 商标非常近似，极易造成消费者的误认，故轩尼诗公司认为X公司的行为侵犯了其商标专用权，为制止侵权行为，遂决定委托律师向上海市第二中级人民法院起诉两侵权者，以维护自己的合法权益。

2005年8月与9月，上海二中院经过两次开庭，于同年11月25日作出一审判决，认定本案两被告构成商标侵权，判令两被告停止侵权行为，在《新民晚报》上就涉案的侵权行为刊登启事，并连带赔偿原告经济损失人民币30万元。

一审判决后，两被告均提起了上诉，上海市高级人民法院经过审理于2006年10月16日作出终审判决，驳回上诉，维持原判。至此，这起历时一年半的我国首例外文商标“轩尼诗”商标侵权案画上圆满的句号。本案自始至终受到国内外媒体的广泛关注，包括英国BBC、美联社、华盛顿邮报、新华网、中国国际广播电台等在内的近40家国内外媒体对本案进行了跟踪报道。上海二中院和上海高院的判决在国际上树立了中国司法公正的良好形象。

2004年11月，香港高露云律师行的曾律师电话向我咨询关于商标侵权的有关法律问题。原来是全球知名的法国轩尼诗酒注册商标在我国遭到侵权事宜，目前轩尼诗公司已委托香港高露云律师行代理维权。由于我在国内是代理知识产权案件的资深律师，并且在广州的中国律师第三次论坛上曾律师还与我有过一面之交，故此次邀我赴京与他合作。香港高露云律师行是百年老所，在香港是有名的知识产权律师事务所，对其主动邀请合作我甚感荣幸，遂欣然接受。

焦点浮水

在与当事人轩尼诗公司确认委托关系之后，由我和香港高露云律师行指派的顿明月律师共同代理这一起涉外商标侵权纠纷。不到十天，我就收到了顿律师收集的案件材料。通过这厚厚一沓材料，我首先确认了以下事实：

第一，轩尼诗公司迄今已在全世界数十个国家注册了“Hennessy”商标。早在20世纪80年代，该公司就已向国家商标局在第33类商品（酒）上就“Hennessy”文字和“Hennessy与持斧手臂”的特定图形组合提出商标注册申请，经国家商标局核准，该公司在第33类商品（酒）上核准注册了第890628号和第137068号两个商标。同时，轩尼诗公司还取得了G554084号国际注册商标，该国际商标的指定国家包括中国。其中，第890628号中国注册商标和G554084号国际注册商标均为“Hennessy”文字，第137068号中国注册商标为“Hennessy与持斧手臂”图形组合。因此，根据我国《商标法》有关规定，轩尼诗公司对“Hennessy”文字和“Hennessy与持斧手臂”图形组合商标依法均享有商标专用权，应受法律保护。

第二，2004年在上海某区大型超市内发现的侵权产品为“Hanlissy Kiss XO”，背贴上注明罐装厂为厦门J公司，总经销商为珠海X公司。2003年4月，国家商标局受理了珠海X公司的商标注册申请。其在第33类商品（酒）上申请注册的商标是由中文“亨力士”、英文“Hanlissy”及“持剑骑士”图形组成，当时已进入公告期。

律师首先要做的是对产品是否被侵权进行判断。而是否侵权恰恰是本案的关键之所在。收到资料后，按照惯例，我先不作任何判断，而是在所内召集助手们进行讨论。他们的观点很快形成两派，并自动组成正、反两方进行辩论。根据多年的诉讼经验，对方是否构成侵权的问题尽管并非一目了然，但却也昭然若揭。同时，我也有心多给年轻人学习、锻炼的机会，平时就要求他们善思考、多辩论，机会要牢牢把握。因此，在之后我与顿律师不断地沟通交流本案的同时，也多让学生们参与讨论。

接着，随着案件讨论的深入，争议的焦点也渐渐浮出水面：第一，双方涉案产品的商标究竟是否近似，对方是否构成侵权。第二，轩尼诗公司一开始就向我们表达了不愿意诉上海销售商——上海某大型超市的愿望，这就涉及管辖地问题，即本案能否由上海法院管辖。

对第一个焦点问题，我的助手们进行了激烈的辩论：否定侵权的助手认为两者虽然读音上近似，但是轩尼诗的商标是“Hennessy”以及“Hennessy 与持斧手臂”图形组合。而对方是英文“Hanlissy”、中文“亨力士”及“持剑骑士”图形的组合商标，两者在字形和位置上都不相近似，故不构成侵权。肯定侵权的助手观点则恰好相反，他们认为两者字形整体上就非常近似，发音也几乎相同，故对方构成侵权。讨论非常激烈，但我心中早有答案。问题的关键倒是在第二个争议焦点即管辖问题上。能否将上海作为管辖地尚有待斟酌和努力。我们首先明确本案在上海起诉的依据是侵权行为地在上海，这就涉及要追加上海的经销商某区大型超市为被告。但出于经营和销售的考虑，轩尼诗公司坚持不起诉上海的经销商。斟酌之际，转眼已是 2004 年年底，轩尼诗公司敦促我们在不起诉上海经销商的同时尽快立案。然而，管辖权问题却成了立案的一个障碍。

先 遇 一 波

律师的职责就在于以自己的专业知识为当事人排忧解难。尽管当事人的要求与实际操作发生冲突，但我坚信总有办法予以解决。

针对在案情讨论阶段我总结出的两点问题，我们便开始了高难度的取证工作。取证的目的是要将诉讼管辖地确定在上海。首先，我们前往上海市某区大型超市所在地工商局查询经销商 X 公司上海分公司的工商登记资料，确定了 X 公司在上海设有分公司，但该分公司没有独立的法人资格。其次，也掌握了涉嫌侵权的标有“亨力士中英文及图”组合商标的酒在某大型超市中确有销售的证据。2005 年年初，新年刚过，顿律师又来电催促抓紧起诉。2005 年 2 月下旬，我在整理证据材料的同时，又对所有的材料进行了全面审核，最终确定了证据材料的内容，决定起诉 X 公司和 J 公司。2005 年 2 月 25 日，我带着助手前往上海二中院立案，立案庭法官根据最高人民法院 1998 年 7 月 20 日发布的《关于全国部分法院知识产权审判工作座谈会纪要》关于人民法院审理案件中管辖权的有关规定，认为我们不起诉上海的销售商即某大型超市，而仅起诉制造者，且制造地与销售地又不一致，故不予立案。

然而最高人民法院的座谈会纪要对人民法院审理案件中的管辖权还有其他规定，即“销售者是制造者的分支机构的，其销售行为视为制造者的销售行为，原告在销售地起诉制造者的制造、销售行为的，销售地法院有管辖权”。据此，案件又回到了原点，因为X公司在上海设有分公司，在上海又有销售行为，符合最高人民法院关于管辖权的有关规定。于是我们将目标又转向了证明侵权产品的销售地。考虑到既然有销售行为，就一定有增值税发票，只要得到销售行为所在地的税务局的协助，就能查到X公司上海分公司所出具的发票，这就可以证明侵权行为地发生在上海。不料，该大型超市所在地税务局不愿出具该公司的发票存根，真是乘兴而来，败兴而归。但我并未放弃，后经不懈努力，终于取到了X公司上海分公司向该超市销售侵权产品的发票复印件，由此确认了销售侵权行为地是在上海市。

2005年3月1日，我又来到上海二中院，立案庭法官见了发票复印件后答应先予立案，并说这只是初始证据，仅说明有此事实，但从法律上来说仍难以采信，要求我们进一步举证，否则合议庭也难以通过。于是，首波告退，初战告捷。

又起一波

当初关注的焦点问题果然如期而至。立案后，J公司便向法院提交了管辖异议申请书，提出申请人罐装的“亨力士”产品的罐装地在厦门市，上海市既不是侵权行为实施地，也不是侵权商品的储藏地和被告住所地。法院合议后，采纳了对方的意见，便告知我们此案要么中止审理，要么撤销。对此，我们大吃一惊！真是一波刚平，又起一波。还好我们并未乱了阵脚。对于对方提出的管辖权异议我早有思想准备，我们首先将X公司上海分公司向上海某大型超市销售侵权酒的发票复印件提交给法院，以证明上海二中院有管辖权。但发票原件我们无法取得，因此请求法院开具调查令，以向税务局调取发票原件，证明上海也是侵权行为地。其次，我带着助手前往某大型超市所在地工商分局调查两被告的详细工商登记资料，以证明J公司是一家酒类生产企业，且两被告就生产侵权酒有业务往来，构成共同侵权。也许是法院调查令的力量和我的诚意感动了税务局的领导，他们经协商讨论，同意向我出具一份证明，以证明复印件发票的原件确是从税务局购买的。后税务局工作人员告诉我们，如果被告X公司上海分公司向税务局申报的话，就应该有向其销售发票的电子版记录，于是他们打印出涉案发票的电子版记录，并在上面盖上了公章。法官审核后确认了这几张发票的真实性和有效性，认定可以作为确定管辖权的证据。此时我们倍感欣慰，案件终于又向前推进了一步。很快上海二中院就出具了民事裁定书：根据我国民事诉讼法规定，因侵权行为提起的诉讼，由侵权行为地或者被告住所地人民法院管辖。最高人民法院于 2002 年 10 月 12 日发布的《关于审理商标民事纠纷案件适用法律若干问题的解释》规定，对涉及不同侵权行为实施地的多个被告提起共同诉讼的，原告可以选择其中一个被告的侵权行为实施地人民法院管辖。本案被告之一 X 公司作为涉案产品的经销商，在上海实施了销售行为，原告据此向本院提起诉讼，本院具有管辖权，裁定驳回被告 X 公司和 J 公司关于本案管辖权的异议。

与此同时，我们向法院提交了继续审理申请书，要求法院尽快开庭审理。2005 年 8 月，我们终于收到了法院的开庭通知书。至此，管辖权问题终于迎刃而解。

厉兵秣马

在开庭前做好充分的准备是我办案的习惯，而做好庭前准备最有效的方法莫过于模拟开庭。因此每当开庭前夕，我都会召集我的助手们进行模拟开庭，本案也不例外。我对本案倾注了更多的精力，多次进行模拟开庭，甚至在开庭当天的上午还进行了最后一次庭前模拟。

2005 年 8 月 11 日，法院正式开庭审理轩尼诗商标侵权纠纷案。两被告的代理律师姓张，是一名来自厦门的女律师。张律师向法院提交了书面答辩状，提出 X 公司系依法经营，国家商标局已受理了该公司的商标注册申请，并初审公告；该公司在酒类产品上使用的商标与轩尼诗酒的商标有很大的差异。她还答辩说 J 公司只是罐装商，按照合同的约定，罐装商对商标并不知情。

对于被告的抗辩，我们早已有所准备，庭上提出：首先，被告使用的商标与原告的注册商标近似，侵犯了原告的商标专用权；其次，J 公司称自己为罐装商，就是法律意义上的生产制造商，因此必须承担侵权的连带责任。顿律师还从文字、读音和图形等几个方面以交叉对比的方式来证明对方涉嫌侵权的商标与我方商标近似，即“Hanlissy”与“Hennessy”外文商标近似；“Hanlissy 加图形”与“Hennessy 加图形”近似。在我们全面和完整的论证下，对方的辩驳就显得很苍白。

法院先后开庭两次，于 2005 年 11 月 29 日下午进行了宣判：一、被告 X 公司、被告 J 公司停止对原告轩尼诗公司享有的第 890628 号和第 137068 号注册商标专用权的侵害；二、被告 X 公司、被告 J 公司在本判决生效之日起十日内连带赔偿原告轩尼诗公司经济损失人民币 30 万元；三、被告 X 公司、被告 J 公司在本判决生效之日起三十日内在《新民晚报》上就涉案的侵权行为刊登启事，消除影响。

一审判决后，原、被告均向上海市高级人民法院提起上诉，二审法院经过近一年的审理，于 2006 年 10 月作出终审判决，驳回上诉，维持原判。

感　　由

本案被告使用的“Hanlissy”商标，究竟是否侵犯原告“Hennessy”商标的专用权，虽然一、二审法院已经作出了判决，但我们仍可对交叉对比法进行更深入的讨论。最高人民法院于 2002 年 10 月 12 日发布的《关于审理商标民事纠纷案件适用法律若干问题的解释》第 10 条规定，人民法院认定商标相同或者近似按照以下原则进行：（1）以相关公众的一般注意力为标准；（2）既要进行对商标的整体比对，又要进行对商标主要部分的比对，比对应当在比对对象隔离的状态下分别进行；（3）判断商标是否近似，应当考虑请求保护注册商标的显著性和知名度。

结合本案，我们先从“Hanlissy”与“Hennessy”英文的字形、单词构成和发音等方面来进行分析对比，不难看出是近似的，且易对相关公众造成混淆。首先，从字形上来说，都是外文，且均为 8 个字母；其次，从构成来说，均有元、辅音，均有几乎相同的前、后缀，8 个字母就有 5 个相同，特别是首、尾字母相同，首字母均为“H”，尾缀均为“SSY”，中部均有“N”；再次，读音近似，译成中文的读音前者是“亨力士”，后者是“埃内西”或“轩尼诗”，两者外文的读音就更相近。由于中国消费者对字母的组成往往仅是通过对其字形、构成和发音等方面的大致印象来辨认，因而在隔离状态下将“Hanlissy”和“Hennessy”文字进行对比，就足以使多数消费者产生混淆。

我们再从“Hanlissy 加图形”组合和“Hennessy 加图形”的组合对比来看，其结果仍然是近似。首先，商标中的图形部分的识别作用相对于文字来说一般较弱。因此，文字是原告注册商标的主要部分。由于商标的主要部分近似，所以“Hanlissy 加图形”和“Hennessy 加图形”总体上也就近似。其次，再从两个商标的图形来进行比较。“Hanlissy”的图形是一个持剑骑士，而“Hennessy”的图形是一个持斧手臂。两者虽有一些视觉上的区别，但给人的印象都是“人和武器”的组合，都是一种力量的象征。这对普通消费者来说，特别是在隔离的状态下仅凭模糊的记忆来辨认，显然将上述两个商标误认的可能性就很大。通过用交叉对比法仔细比较后得出的结果就是涉案的两个商标近似，被告侵犯了原告的商标专用权。

07 师徒双赢
——汇丽商标侵权案

案　由

成立于1993年的上海汇丽集团有限公司（以下简称汇丽集团）是一家以生产新型建材为主的大型集团公司，先后被列入“全国512户国家重点企业”“全国高新技术百强企业”“上海市重点扶持的54家大型企业集团”。而成立于1995年的上海汇丽地板制品有限公司（以下简称汇丽地板公司）是汇丽集团的子公司，早年因生产环保型复合地板而蜚声沪上。汇丽集团分别于1999年3月21日和2007年12月21日获得“汇丽”商标和“汇丽居家”商标的注册商标专用权。其中，“汇丽”商标在2002年被国家商标局认定为驰名商标，其核定使用的商品范围包括地板，而“汇丽居家”商标核定使用的商品范围则不包括地板。近年来，随着“汇丽”商标的产品获得大量荣誉，“汇丽”商标便具有了很高的品牌价值。

2007年7月，市场上突然出现了印有“汇丽居家”标识的地板产品。涉案地板外包装上显示：出品商为上海汇丽居家企业管理有限公司（以下简称汇丽企业公司）。后经调查又发现，涉案的制造商、总经销商和销售商多达六家。

被告生产销售的“汇丽居家地板”销量巨大，销售网点众多。“汇丽居家地板”产品的外包装上多处突出使用了“汇丽居家”标识，其中的“汇丽”字样与“汇丽”注册商标不仅读音、字样一致，而且字体也相同。汇丽集团认为汇丽企业公司已经构成了对“汇丽”商标专用权的侵犯，严重损害了“汇丽”作为驰名商标的品牌形象，并提供了相关证据。于是，2008年4月24日，汇丽集团与汇丽地板公司便以“汇丽”驰名商标被侵犯为由共同向上海市第二中级人民法院提起诉讼，要求汇丽企业公司等七被告停止侵权、赔礼道歉和赔偿损失。

由于一审判决驳回原告诉讼请求，为了维护公司的合法权益，汇丽集团、汇丽地板公司毅然上诉。他们先是找到诉讼经验丰富的周律师，但周律师觉得此案涉及知识产权，专业性强，自感难以独立胜任。于是他在征得我的同意后便向汇丽集团推荐了我，如此，我便与该案结缘了。周律师正是我早年的一位学生，可谓第一代弟子，他曾是上海市律考状元，法律功底自不待言。他对案情大概作了介绍，认为一审确有问题。由于一审他没有参与，二审等于要从头来过，其难度甚于一审，再加上知识产权并非其专长，二审要扭转乾坤，他信心不足，故邀我出山，助其一臂之力。于我而言，感到此案确有疑点，我自然也不应置之不理。最终，我决定亲自出马代理此案。

我方有两位上诉人，可以委托四名代理人。于是，我派我的得力助手王律师也作为此案的共同代理人参与此案。在本案中，我亲自挂帅，根据周律师和王律师各自的特长和风格，对他们作了明确的分工：由周负责整个案件事实的掌握、举证、质证发问和法庭辩论，王则主要负责本案商标法律问题的分析和论证，并在法庭辩论时作有关商标法专业方面的辩论。我则运筹帷幄，确定思路，把握大局，居中而坐，静观其变，并在庭审时对他们二人的发言进行归纳和补充。

二审开庭后，上海市高级人民法院没有急于判决，而是反复进行调解，审判长也逐渐接受了我方的观点，最后成功达成对我方有利的调解协议。

前车之鉴

作为上诉案件，我们首先要回到案件的一审来进行深入研究，找到破题的蛛丝马迹。案件一审阶段的焦点有以下几个：（1）原告汇丽集团与被告汇丽企业公司于2005年9月15日签订的《“汇丽居家”商标注册及使用协议书》（以下简称《协议》）是否真实、有效。（2）被告汇丽企业公司等七家公司的各自行为，是否构成对两原告享有的“汇丽”和“汇丽居家”商标合法权利的侵害。（3）原告要求被告汇丽企业公司等七家公司共同赔偿两原告包括合理费用在内的经济损失人民币810万元的主张，是否有事实和法律的依据。

一审诉讼期间，原、被告双方都拿出了对自己有利的证据。汇丽集团举证：（1）汇丽集团系“汇丽”和“汇丽居家”商标的专用权人；（2）商标许可协议的真实性可疑，认为是事后伪造的；（3）汇丽地板公司出具了2006年到2009年的业务收入统计表，表格显示因2007年度遭受商标侵权，地板销量比2006年锐减近50%，其中2007年下半年又比2007年上半年锐减43%，其市场生存已经受到严重威胁。

被告汇丽企业公司为逃避侵权责任，则出具了《协议》，以此抗辩说其并非擅自使用，但原告认为该许可协议书的真实性和有效性有待评估。

2009 年 4 月，上海二中院对该起商标纠纷案作出一审判决，认定汇丽集团与汇丽企业公司双方于 2005 年 9 月 15 日签订的《协议》真实有效。为此，法院认为汇丽企业公司在涉案地板的外包装与宣传中使用“汇丽居家”文字的行为，并未侵犯汇丽集团的相关权益，从而驳回了原告的诉讼请求。

一审败诉的判决犹如给了原告当头一棒。在仔细阅读了一审材料后，我发现一审代理律师的思路有瑕疵。我方在缺乏证据证明许可协议系伪造的情况下却仍把赢官司的筹码加在许可协议的真实性上，恰恰掉进了对方所设下的陷阱里，这无异于被对方律师牵着鼻子走。

我认为，《协议》的真实性确有问题，但证明这份许可协议书涉嫌伪造的证据又不足，要据此推翻原审判决可能性不大。但是原审判决认定被告汇丽企业公司在其地板经营活动中使用“汇丽居家”的文字和商标均获得原告汇丽集团的许可这一事实，显然证据也不足。原告汇丽集团与被告汇丽企业公司确于 2005 年 9 月 15 日订立过所谓《协议》，但这仍不足以证明被告汇丽企业公司可以在地板上经营使用“汇丽居家”的文字和商标，被告行为的有效性有待商榷。于是，我便将这个问题作为上诉的重点。

亡羊补牢

古语曰：亡羊而补牢，未为迟也。此语同样适用于本案。既然一审代理思路存在问题，那我们就理应调整思路，改变策略，寻找新的突破口。正式接手案件后，我们认真翻阅了一审材料，发现一审判决确实存在一些值得推敲的疑点，并针对疑点提出了我们的意见。譬如，一审判决赖以成立的基础是原、被告于 2005 年 9 月 15 日签订的《协议》，该《协议》有“甲方同意乙方在各领域使用‘汇丽居家’……”等条款。对此，我们认为，“汇丽居家”商标核准注册的九大类商品中并不包括地板这类商品。因此，对原告来说，自己尚且不能将“汇丽居家”商标用于地板上，那又怎能授权被告使用呢？即使授权了，那也是无效的。同时，一审判决对我方最不利的就是，根据许可协议认定汇丽企业公司在经营活动中使用“汇丽居家”文字和商标均获得汇丽集团的许可，据此法院判决被告不构成商标侵权，当然其他制造商、总经销商和销售商也就不构成侵权了。这就像一副多米诺骨牌，第一张骨牌就是汇丽企业公司，只要这张牌不倒，它后面的骨牌就纹丝不动。而我们在二审中要做的，正是把汇丽企业公司这第一张骨牌推倒。只要我们能够认定商标“汇丽居家”与驰名商标“汇丽”构成相似，汇丽企业公司在地板上使用“汇丽居家”商标须征得“汇丽”商标专用权人的同意，那么其他被上诉人不侵权的说法也就不攻自破了。

基于上述思路，我们决定在上诉时采取避其锋芒，攻其软肋的方针。首先是对原、被告于2005年9月15日签订的《协议》的真实性问题，我们只提及而非猛攻，即虚晃一枪，声东击西；其次是放弃对方非法使用“汇丽居家”商标也侵犯“汇丽居家”商标专用权的诉称，与其采用这样绕口令般的诉称，还不如直接诉称对方侵犯“汇丽”驰名商标专用权，使诉讼思路变得简洁明了；再次，我们将上诉重点放在被上诉人擅自把“汇丽居家”商标使用在地板上，并将“汇丽居家”四字突出使用在“百匠”牌地板上的行为是违反商标法的非法行为。我们将此方针不仅充分体现在上诉状中，还贯穿于整个二审程序中，包括请商标专家鉴定和论证，以反不正当竞争为由另行起诉等。

柳暗花明

2009年5月8日，我们先向上海高院提交了上诉状。之后，我们再向上海二中院以不正当竞争为由另行起诉被告，以形成钳制之势。两个月后，即2009年7月9日上午，我又到上海知识产权司法鉴定所，就汇丽集团与汇丽企业公司商标侵权纠纷案的鉴定事宜与该所鉴定专家进行了会谈。几位鉴定专家对本案诸多细节进行询问之后，通过分析、论证和查询最高人民法院司法解释、有关法律规定，出具了司法鉴定书。鉴定专家认为：（1）汇丽集团与汇丽企业公司签订的《协议》不能覆盖汇丽企业公司使用在地板上的“汇丽居家”商标，汇丽集团与汇丽企业公司就“汇丽居家”地板而言并不存在注册商标的使用许可关系；（2）汇丽集团注册的“汇丽”商标，与汇丽企业公司使用在地板上的“汇丽居家”商标属于使用在同一种商品上的近似商标，汇丽企业公司在地板上使用“汇丽居家”商标须征得“汇丽”商标专用权人的同意。

此外，司法鉴定书中有以下四个要点：第一，《协议》的时间和空间。所谓时间是指申请人在何时及何种条件下申请注册商标，空间是指商标核准注册的内容。但《协议》中并没有提到具体的使用商品，只提到九个大类，却未明确具体内容。从时间上来说，《协议》的确是在商标申请日之后、核准授权之前签订的。第二，“汇丽居家百匠”地板实际使用的商标和《协议》所许可使用的商标不是同一个商标。《协议》中所约定的商标为“汇丽居家”图文商标，而“汇丽居家百匠”地板使用的“汇丽居家”文字商标是“汇丽居家”图文商标的文字部分，仅构成局部一致。第三，《协议》是否符合商标使用许可的要件。商标使用许可有四个要件：（1）许可人必须是被许可商标的注册人；（2）许可使用的商标必须是注册商标；（3）商标使用许可的商品必须是核定使用的商品；（4）许可使用的时间必须是在注册商标的有效期限内。汇丽集团注册的商标是“汇丽居家”图文商标，在其被国家商标局核定使用的第19类商品中并不包含地板，故而《协议》许可使用的商标的使用商品不应包括地板。第四，驰名商标的保护具有很大的刚性，甚至可以保护到非类似商品。“汇丽”商标已被认定为驰名商标，且其核定使用的商品包含地板，因此“汇丽居家”商标与“汇丽”商标属于在同一种商品上使用的近似商标。能够拿到这份鉴定报告作为证据，对我们来说可谓意义重大，不仅让我们豁然开朗，而且增强了赢得这场诉讼的信心。

博采众议

《协议》是一审给我们留下的一道难题。《协议》第二条中关于“甲方同意乙方在各领域使用‘汇丽居家’名称和商标”中的“各领域”应如何理解？被告汇丽企业公司是否可以依据《协议》享有在地板上使用“汇丽居家”标识的权利？其将“汇丽居家”标识使用在地板上是否构成对“汇丽”注册商标专用权的侵犯？对上述几个问题，尽管我们胸有成竹，但为了慎重起见，我们于2009年12月14日上午又针对这三个议题召开了一场研讨会，众多高校知名教授、博士，鉴定中心的专家及本案上诉人（原审原告）汇丽集团的代表都出席了会议。

与会专家就上述议题展开了热烈的讨论。对于第一个议题，几位知名专家都认为，《协议》一开篇就明确了“九大类商标保护”，因此在商标核准注册后，“各领域”就应该是指核准使用的商品类别，即被许可人可以在申请注册的九大类商品范围内使用“汇丽居家”商标，注册的九大类商品并不包括地板。对于后两个议题，专家们有的认为被上诉人将“汇丽居家”标识在地板上使用已经超出了授权范围，侵犯了“汇丽”商标专用权。有的则认为，汇丽企业公司在地板商品上使用已经构成违约，这属于违约之外所产生的一个新的侵权行为。“汇丽居家”商标属于组合商标，但其中“汇丽”文字商标却是驰名商标，而“居家”在“汇丽居家”词组中处于次要部分，只起辅助作用，对于一般公众而言，这已经造成了混淆。还有的认为《协议》应分两种情况理解，一是在商标核准注册前，为未注册商标的许可使用；二是在注册后，由汇丽集团许可汇丽企业公司使用“汇丽居家”图文组合注册商标。即使退一步说，被许可人在该商标注册前可在“各领域”使用，并不构成侵权，但在注册后使用便属非法使用，就构成侵权了。讨论异常激烈，专家们纷纷对这几个焦点问题发表了自己的看法，但最终大家都一致认为：《协议》中的“各领域”应以“汇丽居家”商标申请注册并最终被核定批准的九大类商品为基础来理解，否则就违背了合同的本意。汇丽企业公司在地板上使用“汇丽居家”四字，显然超出了商标所核定使用商品的范围，侵犯了“汇丽”商标专用权，理应承担侵权的法律责任。

至此，我们心里终于有了底气，无论是司法鉴定意见书，还是专家讨论的结果都给我们以强大的法律支撑，为下一步在庭审中的唇枪舌剑提供了有力佐证。

左右高足

2009年8月25日下午，汇丽集团与汇丽地板公司诉汇丽企业公司等七位被上诉人商标侵权二审案在上海高院第十一法庭正式开庭审理。我们师徒三人准时来到法庭。周、王两位高徒西装革履，神采奕奕，分坐两旁。观其二人踌躇满志，似乎胜券在握。我则稳坐中军，调兵遣将，指挥若定。“汇丽”地板本是驰名商标产品，但由于被上诉人的不当行为，致使其市场销售额连年锐减。本案一审的败诉更使得被上诉人的侵权行为肆无忌惮。以前汇丽企业公司还是“犹抱琵琶半遮面”，一审胜诉后就干脆“赤膊上阵”，几乎“汇丽”地板的每一个销售门店都被“汇丽居家”地板的店面所包围，不仅市场空间受到严重打压，员工和分销商的士气亦日趋低沉，这个曾经辉煌一时的企业现时处境却变得如此艰难，不禁令人扼腕叹息！

庭审中，我们的代理思路主要是两道防线：一是不放弃对被上诉人涉嫌伪造《协议》的诉称；二是退一步说也要明确被上诉人的商标侵权行为，包括商标的扩大使用、不正当使用、“汇丽居家”字号的突出使用及与“百匠”商标的捆绑使用等，这些行为均侵犯了“汇丽”驰名商标权。对于其他法律问题，如七位被告之间的关系是商标再许可关系而非加工承揽关系等则点到为止，一笔带过。欣慰的是，被上诉人的答辩意见与一审时并无变化。

在质证阶段，双方争论的焦点落在一份金盛家居铜川店2009年第3期促销单上，这是我们在二审中提交的新证据。该促销单是金盛家居铜川店为2009年6月6日、7日的促销活动所印制，在商场附近的主要交通枢纽点发放，其柜台上也放置了促销单由消费者自取。“汇丽”地板在该商场的经销商于促销日之前已拿到原始的促销单，发现本来卖“汇丽居家百匠”地板的复合16展位却公开宣传自己销售的是“汇丽”地板，于是便向汇丽地板公司销售部反映。当我们得知这一情况时，立即与公证处联系，在促销日这一天进行公证取证。可是当我们赶到现场时，却发现从柜台上取到的促销单上“汇丽”二字已被涂黑。后经了解，原来是“汇丽”地板经销商自行找到了商场管理部门进行交涉，从而打草惊蛇，使我们取得的证据出现了瑕疵，也被对方代理人抓到了把柄。在庭上对方代理人先是否认复合16展位的经销商与七位被上诉人有任何瓜葛，同时又强调促销单系商场印制，与被上诉人无关。对此，周律师反应敏捷，立即反驳道：“在一审中，被上诉人曾经出具过一份材料，正是该复合16展位的经销商与M公司签订的承包协议，足以证明其与M公司之间的关系。促销单虽为商场印制，但其上的信息均由参加此次促销活动的商家所提供。”对方见“关系”问题无可辩驳，又对促销单上涂黑了的“汇丽”二字进行自欺欺人的抗辩，说促销单上看不到“汇丽”两字。我便立即补充道：“涂改的行为恰恰说明原来的做法是不合法的。知错就改，当然是好事情，但不应该当庭否认嘛！被上诉人若对涂改有异议，我建议法庭通过鉴定来确认涂改前的内容。”对方经我们这么一反驳，顿时哑口无言。

在发问阶段，周律师和王律师主要围绕着汇丽企业公司没有实际经营活动、其对“汇丽居家”商标的转许可未经汇丽集团同意、“百匠”商标与“汇丽居家”商标捆绑使用等事实展开提问。对方代理人毕竟也是两位经验丰富的资深律师，虽然我方两位年轻律师攻势凌厉，但他们仍以不变应万变，一口咬定“不清楚”“无可奉告”“与本案无关”，使我们一时难以攻破对方防线。于是我就继续发问：“汇丽企业公司以前经营什么产品？”对方代理人并未直接回答，而是说：“工商营业执照上写得很清楚。”我再追问：“申请商标的时候有没有生产地板？”对方代理人答非所问地回答：“企业名称中有‘管理’二字，管理已经足够了。”我又问：“下面这个问题前面两位代理人已经问过，但对方拒绝回答，所以我还是要再问一次，申请‘汇丽居家’商标虽然是以汇丽集团名义办理的，却由汇丽企业公司出钱，当时为何没有在地板上申请这个商标呢？”对方这次终于开了金口，回答说：“我可以用品牌，不需要注册商标。”我又追问：“非法也可以用吗？”对方代理人强硬地回答说：“我可以在一切领域使用。”足见对方强词夺理、盛气凌人！

法庭辩论阶段，周律师主要从事实角度进行分析，向法庭强调这样一个事实，即被上诉人法定代表人或其主要管理人员以前均为汇丽集团或汇丽地板公司的管理人员或销售人员，他们熟悉“汇丽”地板的生产和销售渠道，汇丽企业公司的法定代表人刘某原来就是汇丽集团的总经理，甚至掌管着该公司公章的使用。王律师则从有关商标的法律法规的规定和法理角度着重对前述的原审判决的两个认定不当进行反驳，通过大量的证据和透彻的法理分析论证了我方的两个观点：第一，“汇丽居家”商标的核定使用范围不包括地板，故汇丽集团与汇丽企业公司在地板商品上不存在“汇丽居家”商标的许可使用关系，被上诉人在地板上使用该商标的种种不当行为侵犯了“汇丽”驰名商标权；第二，M公司直接向制造商下达生产指令，制造商将产品交付给M公司，再由M公司直接与制造商进行结算，而汇丽企业公司不生产、不经营，其与制造商之间的关系应为商标转许可关系，而非承揽关系。

两位高徒的辩论在庭上明显占据上风。为了强化我方的论述，让合议庭尤其是审判长能够完全了解我方的观点，最后我仍对他俩的发言作了如下归纳：第一，民事法律行为要合法，不言而喻，商标注册使用协议书也必须合法，否则就无效。本案关键在于汇丽集团注册“汇丽居家”商标时核定使用商品中没有选择地板，那么汇丽企业公司在地板上使用该商标也就不合法。第二，“百匠”商标和“汇丽居家”商标在地板商品上捆绑使用，使相关公众对两种地板的商品来源产生误认，或使相关公众认为驰名商标的专用权人与被诉商标的经营者之间具有许可使用关系或关联企业关系等特定联系，这是典型的“搭便车”。“百匠”商标是无名品牌，与“汇丽”驰名商标不可同日而语，故两者捆绑使用，显然是贬低了“汇丽”，抬高了“百匠”。

庭审持续了近四个小时。法官给予了双方代理人充分的发言机会。在原审判决完全不利于我方的情况下，我们在庭上气势不减，据理力争，分工合作，应对得当，发挥出色。辩论异常激烈，但法官仍然沉着冷静，提问时思路清晰，既给予双方代理人充分的发言机会，又沉稳地掌控法庭秩序，使庭审达到了较好的效果。

当庭上的硝烟散去，我的心情稍稍平静后，却有一种莫名的感伤。“汇丽”作为驰名商标，当合法权益被侵犯后，为寻求救济尚这般步履艰难。更有甚者，受侵害者投告无门，侵权者却逍遥法外！何以至此，不得不令人深思！

一 波 三 折

庭审的最后，法官问双方当事人是否愿意接受调解。被上诉人虽然在一审胜诉，但从二审实际庭审情况看，若想胜诉也不像他们想象中的那么简单，况且长达近两年之久的诉讼也令其疲惫不堪，故被上诉人愿意接受调解，而调解对于我们来讲自然是件好事情。二审中我们申请了财产保全，一旦败诉，我们的风险可谓巨大。既然背水一战，那就只许成功不能失败，必须要争取改判或和解。整个调解过程堪称一波三折，本案的主审法官为争取调解，做了很多努力尽力说服双方当事人。双方当事人多达九个，其间的利益冲突可想而知，调解难度系数不言而喻。但在大家共同的努力下，最终，双方达成了调解协议，为此案画上了圆满的句号。

最初的调解方案是对我们不利的，被上诉人不但不想承担侵权责任，而且也不肯承认侵权，这种不负责任的态度给调解带来了巨大的阻碍。无奈之下，法官又做了我们这边的工作，希望我们能降低要求，这样双方才能达成调解。其实，我心里理想化的调解方案就是要求对方承认侵权、停止侵权。抛出一个高要求的调解方案无非是场心理战罢了。只要让法官和对方当事人感觉我们已经作了很大的让步，那么效果就达到了。几番协商下来，最终形成了调解协议初稿。初稿的第一条就是：本调解协议生效后，七位被上诉人立即停止在地板的生产、销售和宣传中使用“汇丽”商标和“汇丽居家”商标，汇丽企业公司不再使用“汇丽居家”字号。此条表达了我们希望对方承认侵权并停止侵权的用意。

2010 年 2 月 11 日下午，我接到了法官的电话，通知我们第二天上午九点去上海高院签订调解协议，收到这个消息后我心里忽然轻松了许多。2010 年 2 月 12 日，也是春节的前一天，我带着拟好的调解协议来到法院。在法官的主持下，调解正式开始。对方每位当事人都仔细研读手里的调解协议，生怕在文字中丢失自己的点滴利益，整个场面显得异常紧张。不久被告方先打破了全场的寂静，表示不同意协议第一条的文字表述，全面禁止被告对“汇丽居家”字号使用的要求过高，而我方则坚持这个条件是汇丽企业公司的刘总承诺过的，坚持要求完全禁止。双方争执不下，法官多次与刘总打电话沟通、协调。真是好事多磨，刘总虽同意了，但对方的代理律师却称自己并没有得到授权，拒绝在协议书上签字。为此，我方周律师与其产生了激烈的言辞冲突。我见气氛不对，及时提醒大家当以大局为重。最后双方各退一步，将“停止使用‘汇丽居家’字号”改成“停止突出使用‘汇丽居家’字号”，成功签订调解协议。一场没有硝烟的战争结束了，原本徘徊在生死边缘的汇丽集团终于化险为夷。不管这个调解结果在别人看来如何，但在我们自己心里却清楚地明白是赢了。只要实质问题解决了，其表现结果的形式对我们来说就显得不那么重要了。

感　　由

从诉讼的角度来讲，虽然案件最终以调解的方式落下帷幕，似乎并未让我们失望，然而我在此次代理过程中可谓感触颇多。回想起本案的接手，正是自我的“大弟子”周律师登门求助开始。当学生遇到困难而前来请我出山时，我总会义不容辞地给予他们力所能及的帮助，因为他们在困境中找到了我，我是他们最信任的人，没有理由拒绝他们。这就是师生之情。在师生之间，作为老师，最大的快乐莫过于学生无论身处何方都有着感怀师恩之心。桃李满天下，浓浓师生情，这是任何财富也无法比拟的一种满足。这也是我坚持一边著书立说，一边开所收徒的用意之所在。

不过由此，我也想到在律师行业普遍存在的一个现象，就是一些青年律师缺乏这样的感恩之心，没有继承我们民族尊师重道的优良传统。他们往往在实习期满后，就将自己完全投入激烈的法律市场竞争中去单打独斗，其后果往往是身心俱疲，却收效甚微。倘若站在当事人的立场上，试想谁又愿意把自己的财产，甚至一辈子的心血托付在一个羽翼未丰、初出茅庐的律师身上呢？这种现象的出现，究其原因，概括起来无非是“老大心理”和急功近利。

要处理这两个问题，我认为，首先，青年律师要调整好心态。调整好心态就是让自己冷静下来，要对自己和所处的环境有充分的认识，从而达到主观内心和客观事实的统一。作为青年律师，富有活力，精力充沛，这的确是优势，但也存在不可避免的“硬伤”，如缺乏经验，阅历较浅，尚未建树等。律师要在律师事务所里进行执业，其本身就是为了让律师的发展有所依托。青年律师在“硬伤”尚未痊愈的情况下，却以老大自居，这岂非蚍蜉撼树，不自量力？青年律师应该紧紧把握现有的资源，在逐渐积累经验的同时，依托所在律师事务所的品牌效应，在打响事务所的品牌的同时，也宣传了自己，树立了自己的形象。况且，也只有依托集体的力量，才能在自身能力和业务拓展方面取得长足的进步。

其次，青年律师要志存高远，要具备吃苦耐劳的精神，懂得感恩。每个人的成功都不可能仅来自个人的努力。父母、老师、国家都在个人的成功中付出了很多，所以说，当取得成绩的时候，是不是应把这份喜悦与荣耀归于该感恩的人呢？有句老话，要做事，先学做人。一个人内心品质的优劣决定了他在人生的旅途上能否取得成就。没有远大的志向就吃不了苦，吃不了苦也自然不会有所收获。这些优良品质的缺失，也正是制约很多青年律师发展的重要因素。

最后，青年律师要学会“双赢”。“双赢”是以上述两点作为基础而得来的，但在具备了前两点后，是否能够把这种理念贯彻到具体的行动中，又另当别论了。“双赢”这一理念，其实就是利弊得失权衡后的具象化产物。借用商场上经常用的一个比喻，我们是要考虑如何把蛋糕做大，还是一味想着瓜分蛋糕？显然，取前者才是智者所为。

以本案为例来说，周律师邀师出山之举是吃亏还是双赢？归根结底就是看一名青年律师的胸襟。我曾经培养了几代律师，每每都叮咛他们，到市场上可借助老师的声望，打着老师的旗号去闯荡江湖。这既是我给予他们的帮助，也是一种信任。然而他们一旦取得执照后便想独步江湖，打自己的品牌，而不愿借老师的品牌去冲锋陷阵。他们的顾虑也是可以理解的，曾经有一位有能力又胆大、我很赏识的学生对我直言不讳地袒露心声：一怕客户将来跟老师走了，二怕原本不多的“粥”还要分一碗给老师。但是，分析周律师的行为可以解开上述疑虑。周律师自己原是有能力独立办理本案的，然而他却邀师出山，这是难能可贵的，因为这不仅在经济上要牺牲一点，还要将“帅位”谦虚地让给老师。周律师不愧为一名成熟的律师，富有远见。最后他的那份“蛋糕”实际上并未减少，所谓的牺牲却成就了师徒之间的双赢：一来我的出山，增强了当事人的信心；二来律师费收入增加，即蛋糕做大，使得他的实际收入并未减少；三来我们增强了团队的力量。

其实，“双赢”不仅是青年律师在起步阶段需要学会的，也应是一以贯之的，无论何时，我们都不可能是全才，我们总会遇到不熟悉的领域，但“双赢”的选择可以让我们将自己的能量放大，达到能量聚集的效果，从而降低失败的风险。可以说，从实际出发，以“双赢”理念为指导，完全可以做到无往而不利和无往而不胜。

我希望律师界会有更多的青年才俊涌现出来，也希望我的学生能够真正理解“双赢”的理念。最后送各位青年律师一句话：莫愁前路无知己，天下谁人不识君！

08 转危为安
——锦元商标侵权案

案 由

上海锦元实业有限公司（以下简称锦元实业）是一家主营金属纪念品、金属材料、自动化仪表等商品的公司。该公司由杨俊总经理于 1993 年 5 月筹办，并于 1994 年 7 月正式注册成立。在杨总多年的苦心经营下，该公司逐渐成为金属纪念品行业的领军企业，并很快就树立了良好的品牌形象。由于公司发展迅速，为扩展业务，杨总又在 1998 年 4 月注册成立了上海锦元文化发展有限公司（以下简称锦元文化）。不久锦元文化就在国际分类第 6 类“金属纪念章，金属纪念牌，金属标志牌，普通金属艺术品，普通金属塑像”等商品上申请注册了“锦元 JINYUAN 及图”商标，该商标于 1999 年 9 月被国家商标局核准注册。

自 2000 年国家放开金银管制之后，锦元文化便大张旗鼓地进入贵金属生产经营领域，并将其申请的“锦元 JINYUAN 及图（金元宝）”商标实际使用在第 14 类贵重金属艺术品、贵重金属徽章等商品上。但遗憾的是，由于疏忽，杨总却没有在该类商品上申请注册“锦元 JINYUAN 及图（金元宝）”商标。结果在时隔 12 年的 2011 年，却被另一家经营贵金属纪念品的竞争对手抢注了“锦元 JINYUAN 及图（财神爷）”商标。由于两家公司的经营范围重合，两个商标又非常近似，不仅在业内和消费者群体中产生了混淆和误导，还导致锦元文化市场的流失，从此使原本蒸蒸日上的锦元文化麻烦不断、不知所措。

由于此前我曾与杨总就某挂历侵权案有过接触，尽管当时我们是对立双方，但我对那场官司的策划以及在庭审中的专业水准却给他留下了深刻的印象。俗话说不打不相识，他这次遇到麻烦，便希望我这个昔日的对手帮助他们渡过难关。

得陇望蜀

2011 年 5 月的一天，我正在办公室思考一个案子，突然电话响起，突兀的铃声打断了我的思路，询问后才知是锦元文化的杨总。接完电话，我的思绪不由飘回到十多年前，那时我曾代理上海一路发文化发展有限公司与锦元文化就某工艺挂历侵权案对簿公堂，最后在法官的调解下双方尽弃前嫌、握手言和，后来还发展成为合作伙伴，成就了商界的一段佳话。这次杨总打电话过来是因为锦元文化的“锦元 JINYUAN 及图（金元宝）”商标被竞争对手恶意抢注，为了维护自身的合法权益，想请我帮助他们维权。在听取了杨总对于案件的简单描述后，我认为其中确有侵权，便约好杨总择时到所细谈。

原来在锦元实业成立后，经过杨总的不懈努力，公司的金属纪念章、纪念品等业务迅速上升。为产品专业化生产，杨总便在 1996 年筹划新成立一家上海锦元纪念章有限公司（以下简称锦元纪念章）。该公司在完成工商查名后不久，锦元实业便发现其副总经理 Z 某与外人串通私下拦截公司业务，从事不正当竞争。董事会认为此事性质严重，便免去了 Z 某副总的职务，但杨总考虑到 Z 某毕竟是其亲戚，思量再三，最终还是给 Z 某一个改过自新的机会，不但没有对其进行处罚，还将正在设立中的锦元纪念章公司交由 Z 某经营管理。可是令人意想不到的是 Z 某非但不思悔改，反而利用锦元纪念章公司继续与锦元文化展开不正当竞争，企图更大规模地占领锦元文化的市场。

自此两家商号相同，经营范围重合，但经营主体互不相关的公司，长期在纪念品市场上并存，由此造成了许多混乱，给锦元实业和锦元文化的生产经营带来了很大的困扰。但杨总碍于亲情，一直未予追究。岂料在 2010 年 11 月，Z 某又成立了上海锦元 X 饰品有限公司（以下简称锦元 X 饰品），经营范围包括金银饰品、纪念章、纪念币。Z 某为了利用锦元文化的良好商誉就“搭便车”，甚至对外声称锦元文化的生产基地是他的加工厂。2011 年 3 月，Z 某又向国家商标局在第 14 类“贵重金属艺术品，贵重金属徽章”等商品上注册了与锦元文化的“锦元 JINYUAN 及图（金元宝）”商标相近似的“锦元 JINYUAN 及图（财神爷）”商标，企图通过该商标误导消费者，为自身招揽业务。得知上述情况，杨总终于忍无可忍，就找到我，希望我能够帮助他们维护企业的合法权益，制止 Z 某的恶意抢注和不正当竞争行为。

运筹帷幄

接受委托后，我和助手便立即着手谋划该案的具体维权策略。经过一番细致的分析，我们认为仅凭现有证据想证明对方侵权是远远不够的。为此，我们针对锦元纪念章与锦元X饰品是否侵犯锦元文化的“锦元JINYUAN及图（金元宝）”商标专用权及是否存在不正当竞争展开深入调查。为此，我和助手先后走访了上海市宝山、普陀两区工商分局，分别调取了锦元文化和锦元X饰品内部档案资料，并查询了国家商标局网站以及其他相关资料。根据所获资料，我们得出两个初步结论：首先，锦元文化的“锦元JINYUAN及图（金元宝）”商标与锦元X饰品的“锦元JINYUAN及图（财神爷）”商标在国际分类号上虽非同类，但根据最高人民法院《关于审理商标民事纠纷案件适用法律若干问题的解释》第12条规定，两者指定使用的产品应构成类似商品；其次，两商标整体结构上均由“图形+拼音+文字”组成，且文字和拼音几乎完全相同，应属近似商标。

在对所获信息进行分析之后，我们便将调查的过程、结果和对策以法律意见书的形式发送给杨总，并对案件的维权策略进行研究。经过讨论，我们初步决定兵分两路，首先，考虑到锦元X饰品申请的“锦元JINYUAN及图（财神爷）”商标当时还处于异议公告期内，为阻止其在第14类商品上申请的该商标被核准注册，当务之急是马上向国家商标局提出商标异议；其次，Z某明知锦元文化早在2000年就已生产经营贵金属纪念品，却仍然注册锦元X饰品，并对客户作虚假宣传，利用第三人在业内的知名度和美誉度搭乘便车，为自身招揽业务，致使消费者对锦元X饰品和锦元文化两家单位及其产品混淆不清，据此可依法提起不正当竞争诉讼。

在确定了兵分两路的维权策略之后，我和助手们便分工合作，立即展开商标异议和不正当竞争诉讼的准备工作。然而因种种原因，具体工作的推进却不尽如人意。于是我们又转变策略，改两路并进为集中歼灭，即集中力量先向国家商标局提起商标异议，力争使商标局的裁定对我方有利，届时我们再提起不正当竞争之诉。这样不仅可以阻止对方的恶意抢注，而且还可以将商标局异议裁定的结果作为不正当竞争之诉的支持，一举两得。

出师不利

确定了该案的维权策略之后，针对锦元X饰品在第14类商品上申请注册，并于2011年12月6日初审公告的“锦元JINYUAN及图（财神爷）”商标（被异议商标），我们于2012年3月初向国家商标局提出异议，请求商标局驳回被异议商标的注册申请，依法维护异议人的合法权益。

被异议商标

引证商标

我们认为，首先，锦元文化是“锦元 JINYUAN 及图（金元宝）”注册商标（引证商标）的商标权人，引证商标具有一定知名度。而被异议商标与引证商标组合近似，文字一致，且含义及读音均相同，显然构成近似商标。其次，虽然锦元文化的引证商标注册类别为第 6 类，锦元 X 饰品的被异议商标注册类别是第 14 类，但根据《最高人民法院关于审理商标民事纠纷案件适用法律若干问题的解释》第 11 条第 1 款规定，“类似商品是指，在功能、用途、生产部门、销售渠道、消费对象等方面相同，或者相关公众一般认为其存在特定联系、容易造成混淆的商品”。而被异议商标与引证商标指定使用的商品无论在功能、用途、生产工艺、销售渠道、消费对象等方面均极易使消费者造成混淆和误认，因此两者应属类似商品。再次，《最高人民法院关于审理商标民事纠纷案件适用法律若干问题的解释》第 12 条对类似商品进一步作了说明，规定“认定商品或者服务是否类似，应当以相关公众对商品或者服务的一般认识综合判断；《商标注册用商品和服务国际分类表》、《类似商品和服务区分表》可以作为判断类似商品或者服务的参考”。因此，我们认为在认定是否构成类似商品时不应拘泥于商品分类表对商品分类的形式性限制，而应按照实质上近似的标准进行判断。最后，锦元文化虽未在第 14 类商品上注册商标，但自 2000 年起，就已将引证商标实际使用在第 14 类产品上，并在业内具有较高知名度。锦元 X 饰品明知此情，但仍于 2011 年在第 14 类商品上申请注册被异议商标，其抢注意图显而易见。若被异议商标被核准注册，不仅会造成相关公众的混淆误认，损害社会公共利益，而且还将对锦元文化的合法权益造成很大损害。

在将商标异议申请书提交至商标局后，我们本以为以引证商标的知名度，加上《最高人民法院关于审理商标民事纠纷案件适用法律若干问题的解释》中关于类似商品的认定规则，商标局肯定会支持我方的诉求，裁定对被异议商标不予核准注册。于是在递交商标异议申请书后，我们便信心十足地等待商标局的裁定。我们在翘首以盼近一年后，终于在 2013 年 2 月下旬收到了来自商标局的商标异议裁定书。但裁定结果却出乎意料，商标局认为被异议商标与引证商标不构成近似商标，裁定对锦元 X 饰品的被异议商标核准注册。理由是“被异议商标‘锦元 JINYUAN 及图（财神爷）’虽然与异议人在先注册的‘锦元 JINYUAN 及图（金元宝）’商标文字、拼音部分相同，但在商标整体外观及字体上存在一定差别。且被异议商标指定使用商品为‘银饰品、宝石等’，而异议人商标则使用在‘金属纪念章、普通金属艺术品’等商品上，双方商标指定使用商品均有其各自不同的生产销售领域及消费对象，不属于类似商品。因而双方商标未构成使用于类似商品上的近似商标，并存使用应不致造成相关消费者的混淆误认”。

收到商标局的裁定后，不仅杨总心情低落，我们也感觉像被泼了一瓢凉水，颇受打击。痛定思痛，我们认为此役虽败，但商标局的裁定结果是有待商榷的，且如果商标局准予锦元 X 饰品在第 14 类商品上申请注册，不仅锦元文化多年建立的品牌知名度可能毁于一旦，杨总多年的心血也将付诸东流。然而要想扭转乾坤又谈何容易，正如曾子所言：“士不可不弘毅，任重而道远。”

峰回路转

首战虽然受挫，但杨总维权的决心不可动摇。于是在接到商标局的商标异议裁定书后不久，我们就立即进行了新一轮的调查分析，积极准备向商评委提起商标异议复审。尽管我们对商评委的商标异议复审满怀信心，但在吸取了商标异议失败的教训后，我们对商标异议复审仍然感到不可掉以轻心。在冷静下来以后，我们开始反思前一阶段的诉讼策略。于是我叫助手再次把法条一一罗列出来，逐条逐句仔细推敲。最后，我们再次把目光集中在《最高人民法院关于审理商标民事纠纷案件适用法律若干问题的解释》这一司法解释上。我们认为，首先，锦元 X 饰品的被异议商标虽然与锦元文化的引证商标在图形上有些差别，但中国商标，中文才是主要部分。两商标的“锦元”二字无论在音、形、意上均完全相同，易使相关公众对商品的来源产生误认或者认为两商标的商品有特定的联系，应属近似商标。其次，锦元 X 饰品与锦元文化的产品，两者初看之下似乎相去甚远，实则极易混淆。毕竟贵重金属也属于金属范畴，在普通消费者看来两者并无本质差别。且这两类商品的功能用途类似，加工方法相同，销售渠道和消费市场几乎完全重合，正属于上述司法解释所定义的“类似商品”。经过十几天的紧张忙碌，2013 年 3 月，我们将商标异议复审申请书寄送至商评委，请求撤销国家商标局的商标异议裁定书，裁定不予核准注册锦元 X 饰品的被异议商标。

接下来又是几个月紧张而漫长的等待，2014 年 12 月下旬，我们终于收到了商评委的异议复审裁定书。令我们欣喜的是，这次异议复审的结果非常圆满，商评委基本上采纳了我方的观点，认为“被异议商标和引证商标中文均为‘锦元’，两商标使用在类似商品上易导致产源误认。被异议商标指定使用的贵重金属艺术品、贵重金属徽章、硬币、玉雕商品与引证商标核准使用的金属纪念章、金属纪念牌、普通金属塑像等商品在功能、用途、销售渠道、消费对象等方面存在密切关联。且引证商标‘锦元’为臆造词，被异议商标与引证商标中文相同，难谓巧合。加之，申请人与被申请人同出一地，被异议商标与引证商标共存于市场，易使消费者对商品的来源产生混淆误认，故双方商标已构成《商标法》所指的使用在类似商品上的近似商标。被异议商标指定使用的除贵重金属艺术品，贵重金属徽章、硬币、玉雕外商品与引证商标指定使用的金属纪念章等商品差别较大，未构成类似商品，二者在该部分商品上未构成类似商品上的近似商标……此外‘锦元’系申请人在先使用的商号，在先已具有一定的知名度，被异议商标与申请人商号相同，其注册使用易导致混淆，损害申请人在先商号权，被异议商标不应核准注册”。

经过漫长的维权斗争，锦元文化终于等到了正义的裁决，当杨总将商标异议复审裁定书发给我的时候，我也不禁喜悦之情涌上心头，喜的不仅是锦元文化的维权获得了初步的胜利，更是因为商评委在作出裁定的时候没有墨守成规，简单地以《商标注册用商品和服务国际分类表》作为判断类似商品或者服务的依据，而是采纳了我们的观点，站在相关公众的角度，对商品或者服务的一般认识进行综合判断，认定锦元 X 饰品与锦元文化的商标构成类似商品上的近似商标，裁定对锦元 X 饰品的“锦元 JINYUAN 及图（财神爷）”商标不予注册。

至此，一场长达近三年的商标维权之争在经历了痛苦的失败之后，终于在我方的努力下起死回生、转危为安。这份来之不易的公正不仅维护了当事人的合法权益，也体现了国家商标行政机关尊重知识产权，制止不正当竞争，维护市场秩序的决心和力度，这对社会来说起到了非常良好的示范效果。

风云再起

正当我们沉浸在胜利的喜悦中时，2015 年 2 月 2 日，杨总电话告知我锦元 X

饰品因不服商评委的商标异议复审裁定书，以商评委为被告，锦元文化为第三人，向北京知识产权法院提起了行政诉讼，请求法院撤销商评委作出的商标异议复审裁定书，并责令商评委重新作出裁定。由于我们曾经成功地阻止了Z某恶意抢注“锦元JINYUAN及图（财神爷）”商标的行为，所以杨总希望我们在行政诉讼中继续代理他维权。看来锦元X饰品是不打算就此收手了，锦元X饰品从成立开始就一直借用锦元文化的美誉度和影响力搭乘便车，如果这次“锦元JINYUAN及图（财神爷）”商标不能注册成功，今后就很难再从事不正当竞争了。这次他们提起商标行政诉讼，就是要做最后一搏。既然Z某不肯罢休，那我们就只能兵来将挡，于是我便和杨总约好来所详谈行政诉讼的应对步骤。

2015年2月下旬的一天晚上，杨总如约来到我所，带来了锦元X饰品行政诉讼的起诉状和证据材料。我们发现证据中还有另外两张商标注册证。原来Z某在锦元文化针对其“锦元JINYUAN及图（财神爷）”商标向商标局提起商标异议期间又将“锦元JINYUAN及图（财神爷）”商标一拆为二，即拆为“财神爷”图形和“锦元”文字，在第14类贵重金属艺术品、贵重金属徽章等商品上分别申请注册。由于杨总的疏忽，两商标分别于2011年10月30日和2011年12月12日被核准注册。Z某眼看“锦元JINYUAN及图（财神爷）”商标被商评委裁定不予核准注册，便拿出这两张商标注册证，试图以此证明其注册“锦元JINYUAN及图（财神爷）”商标并无恶意，具有合法性。同时也留了一手，一旦“锦元JINYUAN及图（财神爷）”商标被不予注册，那么他仍然可以使用“锦元”文字及“财神爷”图形商标从事不正当竞争。

经过一番详细的分析，我们认为Z某注册的“财神爷”图形商标可暂不考虑，但是“锦元”文字商标与锦元文化的“锦元JINYUAN及图（金元宝）”商标显然构成近似商标，且Z某在明知我方对其抢注的“锦元JINYUAN及图（财神爷）”商标提起异议的情况下，仍将“锦元JINYUAN及图（财神爷）”商标中的“锦元”两字取出，作为商标申请注册，其主观恶意显而易见。于是我们便向杨总建议，既然Z某将其抢注的“锦元”文字商标作为行政诉讼的证据，那我们不妨三管齐下，一边积极应对商标行政诉讼，一边就“锦元”文字商标向商评委提起商标无效宣告，同时继续在第14类商品上申请注册“锦元JINYUAN及图（金元宝）”商标，杨总对此深表赞同。

厉兵秣马

确定了三管齐下的策略之后，我们便马上投入工作，积极准备行政诉讼的有关工作。在仔细研究锦元 X 饰品的起诉状后，我们发现起诉状的诉求主要是三点：第一，锦元文化提出锦元 X 饰品抢注“锦元 JINYUAN 及图（财神爷）”商标的行为缺乏事实与法律依据；第二，锦元文化无法证明其在金银贵金属商品上将“锦元”作为商标实际有效使用；第三，锦元 X 饰品认为其 2011 年 3 月 1 日就在第 14 类商品上申请注册了“锦元 JINYUAN 及图（财神爷）”商标，其关联公司锦元纪念章自 1997 年 4 月成立之初就涉足金银纪念币业务领域，因此其“锦元”商标实际使用远早于锦元文化。

针对锦元 X 饰品的起诉状，我们首先从侵犯商号权及恶意抢注两个角度进行抗辩，接着我们又仔细分析了目前所掌握的证据。关于锦元文化的“锦元”商号持续使用，并具有一定影响力的证据已经比较充分。但是证明 Z 某的申请注册行为属于恶意抢注，以及锦元文化一直持续使用“锦元 JINYUAN 及图（金元宝）”商标方面的证据还有所欠缺。为此，我们必须将收集证据的重点放在这两方面。

为了收集 Z 某恶意抢注的其他证据，我们又驱车亲赴锦元文化。通过杨总，我们找到了曾与 Z 某共事的锦元文化老员工田某沛和张某荣。他们分别出具了 Z 某曾经在锦元实业担任高级管理人员的证人证言等证据，其中张某荣和田某沛还分别提供了一份 Z 某任职时的工资单和一张 1994 年锦元实业全体员工在上海人民广场游览时的集体照，照片中就有 Z 某。第二天杨总又将 1997 年锦元实业关于 Z 某等人的职务任免决定书通过电子邮件发送给我的助手，以证实锦元 X 饰品明知锦元文化在先使用“锦元 JINYUAN 及图（金元宝）”商标，却仍恶意抢注“锦元 JINYUAN 及图（财神爷）”商标。在取得上述证据后，我们对行政诉讼更加有把握了。但为了稳妥起见，我们还是让杨总尽可能地收集更多有利证据。2015 年 3 月 15 日下午，杨总再次到所向我们提供了上海桃浦商会杂志一份，以证实“锦元 JINYUAN 及图（金元宝）”商标早在 2007 年 4 月前就已在使用，并具有一定影响力。第二天，杨总又向我们提供了三份新证据，包括战胜“非典”银质纪念章实物一枚、北京奥运会纪念章三组，以及北京奥运会纪念品定做加工合同两份，以证明“锦元”系第三人在先使用的商号，沿用至今且具有一定的影响力。

此时，我们已经有足够的证据来证明 Z 某的申请注册行为属恶意抢注。但为了彻底揭穿锦元 X 饰品的谎言，2015 年 4 月 8 日，我们又赶赴宝山调取了锦元纪念章公司的工商登记信息和企业营业执照。果然不出所料，锦元纪念章公司的营业执照显示该公司成立时的经营范围为“纪念章、纪念卡，工艺品（除金银外），礼品，家用电器，办公自动化用品，建筑装潢材料，批兼零”。可见锦元X饰品在起诉状中声称的“上海锦元纪念章有限公司成立于1997年4月2日，从公司成立之初就涉足‘金银纪念币’业务领域”显然是隐瞒事实、故意说谎。

关于锦元文化持续在金银贵金属商品上使用“锦元JINYUAN及图（金元宝）”商标的证据，一则由于年代久远，难以寻找；二则由于锦元文化主要从事的是定牌加工，很少涉及零售业务。这就给收集证明锦元文化持续使用“锦元JINYUAN及图（金元宝）”商标的证据带来了难度。开始我们仅有一份证明锦元文化曾经持续使用“锦元JINYUAN及图（金元宝）”商标的产品宣传册，但这显然是不够的，因此我们又尽力寻找，却始终没有进展。

2015年4月15日下午，我们到达北京。次日上午，我们先到国家商标局和商评委，并分别递交了在第14类商品上申请注册“锦元JINYUAN及图（金元宝）”商标的申请书和对锦元X饰品核准注册的“锦元”文字商标无效宣告申请书。此时已是中午，我们稍作休息，就马不停蹄地赶往北京知识产权法院，按照北京知识产权法院的要求向法院递交了补充证据及说明书。完成上述事项后，我们的心情轻松了不少，但因锦元文化实际使用“锦元JINYUAN及图（金元宝）”商标的证据仍有欠缺，心里总觉得不太踏实，我们就这样怀着复杂的心情踏上了回程的列车。

回到上海后我们又紧锣密鼓地继续补充证据。不久我们找到了原一路发公司销售总监刘先生，他向我们叙述了一路发公司与锦元文化曾经合作的过程，以及锦元文化和锦元X饰品之间的竞争关系。他的证言再次印证了Z某曾对外作虚假宣传，并在业内造成了混淆。此时我的助手张敏亮又发现锦元公司网站的首页左上方早就打上了“锦元JINYUAN及图（金元宝）”商标，进行使用宣传。至此，庭前的准备工作已基本就绪，只等北京知识产权法院的开庭通知。

唇枪舌剑

2015年5月12日下午，北京知识产权法院开庭审理本案。为此，我携两位助手特意提前一天来到北京，一方面养精蓄锐，另一方面也在做着庭前的最后准备。但不巧的是，此时我正受咽喉炎的困扰，声音沙哑，为了不影响开庭，我做了两手准备：一方面按照医生的嘱咐抓紧康复，另一方面督促和指导张助理加紧熟悉案情和代理思路，以备在庭审中代我叙述基本事实和发表代理意见。此举不仅可以锻炼他出庭应诉的能力，还可以让我将精力集中在后续的法庭辩论中。

2015年5月12日下午两点半，我们准时抵达北京知识产权法院，因我方是本案无独立请求权第三人，故落座于被告商评委席旁。

开庭前，审判长提出由于此前原告的诉状，以及三方的证据均已进行了交换，为了节省时间，庭审不再分为事实调查与法庭辩论两个阶段，三方当事人可以充分发言。原告代理人先简要阐述了起诉意见，认为：首先，商评委在作出不予核准注册锦元X饰品被异议商标的裁定时并未通知锦元X饰品，剥夺了锦元X饰品的答辩权；其次，被异议商标与引证商标既不属于近似商标，两者核准使用的商品也不构成类似商品；再次，锦元X饰品的关联公司锦元纪念章公司自1997年4月成立时就涉足金银纪念币业务领域，锦元X饰品在第14类商品上注册商标的实际使用远早于锦元文化；最后，原告代理人还提到锦元文化无法证明其在金银贵金属商品上将“锦元”作为商标实际有效使用，也无法证明其持续地在贵金属相关商品上使用了“锦元”标记以区分商品或服务来源。对于原告代理人提出的前三条起诉理由，我们庭前已做了充分的应诉准备，但是对于最后一点，我们仅有锦元文化的宣传册和锦元文化的网站页面可以证明，证据上似乎尚有欠缺。但俗话说兵来将挡、水来土掩，针对对方的凌厉攻势，我方立即展开了回击。对于锦元X饰品的第一个起诉理由，商评委代理人提供了快递公司的退信回执，证明商评委确实按照锦元X饰品所提供的地址进行了送达，但无人签收，故程序是合法的。对于锦元X饰品的其他起诉理由，商评委代理人只是根据裁定书简单地作了陈述。轮到我们第三人发言的时候，在征得了审判长和合议庭的许可后，我就让助手张敏亮代表我陈述答辩意见，包括代理意见。针对起诉状，我们从三个方面证明商评委所作的行政决定并无不当之处。首先，我们认为锦元文化是“锦元 JINYUAN 及图（金元宝）”商标的持有人，该商标系锦元文化在先申请注册与使用，并具有一定影响力；其次，系争商标与“锦元 JINYUAN 及图（金元宝）”商标构成类似商品上的近似商标；再次，锦元纪念章成立之初并未涉足金银纪念币业务领域，而锦元文化具备金银贵金属的经营资质，“锦元 JINYUAN 及图（金元宝）”商标一直处于持续使用状态。

助手张敏亮发表答辩意见后，我又简要地叙述了Z某在系争商标被申请异议后，曾托人向杨总表示，请求杨总允许其继续使用“锦元”字号两年，并承诺两年后停止使用，改用其自创的品牌商标。但之后Z某非但没有兑现承诺，反而变本加厉。此事虽无充分证据，但通过披露Z某自食其言的行为，会影响法官的判断。

接着法庭进入举证和质证阶段，原告锦元X饰品一共提交了11份证据，并未分类，有些杂乱。我们分析后认为大体可分为四类，第一类是锦元X饰品并不知道商评委已作出不予核准注册“锦元 JINYUAN 及图（财神爷）”商标的裁定；第二类是锦元X饰品的“锦元 JINYUAN 及图（财神爷）”商标已拆分为“财神爷”图形及“锦元”文字，并分别被核准注册；第三类是系争商标和“锦元 JINYUAN 及图（金元宝）”商标既不类似也不近似；第四类是锦元X饰品早已使用系争商标。对此，我们一一予以质证。简言之，我们认为对方所出示的11份证据存在明显的瑕疵，要么来源不明，要么属于可以伪造、仿造或者是由关联密切的单位出具的证据，缺乏真实性和关联性，

接着法庭要求第三人举证。我们陈述先后已向法庭提交了共20份证据，并附证据目录表。证据分为三大类，第一类证据证明“锦元”系第三人在先使用的商号，沿用至今且具有一定影响力。原告侵犯了第三人现有的有一定影响力的在先权利。第二类证据证明第三人是“锦元 JINYUAN 及图（金元宝）”注册商标的所有权人，“锦元 JINYUAN 及图（金元宝）”注册商标系第三人在先使用。第三类证据证明原告明知第三人注册商标在第14类贵重金属艺术品、贵重金属徽章等商品上在先使用，但仍在同类商品上申请注册“锦元 JINYUAN 及图（财神爷）”商标，显属恶意抢注。接着我们按照证据目录表所列向法庭作了详细陈述。对方对我方提交的证据，并未提出有力的质证意见。

由于审判长在开庭前就宣布事实调查和法庭辩论两个阶段合并，因此此时三方当事人已基本无言可辩。合议庭因对于双方新提交的证据都比较陌生，一时尚无法辨别其真实性与关联性，因此审判长宣布休庭，告知我们三方在休庭后一周内，还可补交新证据，并要求将所有已交和补交证据中双方各自的商标使用情况单独列出，以书面形式呈交合议庭。

奠定胜局

回沪后，我们马上将开庭情况与杨总做了交流，告知他法庭同意我们在一周内还可补充证据。令我们惊喜的是，杨总很快就又找到了两份关键证据。一份证据是1998—2005年锦元文化为上海市公安局制作的犬类金属准养牌，在该金属牌的包装上清晰地标注了“锦元 JINYUAN 及图（金元宝）”商标。该金属牌系为上海公安局制作，在公安局都留有存档，其真实性是毫无疑问的。另一份证据是杨总在公司成立20周年时所印制的包装袋，在包装袋的显著位置上标有“锦元 JINYUAN 及图（金元宝）”商标。我们立即将这两份证据以及整理后的商标

使用情况表通过快件寄往北京知识产权法院，相信合议庭会采纳这两份重要的新证据。果然，在快件寄出后不久我们就接到法院再次开庭的通知，要求我们到庭核对证据原件，并对新证据进行质证。庭审约半小时就结束了，时间虽短，但审判长仍有条不紊地走完了程序，从庭审的情况来看，我们似乎已经看到了胜利的曙光。

开庭后仅过了一个多月的时间，我们就接到了北京知识产权法院的判决书。令我们欣喜的是法院支持了商评委的裁定，认为商评委作出被诉裁定的程序合法，系争商标与“锦元 JINYUAN 及图（金元宝）”商标构成同一种商品上或类似商品上的近似商标，且锦元 X 饰品明知锦元文化对“锦元”商号的使用情况和知名度，其申请注册行为侵犯了锦元文化的在先商号权，判决驳回了原告的诉讼请求。至此，我们终于收获了来之不易的成果，心中充满了欣喜之情。

感　由

类似商品的认定可以参考《商标注册用商品和服务国际分类表》和《类似商品和服务区分表》，但不应拘泥于该形式性限制。

第一，《商标注册用商品和服务国际分类表》和《类似商品和服务区分表》是世界知识产权组织提供，并由国家商标局制定的参考规则，并不属于我国的法律范畴，在认定商品分类和类似商品时仅具有参考价值，并不能作为唯一的依据。

第二，最高人民法院对类似商品的认定并不拘泥于《商标注册用商品和服务国际分类表》和《类似商品和服务区分表》的划分，且有明确的司法解释进行了规定。

《最高人民法院关于审理商标民事纠纷案件适用法律若干问题的解释》第 11 条规定，“类似商品是指在功能、用途、生产部门、销售渠道、消费对象等方面相同，或者相关公众一般认为其存在特定联系、容易造成混淆的商品”。第 12 条对如何认定类似商品又作了进一步规定，“认定商品或者服务是否类似，应当以相关公众对商品或者服务的一般认识综合判断；《商标注册用商品和服务国际分类表》、《类似商品和服务区分表》可以作为判断类似商品或者服务的参考”。

由此可见，在认定是否构成类似商品问题上，有关部门应当按照最高法院的司法解释，从商品的功能、用途、销售渠道、消费对象等方面综合判断，灵活运用认定方法，作出准确和恰当的裁判。而不应墨守成规，拘泥于《商标注册用商品和服务国际分类表》和《类似商品和服务区分表》的划分。

本案商评委在对商标异议作出复审裁定时并未拘泥于《商标注册用商品和服务国际分类表》和《类似商品和服务区分表》，而是根据最高人民法院的上述规定，从功能、用途、生产工艺、销售渠道、消费对象这五个方面进行综合判断，得出锦元X饰品与锦元文化的产品在贵重金属艺术品、贵重金属徽章、硬币、玉雕等商品上具有密切关联性，构成类似商品，并最终裁定对锦元X饰品的“锦元JINYUAN及图（财神爷）”商标在上述贵重金属艺术品、贵重金属徽章、硬币、玉雕等商品上不予注册。

09 连下两城

——花嫁喜铺商标侵权案

案 由

上海韦创贸易发展有限公司（以下简称韦创公司）成立于2000年9月，系一家专业生产、经销喜糖及提供综合性婚庆服务的公司。为体现婚庆服务的特点，韦创公司对其“诗蒂”“花嫁故事”系列喜糖的包装进行了独具匠心的设计。其中“诗蒂中国情”喜糖采用红、蓝对称的两个菱形包装盒，每个包装盒的中央是一对身着传统新婚礼服的新人卡通形象，包装盒的背面是原告设计的说明文字和“花嫁喜铺”商标等，盒身还缀有红色的中国结及丝穗。“花嫁故事”喜糖则采用了红、蓝对称的两个条形包装，盒身正面亦布以精致的点金中式花纹，其中央则是一对身着传统服饰的新人卡通形象，盒内装有以不同卡通形象为包装的若干小块喜糖。在对产品和服务下功夫的同时，公司还投入大量的广告费用，在专业杂志、电视以及巴士的车身上发布商品及服务广告，以增加“诗蒂”“花嫁故事”两大品牌的知名度。多年的市场推广和广告投入给韦创公司带来了回报，公司的产品和服务赢得了市场的认可，获得了公众的青睐。韦创公司抓住时机，将“花嫁喜铺”文字、拼音及图的组合分别在第30类、41类、44类商品和服务上注册了商标，并将喜糖的包装申请了外观设计专利，已获授权。

上海花轿婚庆服务有限公司（以下简称花轿公司）成立于2003年5月，也是一家婚庆服务公司。花轿公司在《申江服务导报》广告、营业地点户外广告、服务名片及喜糖包装上均突出使用“花轿喜铺”字样。花轿公司的“花轿喜铺”喜糖、“元祖”喜糖的包装盒形状、标志性图案、文字、色彩与韦创公司的“诗蒂”“花嫁故事”系列喜糖极其相似，并将韦创公司的“花嫁故事”小块喜糖包装上的卡通图案用于其喜糖包装上。

韦创公司认为，其为建立“花嫁喜铺”的市场品牌，投入了大量的资金和时间，花轿公司使用与“花嫁喜铺”相似的文字、标志、广告，并使用与韦创公司产品相似的包装、装潢，侵犯了韦创公司的合法权益。为此，韦创公司于2004年4月2日分别以不正当竞争、商标侵权为由向上海市黄浦区人民法院起诉，请求法院判令被告立即停止侵权和不正当竞争行为，并赔偿原告经济损失和调查费共人民币10万元。原告还同时申请法院对被告产品的样品、销售合同、发票、财务账册及宣传资料等予以保全。

黄浦区法院受理此案后，裁定准予了原告的证据保全申请。2004年9月20日，黄浦区法院依法作出判决，认定被告的行为构成对原告的不正当竞争；同时，被告的行为侵犯了原告的商标专用权。对此，被告没有上诉，本案以原告完胜告终。

某日，助手推门进来，说有一位姓邓的先生要见我，并告诉我大致案情：来访的邓先生是一家经营结婚喜糖、婚礼服务公司的总经理。邓总的公司已经把“花嫁喜铺”注册为商标，最近在市场上发现一家名为“花轿喜铺”的婚庆服务公司，该公司的喜糖使用“花轿喜铺”的名称，其包装、装潢也和邓总的韦创公司的喜糖很相似。邓先生希望能制止对方的这种行为，经知识产权局的一位老友推荐，来向我求助。听完助手的汇报，我初步判断此案是一起有关商标侵权、不正当竞争的案件，遂放下手中的案卷，到会议室接待了这位当事人。详细了解事实之后，我已对整个案子有了初步思路。对方的行为显然构成不正当竞争，但是否同时也构成商标侵权呢？在进一步弄清事实之前，我无法下定论。本着对当事人负责的态度，我把内心的疑虑告诉了邓总：“此案构成不正当竞争是没有问题的，但商标上能否构成侵权就有争议了，因为这是一个组合商标，其只是文字部分相似。”邓总有些激动，颤声道：“公司已为自己的商标投入大量的广告，公司要想创立自己品牌，必须要扫除这些障碍，还请朱律师多多帮助。”邓总这番话使我心里为之一动，我心里暗想，“能从一个民营企业老总口里说出品牌这个词汇来，这可是民营企业品牌意识的一大进步啊”。于是我也就对这位神态儒雅的邓总不禁多了一份敬佩。作为一名长期致力于知识产权司法保护的律师，为民营企业创立品牌提供法律服务，我责无旁贷。

运筹帷幄

接过此案后，我和助手开始为此案的起诉作全面的准备。“民事官司打的就是证据”，知识产权侵权诉讼更是如此。我做了近20年的律师，深知证据在诉讼中的重要性，不管以何种案由起诉，拿到对方侵权的证据是眼前的首要任务。我吩咐助手马上将对方的侵权证据依法进行公证。第二天，在公证人员面前，韦创公司派出的人以顾客身份在对方经营的花轿公司订购了盒标是“花轿喜铺”，且装潢与韦创公司相似的喜糖两百包，取得发票一张，并对花轿公司户外的“花轿喜铺”招牌和广告拍了照。

侵权的证据在手，起诉就有了坚实基础，但如何起诉，也是非常关键的问题。一个有经验的律师会精心设计起诉的方式和策略，以确保一击而中，不给对方拖延时日的机会。仔细分析韦创公司提供的证据和已取得的对方侵权证据，我认为此案如以不正当竞争为由起诉，赢面较大，因为韦创公司喜糖的包装、装潢构思设计独特，许多地方都体现了韦创公司结合中国传统婚庆习俗所作的创意，并且这种喜糖在市场上已有相当的名气。而花轿公司的喜糖包装除使用的“卡通形象”与韦创公司略有差别外，其余部分和韦创公司的喜糖包装基本相同。根据《反不正当竞争法》有关规定，花轿公司的行为是一种典型的不正当竞争行为。但在商标侵权方面，原告的商标是由“花嫁喜铺”文字、拼音以及图形组合的商标，而被告使用的则是“花轿喜铺”文字，与原告商标的文字部分仅部分相似，能否使法院认定两者构成商标近似还是未定之数。如果本案只以不正当竞争的案由起诉，胜诉的把握较大，但很难从根本上制止对方使用“花轿喜铺”。如果只以商标侵权的案由起诉，胜诉了当然可以禁止对方使用“花轿喜铺”，但诉讼的风险太大。再三考虑，我决定双管齐下，以不正当竞争、商标侵权两个案由同时起诉。一则增加胜诉的把握，二则打赢商标侵权，制止对方使用“花轿喜铺”。

当天下午，我就与助手准备诉状。在不正当竞争方面，我在诉状中指出原告对其经营的“诗蒂”“花嫁故事”系列喜糖包装都进行了独特的设计，整个包装将中国传统婚俗与现代设计巧妙结合起来，突出了喜庆吉祥的气氛。整个设计既简洁大方，又体现了婚庆过程的喜悦。原告这种独特的包装一经上市，便深受消费者喜爱。加上原告投入大量广告费，在专业杂志、电视以及巴士车身上刊登自己的广告，“诗蒂”“花嫁喜铺”成为消费者青睐的两大品牌。同时，原告还将自己的包装设计向国家专利局申请了外观设计专利，并已获授权。而被告所谓“花轿喜铺”喜糖、“元祖”喜糖的包装盒形状、标志性图案、文字、色彩及其组合等方面与原告“诗蒂”喜糖极其相似，并将原告“花嫁故事”小块喜糖包装的卡通图形用于其喜糖包装上。被告的这种行为足以使消费者造成混淆，因此已构成不正当竞争行为，应停止侵权行为，并赔偿原告损失。

在商标侵权方面，我提出，原告已将由“花嫁喜铺”文字、拼音及图形构成的组合商标分别注册于第 30 类商品、第 41 类服务、第 44 类服务上。被告在《申江服务导报》上连续刊登的婚庆服务及喜糖商品的广告、户外广告、散发的名片及其经销的喜糖包装上均突出使用“花轿喜铺”字样。因“花轿喜铺”和“花嫁喜铺”的读音极其相似，一般的消费者很容易将被告的“花轿喜铺”和原告的“花嫁喜铺”相混淆，根据我国《商标法》的有关规定，被告的行为已构成了商标侵权，因此应该立即停止侵权行为，并赔偿损失。

考虑到被告侵权行为及违法所得的某些证据我方无法获得，我认为对被告处的侵权产品及被告的财务账册进行保全十分必要。于是我在起草起诉状的同时准备了证据保全申请书。2004 年 3 月 25 日，两份诉状、一份证据保全申请书同时提交给了黄浦区法院，法院立案后的第二天便裁定同意我方的保全申请，并对被告的侵权产品及财务账册等依法进行了查封。一切就绪，只待法院开庭。

2004 年 6 月 3 日，黄浦区法院公开开庭审理了本案。正如我所预料，在不正当竞争方面，由于我方证据充分确凿，被告的代理人没有太多的异议。在商标侵权方面，被告代理人显然做了充分的准备，双方就被告的“花轿喜铺”与原告的“花嫁喜铺”是否相似，被告使用“花轿喜铺”是否侵犯原告的商标专用权等问题展开了激烈的辩论。由于双方观点针锋相对，加上辩论的时间较长，“花嫁”和“花轿”出现次数较多，就连对方的代理人自己也搞不清该说“花轿”还是“花嫁”，频频将“花轿”说成“花嫁”。这一口误颇具戏剧效果，好像正在演绎消费者是如何将“花轿”混淆误认作“花嫁”，真是天助我也。于是我不失时机地提醒合议庭注意对方代理人的这一“口误”。后在法院的主持下，双方进行了调解，但由于双方对赔偿数额始终不能达成一致，导致调解最终失败，法院宣布择日宣判。

锲而不舍

庭审结束后，我将开庭的情况通报了邓总，并向他说明了商标侵权诉讼方面面临的困难。邓总表示为了全面维护公司的正当商业利益，不愿意放弃商标侵权诉讼，希望我能坚持下去。我被邓总执着的精神所感动，再次对此案进行了更为深入细致的思考与剖析，并与助手连夜撰写代理词。经过认真反复的思考，我主要从以下几个方面阐述了自己的代理观点：

第一，原告合法拥有“花嫁喜铺”商标专用权。原告在 2003 年申请并获得了“花嫁喜铺+图形”注册商标，分别注册在第 30、41、44 类商品及服务上。

根据我国《商标法》的有关规定，原告对上述注册商标在相关的商品和服务类别中享有专用权。

第二，被告未经原告许可，擅自使用与原告“花嫁喜铺”注册商标近似的“花轿喜铺”。被告亦系经营喜糖和婚庆服务的企业。其经营范围与原告注册商标指定的商品的范围相同，被告没有征得原告同意，擅自在其销售的喜糖包装、喜糖包装盒上突出使用与“花嫁喜铺”近似的“花轿喜铺”字样。此外，被告在其经营点的户外广告以及其散发的名片上也突出使用“花轿喜铺”字样。被告的这种擅自使用与“花嫁喜铺”近似的字样的行为，足以使消费者对原、被告的商品和服务来源产生混淆。

第三，被告使用“花轿喜铺”的行为侵犯了原告“花嫁喜铺”的商标专用权。

（1）原告注册商标具有较强的显著性和较高的知名度。“花嫁喜铺”品牌经过原告的良好经营，在婚庆喜糖及婚庆服务业已经具有相当高的知名度。（2）以相关公众的一般注意力为标准，本案原告注册商标文字部分“花嫁喜铺”容易记忆，且易于宣传。在消费者印象中，“花嫁喜铺”文字已成为消费者区分原告商品来源的标志，成为原告商标的主要部分。被告把原告商标主要部分“花嫁喜铺”在其商品及其宣传中使用，足以使消费者对其与原告的商品来源产生混淆。

第四，被告使用“花轿喜铺”没有任何法律根据。被告公司的全称是“上海花轿婚庆服务有限公司”，“花轿喜铺”既不是被告的企业名称，也不是被告的商标。同时，原告代理人认为，喜铺也不是从事婚庆行业的企业的通用名称。由此可见，被告使用“花轿喜铺”没有法律依据，显然对原告注册商标构成侵权。

此外，早在被告公司成立前的2002年，原告公司就已申请并获准“花嫁”文字商标的注册。因此，从时间先后顺序来看，被告在其企业名称中使用“花轿”文字，明显是利用了我国目前商标和企业名称注册制度冲突的弊端，以此来为其商标侵权进行掩饰，其主观恶意显而易见。

全线告捷

2004年9月20日，黄浦区法院对本案进行公开宣判，作出如下判决：

关于不正当竞争案：（1）认定被告在其销售的喜糖商品包装装潢上擅自使

用原告的“诗蒂中国情巧克力喜糖”、诗蒂花嫁故事喜糖知名商品特有包装装潢的行为，构成对原告的不正当竞争；（2）判令被告立即停止上述侵权行为；（3）判令被告在本判决生效后三十日内在《申江服务导报》上公开向原告赔礼道歉；（4）判令被告于判决生效后十日内赔偿原告经济损失人民币 30000 元；（5）判令被告于判决生效后十日内赔偿原告调查被告的侵权行为所支付的合理费用人民币 10240 元。

关于商标侵权案：（1）认定被告在其喜糖包装装潢及广告、公司名片上使用“花轿喜铺”标识的行为侵犯了原告的注册商标专用权；（2）判令被告立即停止上述侵权行为；（3）被告在本判决生效后三十日内在《申江服务导报》上公开向原告赔礼道歉。

法院同时在商标侵权案中指出，因被告在不正当竞争纠纷案中已承担了赔偿责任，故在本案中不再承担赔偿责任。

法院的判决是正确的。首先，原告虽然是以不正当竞争和商标侵权的两个案由同时起诉，但案件的事实及造成的损害结果却是同一的，只是两案由所指向的客体不同而已。同一损害结果如让被告重复赔偿，有悖于民法的公平原则，所以，法院只在不正当竞争的判决中判令被告赔偿原告的损失完全正确。其次，黄浦区法院作为一个基层法院，能在如此有争议的案件中作出这样的判决，可以看出，法官并没有“死守”法条，而是在充分理解法律精神的基础上作出了合理且适当的判决。法律维护每个公民的正当权益，法官在法律的立法实质意图上给了当事人一个适当的答案。我对法院的判决结果很满意，邓总的坚持和我的努力终于有了一个圆满的结果。

感　　由

本案的关键是商标侵权是否成立。在商标侵权案件中如何判断商标的近似又是最核心的问题。我国《商标法》规定，未经商标注册人的许可，在同一种商品或者类似商品上使用与其注册商标相同或者近似的商标的行为属于侵犯他人商标专用权的行为。不难看出，在判断商标侵权时，判断商标之间是否相同或者近似是必经程序，而商标侵权案件中，因商标近似导致商标侵权的居多。在判定商标是否近似方面，一般参照以下原则：（1）以相关公众的一般注意力为标准。所谓“相关公众”，是指与使用该商标的商品联系密切的公众，如卷烟上的注册商标，“烟民”就对其比较关注，而不吸烟的人对于卷烟包装上的商标则很少加以注意。（2）既要进行商标的整体比对，也要进行商标的主要部分比对，比对应当在比对对象隔离的状态下分别进行。（3）判断商标是否近似，应当考虑请求保护注册商标的显著性和知名度。

根据上述原则，实践中不同类别的商标大致可从以下几方面来分析判断：

一、对文字、字母、数字商标是否近似的认定

对文字、字母、数字商标是否近似的认定，主要从其字形、语音、含义三个方面来加以分析判断。（1）从文字、字母、数字商标的字形分析。各类文字都存在字形近似的情况，汉字字形近似的情况尤其值得注意。例如“泰山”和“秦山”两个商标中的“泰”和“秦”两字的外形就十分相近，一般消费者不细心加以识别，就极易混同。在文字商标中，增加个别汉字或字母，改换个别的汉字或者改变文字的前后顺序等，都会造成商标的近似和混同。例如“富豪”与“大富豪”，“碧雪”与“雪碧”等。（2）从文字、字母、数字商标的读音分析。文字、字母、数字商标的读音相同或相近的也会引起商标的近似和混同。例如“哇哈哈”与“娃哈哈”，“35”与“555”等，商标的文字不同但在读音上却完全相同的，很容易使一般消费者混淆。（3）从文字、字母、数字商标的含义分析。文字商标意义相同或近似也会造成商标的近似和混同。如“金鸡”“雄鸡”与“公鸡”，虽然字形、读音均不同，但给消费者留下的印象基本相同，也会发生近似和混同。

二、对图形、三维标志商标是否近似的认定

对图形、三维标志商标是否近似的认定，主要从视觉方面来考虑，如其构图和颜色是否近似，特别是要从其外形给消费者留下的最突出、鲜明的印象或总体印象角度来加以分析判断。如两个图形商标之间有许多不同之处，但给一般消费者最突出、鲜明的印象或总体印象基本上是一样的，就可以判定为近似。例如，两个以河川图形构成的商标，两者图形布局大体一样，两者山峰形体相似只是高低稍有不同，围绕着山周围的河流长短及弯曲度不太一样，河流旁的林木有五棵和六棵之别，但给一般消费者的总体印象就会基本一样。这样，便完全可判定为近似商标。再如，分别以“猫头”和“虎头”的图形作为商标，把两者样子画得差不多，使一般消费者混淆，也同样可以判定为近似商标。

三、对组合商标是否近似的认定

在对组合商标近似性进行认定时，需要把组合商标的各构成要素综合起来考

虑，以其在消费者心目中的总体印象作为判断的依据。由于在组合商标中占突出地位的部分，往往在留给消费者的总体印象中占有主导地位，所以，在实践中要着重考察组合商标中占有突出地位的部分是否近似。一般来说，在组合商标中，文字部分含义明确又便于呼叫，更容易在消费者中留下印象，因此，组合商标中的文字要素往往比图形要素更重要。但对此也不能绝对化，当一个组合商标中图形生动、醒目、突出，而文字在整个布局中处于不明显的地位，这时图形要素的近似就成了构成商标近似的主要原因。如果整个组合商标没有占主导地位的部分，完全靠整体组合给消费者留下总体印象，这时，整个组合商标的每个部分都是主要部分。

本案在法律上虽已了结，但从商业的角度来看，仍然有值得思考的地方。一个商标通过权利人的努力在广大消费者心目中形成一定的影响，逐步成为知名、著名乃至驰名商标后，常常会遇到其他公司“搭便车”的行为。这些“搭便车者”或者将上述商标作为企业名称注册，或者将与上述商标类似的名称在商品、包装、装潢、广告、名片上突出使用，或者使用与上述商标商品类似的包装样式或色彩，造成消费者的混淆和误认，从而获得不正当的市场优势。正当的商标权人面对这种情况往往是被动应战、疲于应付、防不胜防，制止了一个侵权者的一种侵权行为，又会面临另一个侵权者或另一种侵权行为。就像本案中的韦创公司，虽然在本案的不正当竞争和商标侵权两项诉讼中“完胜”，但其维护自身商标权的斗争却远未完结。据了解，对方有关人员已在外地注册了一家“花嫁喜铺婚纱摄影有限公司”，看来“花嫁喜铺”商标维权之路依然漫长。

10　绝地逢生
——“瑞特元昌”商标、字号纠纷案

案　由

瑞典伊莎伯格·瑞特公司（以下简称伊莎瑞特公司）是一家创建于瑞典的跨国公司，在欧洲建有多家销售公司。1998 年伊莎瑞特公司进军中国市场，与上海文教体育用品总公司（以下简称上海文教公司）、上海祥昌文体用品有限公司合资成立了上海瑞特元昌文化用品有限公司（以下简称瑞特元昌合资公司）。2002 年 3 月，伊莎瑞特公司收购了中方股权，并将瑞特元昌合资公司更名为瑞特元昌（上海）文化用品有限公司（以下简称瑞特元昌独资公司）。2006 年 1 月，瑞特元昌独资公司又更名为伊莎瑞特文具（上海）有限公司（以下简称伊莎瑞特独资公司）。

2000 年 12 月，瑞特元昌合资公司从伊莎瑞特公司获得“瑞特”文字商标专用权。2004 年 2 月，上海文教公司将其注册的“元昌”商标独占许可给瑞特元昌独资公司在第 16 类订书机和打洞机商品上使用。2006 年 9 月，“瑞特”文字商标的注册人变更为伊莎瑞特独资公司。2007 年 8 月，伊莎瑞特独资公司获得“瑞特”商标注册权，从而成为“瑞特”商标的权利人。

上海文昌文化用品有限公司（以下简称文昌公司）成立于 2002 年 10 月，2005 年 1 月 4 日向国家商标局申请注册了“瑞特元昌”商标。文昌公司为一家国内的民营企业，与伊莎瑞特公司并无关系。2007 年 4 月，即在 2006 年 1 月瑞特元昌独资公司更名为伊莎瑞特独资公司后一年，文昌公司就更名为上海瑞特元昌文化用品有限公司（以下简称瑞特元昌民营公司）。该公司生产和销售墨水、订书机、订书针、大头针、回形针、号码机和封箱机等办公用品以及体育用品。

2008 年年初，伊莎瑞特独资公司发现瑞特元昌民营公司产品上标有“瑞特元昌”字样，其订书机、订书钉产品外包装有模仿伊莎瑞特独资公司产品外包装之嫌。而且瑞特元昌民营公司的企业名称与瑞特元昌合资公司的名称一字不差，与瑞特元昌独资公司的名称也很相近。同时，瑞特元昌民营公司在其“公司简介”中称，瑞特元昌民营公司生产的“元昌”牌产品至今已有73年生产历史，如今全国市场占有率也已达到30%，涉嫌虚假宣传。

2008年11月6日，伊莎瑞特独资公司以瑞特元昌民营公司侵犯其商标专用权、著作权和不正当竞争为由，向上海某中院提起三起诉讼。后经瑞特元昌民营公司沉着应对，最终化险为夷，以三战二胜一平的结局圆满落下帷幕。

大祸临头

2008年11月，我接到老友方先生来电，说他的一个朋友涉及一起棘手的知识产权案件，想请我代理。翌日中午，方先生来到我的办公室，随行者是一位年轻人。方先生向我简要介绍了事情的来龙去脉。

原来年轻人名叫赵刚，与其父在2002年10月创办了文昌公司，但经营业绩一直平平。2007年，赵刚将原来的文昌公司更名为瑞特元昌民营公司，其产品包装与伊莎瑞特公司相似，于是经营业绩蒸蒸日上。现伊莎瑞特独资公司发现瑞特元昌民营公司的“公司简介”中称其生产的“元昌”牌产品全国市场占有率达到30%，也掌握了其所用的外包装等证据，向某中院起诉瑞特元昌民营公司，告其侵犯商标专用权、著作权和涉嫌不正当竞争，并提出了总计100万元人民币的赔偿诉求。

赵刚对我说：“当初因为生意难做，以为参照一下没问题，只为小本经营，把公司维持下去。可现在大祸临头，把整个公司赔进去也不够100万元啊！朱律师请你帮帮我，厂里的工人还指望发工资呢。”说到这里他似乎手足无措。

我深知创业之艰难，很同情这位年轻人。他的做法固然欠妥，但是否侵权尚无定论。而且瑞特元昌民营公司是弱小的民营企业，支持民族企业，我责无旁贷，所以我决定尽我所能帮一帮这位中国年轻人。

此外，方先生还向我提供了一条重要信息，说赵刚已在2005年11月14日申请了“瑞特元昌”文字商标，且于昨天，也就是2008年11月13日初审公告了。听到这里，我精神为之一振。这条信息对于本案至关重要。只要过了3个月的公告异议期，赵刚就成了“瑞特元昌”文字商标的合法权利人。这对于侵犯商标权一案来说无疑是一个关键的有利证据。

对方提出3起诉讼，来势汹汹，似乎掌握了大量证据，令人产生“黑云压城”之感。但随着对案情的进一步了解，我发现案件并非没有转机，当下决定对商标专用权、不正当竞争、侵害著作权这3起诉讼采取各个击破的战术。

各个击破

转眼间已是2009年5月，由于前几日阴雨连连，所以当雨霁初晴时，我感到一种久违的舒畅。案件定于5月26日上午开庭。我毅然决定让助手王律师出庭。王律师已随我多年，积累了不少办案经验，对我的意见能够心领神会，已从初生牛犊成长为一名沉稳老练、独当一面的年轻律师。主审法官是有着多年知识产权审判工作经验的资深法官，整个庭审历时1天。因双方证据材料较多，法庭调查阶段耗时较长，但最令人紧张的还是双方律师之间的发问和辩论。

首先审理的是原告指控我方侵犯商标专用权的案件。

对方律师提出两点理由：（1）早在2000年12月，瑞特元昌合资公司就获得了“瑞特”文字商标专用权，2006年9月，“瑞特”文字商标注册人变更为伊莎瑞特独资公司。（2）1993年3月1日，上海订书机厂获得“元昌”图形商标。2004年2月，上海文教公司出具委托书把“元昌”商标独占许可给瑞特元昌独资公司使用，并授权其全权处理该商标侵权等事务。据此伊莎瑞特独资公司是这两个商标的合法权利人，被告侵犯了原告的合法权利。

对此，我方王律师则指出，赵刚早已于2005年11月14日就申请了“瑞特元昌”文字商标，并于2009年2月14日依法获国家商标局批准。如果原告认为该权利不合法，应在系争商标初审公告后向国家商标局提出异议，如对异议结果不服还可再向商评委申请复审，只有在系争商标被撤销后才能向法院提出商标侵权诉讼。否则被告就享有合法的商标权，也就并未侵犯原告的权利，应当驳回原告的诉讼请求。

对方看王律师还击如此凌厉，不免有些心慌，顿时瞠目结舌，理屈词穷，首战败阵。

其次审理的是侵犯其包装、装潢著作权的案件。

这次是我方先声夺人。我方的抗辩理由主要是，原告对系争包装、装潢并无著作权。其理由如下：（1）原告没有提交系争包装、装潢的创作过程的证据；（2）在伊莎瑞特独资公司使用该包装、装潢之前已由瑞典伊莎瑞特公司使用，所以该包装、装潢并非伊莎瑞特独资公司所设计，因此原告并非合格的权利主体，故无权提起诉讼；（3）被告也参考了其他厂家的设计图案。

我们提出的抗辩理由对原告无疑是致命一击，虽然对方从多方面证明我方侵犯其系争包装、装潢的著作权，但却一直无法举证其就是该著作权的合法权利人，结果我方又下一城。

最后也是最艰难的一场攻坚战是不正当竞争纠纷。

原告提出的诉讼请求有 5 项之多。在庭审中，原告律师诉称："2007 年 4 月，被告的企业名称变更为'瑞特元昌'，其字号与瑞特元昌合资公司的名称相同，与瑞特元昌独资公司的企业名称也仅有字序上的微小差别，与伊莎瑞特独资公司现有的字号也有重合之处。依据反不正当竞争法和《关于审理商标民事纠纷案件适用法律若干问题的解释》的有关规定，已经构成对伊莎瑞特独资公司的侵权，请求法院判令被告停止使用'瑞特元昌'字号的不正当竞争行为。"

法官问原告："被告侵犯了原告什么权利？"

原告代理人回答说："企业名称权，不涉及商标权。"

法官又问："原告有三个企业名称，以哪个企业名称对抗被告？"

原告代理人回答："以三个企业名称来对抗被告。"

对此我们也早有准备，便迅速应对。王律师振振有词地说："既然原告于 2002 年 3 月将瑞特元昌合资公司更名为瑞特元昌独资公司，并又在 2006 年 1 月将瑞特元昌独资公司更名为现在的伊莎瑞特独资公司，这就意味着原告已在工商行政管理部门自动注销了原来瑞特元昌合资公司和瑞特元昌独资公司的字号，注销即放弃和失效，法律并不保护已经失效的字号。原先有效的字号现已成为社会公共资源，任何人都可以再予申请使用，包括用于新办企业的名称。故被告的企业名称是经过工商行政部门核准合法取得的，理应受法律保护，如果原告有异议，可向工商行政部门提出，而不应向法院起诉被告。"

原告律师眼看此计不成，便又转而主张停止使用与原告知名产品近似的包装、装潢。

王律师立即反驳道："原告要主张知名商品特有包装、装潢权，首先应证明伊莎瑞特公司的产品在中国是知名商品，这是构成对其商品包装、装潢仿冒的前提。该包装、装潢在伊莎瑞特公司和伊莎瑞特独资公司的产品上都有使用，且伊莎瑞特公司对该包装的使用明显要早于伊莎瑞特独资公司，故原告并非该包装、装潢的实际权利人，因而无权提起诉讼。"

对方律师见势不妙，就抛出最后的"撒手锏"，提出被告瑞特元昌民营公司在其大量散发的"公司简介"中有许多虚假宣传，混淆视听，对原告商品知名度、美誉度"搭便车"的行为。对手的"撒手锏"果然重击我方的软肋，白纸黑字确有不少虚假之处。对此，我们的策略是该辩驳的理应坚持，该承认的还得承认，以争取最佳效果。

此时，我方代理人抗辩道：“第一，我方当事人明确表示‘公司简介’并不存在。第二，如果虚假宣传确实存在，那么被告愿在原告的权利范围内承担法律责任。第三，原告提供有关瑞典伊莎瑞特公司‘RAPID’品牌的获奖证书，并未反映在具体订书机商品上，与涉案产品无关，原告无法证明涉案产品的知名度。第四，关于原告所谓的‘虚假宣传’，被告认为该行为至多构成文字表达不实，尚不构成法律上的虚假宣传。”最后我方又指出：“原告提出的40万元的赔偿请求依据不足。被告生产的产品包括订书钉、订书机、墨水和装箱机等，而订书机只是其中一部分，故不能以销售利润或总额作为计算赔偿的基数。”

法庭辩论结束后，法官询问原、被告双方是否愿意调解。此时，庭上经过一场激烈抗争的双方已筋疲力尽，无心恋战，且是非分明，均表态愿意调解。后在法官主持下，又几经周折，原告才同意先撤回商标权和著作权两起案件，对不正当竞争案，原告仅请求被告停止使用“公司简介”宣传页中的上述虚假宣传内容，赔偿原告经济损失人民币4万元。对此，我方也基本同意，只是在经济补偿方面再力争减少些，最后锁定在1.5万元。我见已到底线，便欣然拍板。

2009年6月17日，上海某中院作出民事调解书，经双方签收生效，三起诉讼最终以我方二胜一和的理想结果落下帷幕。

感　由

这起知识产权纠纷案件虽然结束了，但也让我感触颇多。本案中的瑞特元昌民营公司并非个例，它是中国许多民营企业的缩影，它的遭遇也为民营企业的发展敲响了警钟，给我们一些启示。

一、实现由仿制向自主创新的转型是我国企业经济发展方式转变的关键

民营企业在创业之初面临诸多成长的困难，在资本原始积累阶段，企业刚起步，各方面都不能满足创新的要求，有些企业家为了赚快钱，急功近利，常常选择仿制他人产品“白手起家”，从产品的品牌、商标、外观、包装到技术，统统实行“拿来主义”，他们确实通过仿制掘到了“第一桶金”。但是，模仿和仿冒，发展到一定阶段便会遭遇瓶颈。同类民企的恶性竞争难以避免，他们相互压价、低价竞争愈演愈烈，其结果就使得“物美价廉”成为企业的核心竞争力，赚钱成为这些民企越来越难的事情。“一流设备、二流质量、三流价格”正是这些民

企恶性竞争的真实写照。此外，仿制也使得企业随时可能被相关权利人举报或起诉，面临着不正当竞争的法律风险，这也是企业生存和发展的隐患。由此可见，仿制成为这些民企发展的最大障碍，因而模仿与仿冒阶段越短越好，并且不能全盘拿来，也应当开动脑筋，自主创新。

回顾国内，神州大地曾到处充斥着产自温州的皮鞋，其款式新颖，但质量低劣。温州皮鞋一度成为假冒伪劣商品的代名词。消费者甚至开始抵制温州皮鞋。但也有一些温州制鞋企业，卧薪尝胆，及时调整企业发展模式，走上了自主创新道路。它们一方面引进国外的先进设备，提高生产工艺，另一方面也不忘吸收国外先进的设计、管理理念，出现了“奥康”“康奈”“红蜻蜓”等一批自主品牌。今天的温州鞋业，不仅皮鞋质量优良，款式新颖，而且还领跑国内鞋业。它们之所以能有今天，显然离不开自主创新。

本案虽然我方赢了两场诉讼，但公司确有模仿和仿制之嫌，否则我方就可完胜。故民营企业一定要自主研发、自主创新、自创品牌，如此，才能实现企业的可持续发展。

二、民企应加强商标意识

一提起商标，似乎只是大公司才应关注的对象，是它们投入巨额广告费维护的无形资产，成为它们市场争锋的锐利武器。而中小企业，好像在商标、品牌方面并无多大作为，因此只能仰仗其他知名品牌“混口饭吃”。许多中小民企也确实商标意识不强，不重视培养自己的商标，过于借重他人品牌，以致侵犯他人商标专用权，企业发展面临重大障碍。中小企业面临商标战时，有时一个商标可以决定一个企业的生死存亡，所以中小企业同样需要强化商标意识。另外应加强无形资产保护意识，在某种程度上，这也是加强企业长远发展的意识，既求当前发展，也求未来可持续发展。

我国中小型民企可借鉴本案中瑞特元昌民营公司的一些成功经验。例如，瑞特元昌民营公司在成立之初，就向商标管理部门申请注册商标，并在诉讼开始前已合法获得了“瑞特元昌”商标专用权，这就为此后的商标诉讼中迫使对方撤诉奠定了基础。

同时，企业应当具有商标和字号保护意识，并将其作为企业发展战略的一部分来看待。由于知识产权保护的专业性和复杂性，在实际处理商标权、字号权时，应尽量聘请知识产权专业律师，以免处置不当而造成损失。

11 “双李”握手
——“SOKKIA”商标纠纷案

案 由

境外S公司成立于1920年，是世界上历史最悠久的专业测绘仪器生产厂家，也是该国唯一的一家专业测绘仪器生产厂商，同时还是一家全球性跨国企业，除本土外，在欧洲及亚洲的许多国家和地区都建立了分支机构，在中国也设立了子公司，在业界有较高的知名度。该公司于1990年4月20日在中国注册了“SOKKIA”商标，用于其生产的测绘仪器上。2010年年底，S公司在中国市场上发现标有“SOKIAA”标识的水准仪在销售，经查是江苏K公司在生产和销售。如此相似的商标，真是“李逵”遇上了“李鬼”。S公司便委托我们以侵犯其注册商标专用权为由将江苏K公司诉至法院。此案经过调查取证、司法鉴定及诉前调解，最终在法院主持下调解结案，S公司的基本诉求得以实现。

“李逵”取证

2011年2月，一位年轻女士和一位壮年男士来到我所。落座之后，年轻女士便自我介绍说她叫庄重，是一家境外法律事务所的律师，另一位是其所在的法律事务所主任。寒暄过后，庄重便介绍案情。她的境外客户S公司，专业生产测绘仪器，在中国占有较大的市场份额，其在中国注册了“SOKKIA”商标。去年年底，公司发现中国市场上有打着“SOKIAA”标识的水准仪在销售。他们经过调查，知道侵权公司为江苏K公司，这家公司的股东大多数是S公司以前的代理经销商，十分熟悉S公司的产品和销路。听完介绍后，我们结合他们所提供的调查材料作了初步分析，两商标显然构成在同一商品上使用近似商标，构成商标侵权，故可以侵犯商标专用权为由提起诉讼。我们的观点得到境外律师事务所认可后，便开始调查取证。

我们首先联系江苏K公司购买涉案产品水准仪。2011年5月9日，我安排两名助手跟随公证员一起前往位于江苏某市的K公司购买他们生产的产品。K公司虽成立不到半年，但已初具规模。接待我们的是一位女销售经理，我们说明来意后，她便叫技术人员搬来一台自动水准仪，并当场进行调试。整个购买过程十分顺利，其间公证员拍摄了相关照片。离开K公司后，我们便前往工商管理局调取K公司的工商资料，以作日后起诉之用。

下午回沪后，我们还将K公司的网站进行了网页公证，网页上有标识为“SOKIAA”的自动水准仪销售广告。通过实物及网页的公证保全，由公证处出具了公证书，我们便初步完成了诉前的准备工作。

高手把关

当我看到K公司的产品实物后，觉得实物上的标识与我方商标颇为近似，对普通消费者来说确实很容易造成混淆。但这只是我们的直观认识，并不能深入地运用专业语言来论证两者的相似性。为使我们的证据更为有力，也给法院认定商标近似提供借鉴的依据，我们将公证购买的产品送至上海知识产权司法鉴定所，委托该所鉴定该产品上使用的非注册商标“SOKIAA”与S公司的“SOKKIA”商标是否构成同一种商品上的近似商标。半个月后，该所就出具了司法鉴定意见书。该意见书认为：“(1) K公司的‘SOKIAA’商标的使用商品是水准仪，S公司商标的核定使用商品中也有水准仪商品，两个商标的使用商品水准仪属同一种商品。(2)‘SOKIAA’和‘SOKKIA’两个商标都是单一的英文商标，英文的整体结构和视觉形象十分接近；两个商标又都是无含义的商标。这种相互关系状态与最高人民法院司法解释中关于商标近似的概念是相吻合的。(3)‘SOKIAA’和‘SOKKIA’两个商标都是由六个外文字母构成，六个字母中仅有个别字母不同，且上述两个商标又都是整体无含义的商标，这种关系状态符合《商标审查标准》中所指的商标近似判定标准。(4) 相关公众凭记忆或者读音来识别‘SOKIAA’和‘SOKKIA’，无疑是有困难的，易使相关公众对商品的来源产生误认或者认为‘SOKIAA’的商品来源与注册商标‘SOKKIA’的商品有特定的联系。综上，上海K公司、苏州K公司使用在水准仪上的‘SOKIAA’商标与S公司注册的‘SOKKIA’商标属于使用在同一种商品上的近似商标。”

旗开得胜

2011年5月下旬，我们认为起诉条件已成熟，便将起诉状递交到上海市杨浦区人民法院，请求判令：(1) 两被告立即停止对原告注册商标的侵权；(2) 两被告赔偿原告经济损失人民币20万元；(3) 两被告在《中国知识产权报》《中国测绘报》及《上海商报》上刊登致歉声明，消除影响；(4) 本案诉讼中原告支付的合理费用由两被告承担；(5) 本案诉讼费由两被告承担。

在递交起诉状时，立案庭法官在审核了我们的起诉材料后，询问我们是否愿意诉前调解。对于调解，我一贯是支持的，我们在与S公司签订代理协议时已经约定同意法院调解。因此我们对法官表示愿意诉前调解，并在接受法院调解的文书上签了字。

2011年6月7日，我们收到杨浦区法院送达的诉前调解通知书，告知于6月23日进行调解。随即，我们便与S公司确定了以下调解方案：(1) 两被告立即停止生产和销售具有“SOKIAA”标识的产品，对于已生产的具有“SOKIAA”标识的库存产品，未予消除“SOKIAA”标识前不得上市销售，并保证以后不再生产和销售具有“SOKIAA”标识的产品，立即停止在公司网站上许诺销售具有“SOKIAA”标识的产品，立即停止使用“SOKIAA”域名，并不得使用与“SOKKIA”相近似的文字作为域名；(2) 两被告就侵权行为向原告赔礼道歉，并在《中国知识产权报》《中国测绘报》及《上海商报》上刊登致歉声明，消除影响；(3) 赔偿原告经济损失人民币20万元；(4) 支付原告因维权而产生的合理费用25000元；(5) 诉讼费用由两被告承担。

6月23日，我与助手王律师驱车来到杨浦法院，被告仅法定代表人一人到场，并无代理律师。在双方谈判调解方案前，被告态度还算诚恳，先向法官陈述，K公司的前身是上海S公司。2010年上海S公司解散，其员工成立了K公司，在公司成立之初，就使用“SOKIAA”的标识确有侵权之嫌，但在凤凰光学公司入主之前，其只是生产相关产品，但并未销售。另外，K公司还向法庭提供了其向商评委申请复审“SOKIAA”商标的相关证据。我方则向法庭表示，被告公司不但生产，而且也已销售侵权产品，我方已从江苏K公司处购买到一台自动水准仪。之后，法官要求双方陈述调解方案，我方提出事先准备好的调解方案后，被告则表示同意停止生产和销售具有“SOKIAA”标识的产品；停止在公司网站上许诺销售具有“SOKIAA”标识的产品，并在《中国测绘报》上刊登声明，消除影响。但对于域名，被告却坚持不愿注销。而且关于赔偿数额及合理费用，被告也表示不愿支付。由于双方分歧较大，一时难以调解成功，法官便宣布此次调解结束，希望双方都能各退一步，将所能接受的底线限在一周内告知法院。此次调解，虽然被告未能完全同意我们的方案，但被告在停止产销、消除影响等主要内容方面已经妥协，我们的主要目的已经达到，应该说我们已经初战告捷、旗开得胜了。

好 事 多 磨

在 6 月 23 日的调解中，K 公司虽然表示愿意停止产销、消除影响，但对于域名的注销、赔偿数额及合理费用等问题仍未达到我方客户的要求，而且 K 公司还表示如果不能达成调解，他们将竭尽全力应诉，并努力争取成功注册“SOKIAA”商标。对此，我们与 S 公司进行了多次沟通，向客户分析了如果调解不成的利弊得失，并告知客户一旦进入诉讼阶段，则诉讼周期将旷日持久。另外根据我们对 K 公司法定代表人在庭前调解时的表现来分析，我们认为 K 公司主要的着眼点是赔偿金，他们坚称只有生产没有销售，因此不愿支付赔偿金。从我方的角度来看，对方虽然销售了产品，对我方也造成了损失，但是我方尚未掌握其确切的销售数量，故举证难度较大。如果 S 公司的重点是希望 K 公司能够停止产销，那么我们就可以放弃赔偿主张，这样域名的注销和合理费用问题就可能会比较容易解决。S 公司接受了我们的建议，表示愿意在赔偿问题上作出让步。

说服了 S 公司后，我们便迅速联系了杨浦区法院，表达了只要对方能够停止产销、消除影响、注销域名，我们可以此为前提作出让步。为此，法官也对被告做了大量工作，促使被告不再无理坚持，终于使原、被告初步达成共识，即原告放弃赔偿请求，而被告则登报声明不再使用“SOKIAA”商标，并同意注销域名和支付合理费用。于是我们便于 8 月 20 日草拟了一份调解协议发送到法院，由法院转发给 K 公司。但对方却无任何反馈，直到 9 月 20 日，杨浦区法院才向我们转发了对方提出的三条修改意见：第一，在消除影响的登报声明中不能出现道歉或表示歉意的字眼；第二，对于合理费用项目，希望 S 公司能出具发票以便入账；第三，既然已经支付了合理费用，那么诉讼费用就不再承担。对于上述修改意见，我们先与法官进行沟通：对于第一条，既然是调解，可不再要求对方公开道歉，我们的目的主要是要对方停止产销，并消除影响；对于第二条，我们可以建议当事人，要求对方将款项支付到法院账户上，由法院出具收据作为入账凭证，然后由法院将款项转给S公司；对于第三条意见，我们认为对方可以不公开道歉，但诉讼费用应当由其支付，毕竟对方在此事件中承担主要责任，这是定性问题。

9月26日，法官打电话给我们，说对方已接受此方案，最终的调解协议是：

一、被告自本调解协议生效之日起立即停止生产和销售具有“SOKIAA”标识的产品，停止在网站许诺销售具有“SOKIAA”标识的产品，停止对外使用具有“SOKIAA”文字的宣传册、名片、产品目录等资料；

二、被告自本调解协议生效之日起十日内提交现有域名的注销申请，并承诺以后不在公司域名上使用“SOKIAA”文字或其他与“SOKKIA”相近似文字；

三、被告自本调解协议生效之日起十日内停止在公司名称的英文表示上使用“SOKIAA”文字，并承诺以后不在公司名称英文表示上使用“SOKIAA”或其他与“SOKKIA”相近似的文字；

四、被告自本调解协议生效之日起十日内撤回在商评委就“SOKIAA”商标申请的复审请求；

五、被告自本调解协议生效之日起十日内销毁现有使用“SOKIAA”文字的宣传册、名片、产品目录等资料或消除宣传册、名片、产品目录等资料上的“SOKIAA”文字，并承诺以后不在宣传册、名片、产品目录等上使用“SOKIAA”文字或其他与“SOKKIA”相近似文字；

六、被告自本调解协议生效之日起三十天内在《中国测绘报》和两被告公司网站上刊登声明，消除影响；

七、被告自本调解协议生效之日起十日内共同支付给原告合理费用共计人民币21302元；

八、被告承诺，若被告违反本调解协议中规定的相应义务，由被告赔偿原告人民币500000元；

九、本案案件受理费由被告负担；

十、本案各方当事人无其他争执。

感　由

本案经法庭诉前调解结案，既达到了诉讼的目的，也节省了时间，取得了良好的效果，可谓诉调对接的典范。诉讼中的原、被告双方最终能握手言和，化干戈为玉帛是我一贯的主张。这是因为：一则调解可避免双方对簿公堂，唇枪舌剑，激化矛盾，有利于纠纷的彻底解决。二则调解可节约当事人大量的诉讼时间，节省诉讼成本。本案从5月13日起诉到10月9日收到法院的调解书，历时仅4个多月，这对于一个知识产权纠纷案件来说，是罕有的高效率。调解后双方可将主要精力放在研发生产上，也算是另一种双赢。三则调解与判决不但有异曲同工之妙，而且两者均有法律效力，调解还可以突破诉讼请求，达到判决所不能实现的目的。只要调解的内容合法，属双方的真实意思表示，就均可达成协议。就本案来看，起诉状中的诉讼请求仅要求被告停止侵权，消除影响，赔偿损失及支付合理费用，而最终调解协议中对于域名纠纷及商标争议纠纷等均一并解决了。因域名纠纷解决的机制不同，要通过域名争议解决中心来裁定，商标争议要通过商评委来裁定，对此，法院是不能作出判决的，这在程序上将增加很多麻烦。然而通过调解，这些烦琐的程序均可省略，双方根据各自的利益达成一揽子协议，快速解决了全部问题。四则双方调解往往会促成合作，并由对立双方变成合作伙伴，以达到双赢。

调解工作是一项艺术，其关键是要审时度势，了解双方的真实意图，把握火候，分析利弊，然后予以撮合，方能成功。如本案原告的真实意图并非要被告作巨额赔偿，而是要对方停止侵权，不再对其现有的商标使用构成威胁，至于赔偿数额并非主要诉求，故可降低和放弃；被告自知有侵权嫌疑，但认为未对原告造成重大损失，故希望赔偿数额降低也在情理之中。可见，双方存在商量余地，调解是有望成功的，事实证明确实如此。

12 达娃之争
——娃哈哈商标转让纠纷案

深夜赴杭

杭州娃哈哈集团创建于1987年，目前为中国最大的食品饮料生产企业，全球第五大饮料生产企业。为引进外资，满足加快企业发展的需要，1996年，娃哈哈与达能公司、香港百富勤公司共同出资建立5家合资公司，生产以“娃哈哈”为商标的包括纯净水、八宝粥等在内的产品。娃哈哈与达能公司各持股49%，百富勤持股2%。亚洲金融风暴之后，百富勤将股权卖给达能，达能跃升到持股51%的控股地位。1996年2月，达能与娃哈哈签订的《“娃哈哈”商标权转让合同》未得到商标局核准，双方便又签订两份内容不一致的《商标许可使用合同》，一份向国家商标局备案，一份未备案。备案的合同是一份简式合同，没有对商标的许可使用规定过多的限制。未备案的合同是一份详细的合同，规定了对商标使用的限制，并且约定以未备案的合同为准。

在合作的过程中，达能收购了乐百氏、正广和、益力，并参股光明、蒙牛、汇源等与娃哈哈有竞争关系的企业。而娃哈哈集团则建立了39家与达能没有产权关系的非合资企业，生产标有“娃哈哈”商标的产品，这些产品均通过合资公司对外销售。2005年10月，双方对《商标许可使用合同》进行了修订，修订后的合同约定“娃哈哈”商标可以在一定前提和条件下许可给合资公司以外的娃哈哈集团设立的公司使用。从修订后的部分合同条款看，达能对娃哈哈集团的限制有所松动。

2007年4月8日，宗庆后做客新浪披露达能强购事件内幕，娃哈哈与达能之间的纠纷终于爆发。2007年4月11日，达能集团在上海举行新闻发布会，声称娃哈哈品牌属于合资公司。2007年5月9日，达能启动相关程序，要求宗庆后代表合资公司起诉非合资公司，并设定了30天的期限。2007年5月10日娃哈哈发表声明称将积极应诉奉陪到底。

最早知道娃哈哈与达能的决裂之事的是我的密友胡喜盈先生。胡先生1956年出生，小我十余岁，是中国著名的法制记者，胡先生与我交往已久，我所办理的大案要案，他几乎无一遗漏都要报道，我所举办的论坛，他充当的也大多是主要策划人的角色。

2007年5月10日，媒体向社会公布了达能的要求。胡先生来所里和我一起商讨娃哈哈与达能的各自走向。我提议是否可以以此为契机，召开一次专家研讨会，重点研讨此次事件中的法律问题。胡先生认为可以一试，并表示尽可能联系上娃哈哈总裁宗庆后。下午3时，胡先生打来电话，宗总答应约见我们，时间定在5月11日上午9：30，地点就在杭州娃哈哈总部。鉴于时间比较紧迫，我们决定连夜开车去杭州。晚上9：30，我与胡先生及我的助手钱元春、王小兵两位律师一同驱车赶赴杭州。汽车在沪杭高速公路上疾驰，车内，我和助手继续讨论案情，分析娃哈哈在此次纠纷中遇到的问题和应该采取的对策。第二天一早，我们如约来到了娃哈哈集团的总部。宗总将娃哈哈和达能的恩怨纠纷向我们作了介绍，我们对宗总提出的问题进行了解答。我提出，可在上海举办一次研讨会，邀请各方面的专家来探讨一下，从中吸取一些有用的建议，为娃哈哈集团的下一步行动提供参考。宗总听后很感兴趣，并同意我们策划一次大型的论坛活动，为娃哈哈正本清源。

专家启示

后因为娃哈哈集团认为举办研讨会时机尚不成熟，最终没有委托我们举办研讨会，但我认为这次研讨会意义重大，不但可以研讨此次纠纷中的各种法律问题，还可以为中国的其他企业提供经验教训。也许是自己的性格使然，我经常会举办各种专业的法律论坛和研讨会，这已经成为我多年的兴趣和爱好。所以，我与胡先生商讨后，一致决定：此次法律研讨会不能中断，筹备工作要继续进行。

上海的夏天，骄阳似火，已经持续了很多天的高温，但我和助手还是马不停蹄，联系会场、邀请专家、准备会议资料，每项工作都有条不紊地进行。2007年7月20日，“娃哈哈与达能系列纠纷研讨会”在上海华谊集团涂料公司会议室举行。

我作为东道主主持了研讨会。与会嘉宾踊跃发言，提出了很多值得深思的问题，专家学者纷纷呼吁中国企业应从这次纠纷中吸取教训，重视知识产权的建设，在与外国企业合作时要严格依法办事。我在发言中对娃哈哈集团目前的形势进行了分析，认为：娃哈哈集团在杭州针对商标转让无效提起仲裁作用不大，应尽量跳出商标许可使用合同的具体条文纠缠，从其他角度寻找突破口，包括请求认定双方的合资协议无效以及以商业秘密侵权为由起诉达能高管等。这些意见得到了与会专家的认同。

以和为贵

达娃之争法律研究热潮在大江南北一浪高似一浪。

同年9月2日，在银川举办的第七届中国律师论坛上，达娃之争再次成为热议的焦点。多位业内人士从不同角度发表了自己的看法和对达娃之争前景的预测。作为特邀员的我，则坚持主张“达娃之争，应以和为贵”。我提出，达娃之争是一场国际品牌与中国品牌在中国市场上的大碰撞，既是法律上的冲突，也是实力上的较量。作为律师，我们不仅是法律人，还要是政治人。除了要解决一系列法律问题，更要关注国家命运、民族发展。只有将律师的个人事业与国家和民族的命运联系起来，才能更好地为社会服务。对于双方的商标之争，应站在民族经济安全的高度来总揽全局。否则，就不能很好地把握此次纠纷的脉搏，也就无法从根本上解决问题。

对于如何和解，我提出了自己的想法。基于双方合作十几年的成功经验，双方的合资协议应当继续下去。若合资协议存在瑕疵，尚可继续完善，使之符合法定要求。这不仅有利于娃哈哈品牌的发展，同时也可以给双方带来更多的经济利益。对于已经发生的同业竞争行为，双方可以既往不咎，并在友好协商的基础上予以认可或改正，遵循诚实信用的原则采取补救措施，将双方的损害降到最低。我的观点得到了众人的响应和赞同。

银川会毕，回到上海我即得知达能控股的合资企业杭州娃哈哈食品有限公司因国家商标局不同意其与杭州娃哈哈集团公司间的“娃哈哈”商标转让，将国家商标局诉至北京市第一中级人民法院。达能此举不仅把国家商标局推上尴尬之境，也使北京一中院处于两难境地。难题重重，达娃和解更应是最终的解决之道，然而何种和解方案才能被双方接受，并最大限度地保护娃哈哈的利益？我便再次着手邀请专家探讨和解方案以抛砖引玉。

9月28日下午，“娃哈哈与达能法律纠纷和解方案暨对中国企业的启示研讨会”在上海知识产权园召开。会上，中国国际经济贸易仲裁委员会上海办事处副秘书长黄文先生认为，无论是法院还是仲裁机构，面对此等重要事件，都会积极推动和促进双方当事人进行和解。达娃双方都要寻求自己的最大利益并为之努力，而这个利益正是娃哈哈商标。在双方僵持不下的情形下，通过和解方式解决纠纷是一个不错的选择。对于和解方案，上海通和企业咨询有限公司高级合伙人郑峥嵘先生认为应形成“三三四”的格局，即政府和娃哈哈各占30%左右股份，达能占40%左右股份。如此，整个娃哈哈集团品牌、旗下饮料企业都在娃哈哈集团控制之下，并由政府、娃哈哈集团、达能三方分享，谁都不占绝对控股地位。而上海市知识产权发展研究中心副主任林衍华博士认为，双方进入法律战后，都会处于一个沉默期。由于案件标的大，背后还存在政治、经济等因素，如果双方要达成和解的话，一定要在法律层面上，回归理性。最后由政府出面，对和解方案一锤定音，这样对达娃今后在国内的发展都很有利。复旦大学知识产权研究中心主任张乃根教授则认为要心平气和地把这些商业的关系处理在一个比较可以控制的范围内。商标的问题是法律问题，关系很简单。对于娃哈哈商标“形式上的许可，事实上的买断”这个瑕疵的处理，关键还得从合资企业着手。只要双方抱着还要在中国经营下去，还要维持这个“婚姻”关系，并考虑怎么能够得到双赢的想法，就应该要谈妥一个持股比例。达成共识后，其中的商标许可问题也就能迎刃而解。

这次以“达娃之争，以和为贵”为主题的论坛持续了近四个小时，包括专家、学者，乃至媒体在内的与会人员都认为此次讨论非常及时，对解决达娃之争具有重要的参考价值，并对达娃的和解充满了希望和期待。

2009年9月30日，在经历了近30起各类诉讼后，娃哈哈与达能最终达成和解，达能作价30亿元出让其占合资公司的全部51%股权，退出娃哈哈。和解执行完毕后，双方也终止了有关的所有法律程序。

感　　由

伴随着娃哈哈与达能的此次系列法律纠纷，民族企业的知识产权保护问题再次成为国人关注的焦点。我有幸在这一纠纷的初期就参与其中，在与宗庆后交谈的几个小时里也深切地感受到我国民族企业的知识产权保护问题存在很多不足之处。娃哈哈集团与达能的此次纠纷，对我来说并不算陌生。此前我也代理过数起类似的案件，都是外资企业与国内民族企业因知识产权问题而引发的纠纷。总结这类纠纷，我们可以清楚地看到，许多外资企业都是熟练运用法律的行家，他们利用国内企业急于合作、法律意识薄弱、经验不足的弱点，在合作之初就熟练运用法律手段来限制国内企业。而此时我们的企业家并没有意识到或者意识到了却没有底气最终提出来，这就为将来纠纷埋下了伏笔。

中国民族企业在与外国企业进行合作时要提高警惕，提高风险防范意识，要善于保护自己。总结起来就是四句话："签约要注意，应对不害怕，组织律师团，国内开战场。"具体来讲，应该在以下几个方面着重注意：

一、签订合同时应当严格审查合同的各项条款，聘请专业律师把关

为了防止对方利用合同条款来弄虚作假或利用合同来设置一些不合理的障碍，应该严格审查合同各项条款，以便使合同的权利义务关系规范、明确，便于履行。对于合同的主要条款，特别是关于管辖、质量标准、结算方式、货物价格的约定就更要力求表达得清晰、明确、完整，绝不能含混不清或者模棱两可，给合同以后的履行埋下隐患。如果是技术转让，还要明确后期开发技术的归属等。

合同中争议管辖条款的约定要防范对方精心设计的司法陷阱。大多数外国企业都会约定到国外以仲裁的方式解决纠纷，这对中国企业是十分不利的，一般应约定由自己所在地的人民法院管辖。双方实在无法达成一致意见时，应当约定双方所在地的人民法院都有管辖权，如果发生了争议，应当尽快向本地的人民法院提起诉讼。否则，如对方所在地的人民法院先立案，将不得不到对方所在地打官司，这样财力与精力的消耗都比较大。当然也可以选择一个公信力高的仲裁机构进行裁决。

另外，在选择适用法律时，应尽量约定适用中国法律，而不要适用外国法律。中国人对国外的法律并不熟悉，很容易成为将来纠纷解决过程中的一大障碍。

二、面对外国企业的攻势要树立信心，积极应对

民族企业一旦与外国企业发生纠纷，要积极应对，不能畏首畏尾，消极应战。中国人害怕打官司，更害怕作被告。其实，现今社会矛盾无处不在，打官司已习以为常。作为被告来讲，首先就是要树立信心，官司并不可怕，只要应对有方，完全可以赢得胜利。这一点，我认为娃哈哈集团是做得不错的，他们不但积极应诉，还敢于开辟新的战场，变消极对抗为积极进攻，在气势上就压倒了对方。接着要做的就是从细微之处寻找突破口，争取在多方面、多角度给对方以反击。

三、充分发挥律师团的作用

与跨国公司进行知识产权诉讼，所涉及的法律问题十分复杂棘手，这些并非一般人可以解决。所以，要主动寻求律师帮助，对于案情复杂的重大案件，还要聘请各类专业律师组成一个团队，如涉外律师、知识产权律师、公司法律师等，充分发挥律师团的作用，为纠纷的解决提供有效的帮助。轰动一时的 DVD 专利纠纷应对不当就是没有发挥律师的作用，而仅由不懂法律的行业协会主管，并未仔细研究法律问题就开口承认侵权事实，导致后续工作陷入被动。

四、要善于在国内开辟新的战场

外国企业与中国企业进行合作时，往往约定在国外进行仲裁。显然这种做法对中国企业是不利的。但是，中国企业并不能坐以待毙，而应该仔细研究其中的法律问题，善于在国内开辟新的战场，通过在国内的诉讼或仲裁来影响国外仲裁的结果。达娃最后得以和解，其主要原因就是娃哈哈不断开辟国内战场，并在这些国内新战场均取得了胜利，特别是商标亦被裁定为娃哈哈所有。反观达能，其在相关诉讼中节节败退，加上巨额诉讼及律师费支出，使其深陷泥潭，最后不得不作出妥协。

第二部分　专　利

01 公证决胜

——杭州J所和J公司诉快恺公司甲醇合成塔内件专利侵权案

案　由

杭州快恺技术有限公司（以下简称快恺公司）成立于2001年，是一家专门从事高效节能甲醇、氨合成和食品二氧化碳等研究、开发、设计和制造技术服务的公司。公司成立之初，就以浙江工业大学（以下简称浙工大）的教授、专家为主要技术依托，先后研发出新型高效等温型甲醇合成塔内件、ZGH双环管氨合成塔内件等产品，逐步在行业内打响一定的知名度。

此后，快恺公司与杭州协通设备有限公司（以下简称协通公司）合作，由快恺公司提供图纸及技术支持，协通公司制造甲醇合成塔内件。

2004年9月，杭州J设计研究所（以下简称J所）与杭州J化工技术有限公司（以下简称J公司）起诉快恺公司和协通公司侵犯其“盖板与筒体新型密封结构合成塔内件”实用新型专利，要求法院判令两被告立即停止制造、销售和许诺销售的侵权行为，并赔偿经济损失。

快恺公司在接到诉状后找到了我，我见情势紧迫，当机立断提出应诉方案：首先委托浙江省公证处远赴广东调取相关证据，然后再向国家知识产权局专利复审委员会（以下简称复审委）提起无效请求，请求宣告原告的专利无效。在答辩期的最后一天，快恺公司收到了复审委的《无效宣告请求受理通知书》，并立即向法院申请中止审理。因原告的实用新型专利此前曾被他人提起过无效请求，但未成功，故法院依然按期开庭，视原、被告双方的举证情况再决定是否中止诉讼。

2005年1月20日和2005年3月18日，杭州市中级人民法院两次开庭审理本案，快恺公司提出现有技术抗辩，双方就原告专利是否有效、被控侵权产品是否与现有技术相同以及被告现有技术抗辩是否成立等焦点问题进行了激烈的举证和辩论。

2005年6月9日，杭州中院作出一审判决，认定被告侵权成立，赔偿原告经济损失人民币211万元。快恺公司和协通公司不服一审判决，遂提起上诉。2005年9月20日，复审委作出《无效宣告请求审查决定书》，宣告J公司专利全部无效。2005 年 9 月 26 日，浙江省高级人民法院二审开庭审理，但鉴于复审委已作出与杭州中院一审判决相悖的决定，故立即休庭，初步决定暂时中止本案诉讼，待专利权效力问题解决以后再恢复审理。这样快恺公司在被动挨打的诉讼中终于出现了转机。

深夜求教

2004 年 11 月某日深夜，曾经与我合作过的银康公司办公室钱主任打来电话，说他弟弟的公司即快恺公司被指控专利侵权，案件很棘手，想请我帮忙。见面后，快恺公司的钱总和协通公司的林总向我讲述了大致案情。事情还要追溯到 2001 年 1 月，快恺公司与浙工大签订了一份《关于等温型甲醇合成塔内件技术转让的协议》，约定由浙工大提供图纸及工艺参数，承担各种规格内件的计算与设计，并负责后续改进设计。此后，快恺公司与协通公司合作，由快恺公司提供图纸及技术支持，协通公司负责制造。正当两家公司合作发展比较顺利的时候，不料在 2004 年 9 月却收到了法院的起诉状，J 所和 J 公司作为共同原告指控他们侵犯了合成塔内件密封结构的专利权。J 所和 J 公司的负责人都是浙工大的退休老师张教授。这让钱总和林总觉得非常委屈，本来就是从浙工大受让的技术，现在却莫名其妙地被控侵权。并且，据说原告又增加诉讼请求，赔偿金额高达数百万元。两公司顿感“黑云压城城欲摧”，赶紧通过各种渠道寻找专利律师，于是便有了深夜求助律师的此节故事。

虽然累得有些迷糊，但是多年的积累使我遇到此类知识产权案件并不会困惑，只要当事人说个大概，我便能马上理出思路，这次亦不例外。当时，我懵懵懂懂地听完他们的介绍后，就提出了初步意见：“就你们目前的情况来看，我觉得现在有必要双管齐下：一方面，倘若在原告专利申请日以前就有厂家公开销售过该专利产品，而我们又能找到这方面扎实的证据，原告的专利就将不具有新颖性，我们也就可以向复审委提出专利无效请求，这是釜底抽薪的做法，而且我觉得这个案件对方专利无效的可能性还较大；另一方面，张教授是浙工大的退休教师，而浙工大早在 1992 年就研制出了该专利技术，因此即便这种技术不被宣告无效，那么张教授与浙工大之间就这项专利技术是否还存在权利归属方面的问题呢？毕竟快恺公司是从浙工大受让合成塔内件制造技术的。当然，我们应当尽量向杭州中院申请中止审理此案。”或许当天我真有点劳累过度了，基本案情虽已清楚，却再难以深谈，当务之急还是应该抽时间到杭州去一趟，看看两公司还能提供什么有力证据。

豁然开朗

2004年12月4日，正好是周末，本来是公休的日子，我和助手却不得不驱车前往杭州，与钱总和林总再详议对策。这次我们讨论的问题还是集中在两个方面：一是浙工大与张教授就涉案专利是否存在权利归属的问题；二是可否找到充分的证据对原告的专利提起无效请求，以釜底抽薪之法致原告专利权无效。

张教授于1997年7月从浙工大退休，1998年8月下旬申请涉案专利。显然，张教授申请专利的时候，退休已逾一年。因此其专利从形式上来看很难被认定为“职务发明创造”。原告起诉快恺和协通两公司以后，快恺公司曾向浙工大发过一份《关于专利纠纷事宜的函》，浙工大回函说明：涉案专利技术是浙工大与上海凌云机械厂（以下简称凌云厂）于1992年研发的技术，该技术成果属于浙工大。由于张教授本是浙工大退休教师，故浙工大并不想卷入诉讼，对权属之诉不是很积极。我进一步提出自己的观点：“如果最后法院判定快恺公司和协通公司侵权，我们还可以向浙工大追偿。因为快恺公司的技术来源于浙工大，其转让的技术理应没有瑕疵，否则就要为此承担责任。浙工大也许尚未意识到自己在本诉讼中所处的不利地位，故置身事外。因此在必要时，我们应向浙工大晓以利害。”

对于在原告专利申请日以前，是否有与原告专利相同的产品已经公开销售。经过钱总他们一个星期的调查，已有可靠消息证实：在原告专利申请日1998年8月以前的1996年，凌云厂就已经向广东省某氮肥厂（以下简称氮肥厂）公开销售过与原告专利相同的产品。此消息令人顿然振奋，眼前豁然开朗。而让人倍感兴奋的是此时原告变更了诉讼请求，这就意味着我们在收到其材料后将会又有15天的答辩期。根据专利法的相关规定，只要在答辩期内拿到复审委的《无效受理通知书》，法院就有可能中止本案的诉讼，待原告专利权确定后再恢复审理。但本案又有其特殊性，早在2000年郑州巨石公司（以下简称巨石公司）就请求撤销原告专利，但经过长达四年的撤销、无效程序，复审委最终驳回了巨石公司的请求，维持了原告专利权。所以，我们这次对原告专利提出无效请求，可谓任重而道远，需要更为翔实的证据。

周末赴杭之行虽然辛苦，但却颇有收获：彻底摸清了凌云厂向氮肥厂公开销售过与原告专利相同产品的信息。我当即建议钱总事不宜迟，尽快请公证处到广东氮肥厂收集并公证凌云厂公开销售的相关证据。而对浙工大提起专利权权属之诉，可暂搁不动，容后再议。

公证保全

为保证公证保全及时、有效，回沪次日我便同快恺公司向浙江省公证处提出公证申请，申请公证员远赴广州对氮肥厂证据保全进行全程公证。

12 月 7 日，我和钱总陪同公证员来到氮肥厂，与厂里的丁经理协商取证事宜。没想到话一开口就戳到了丁经理的伤心处，他不愿与我们多谈，自然保全证据一事更无从谈起。原来，当初氮肥厂购买的这台甲醇合成塔内件运回厂以后就有换热器方面的质量问题，经过多次修理仍然问题不断，此后合成塔内件就成为厂里的鸡肋，至今还丢弃在围墙的角落里，此事全厂都讳莫如深。此次取证恰恰犯了大忌，但千里迢迢来粤总不能无功而返。“心病还需心药医”，于是我心生一计，提议钱总与丁经理协商，我们可以与氮肥厂签订合成塔维修协议，这样就可以将合成塔内件运回杭州，并要求他们提供当时与凌云厂签订的合同及合成塔内件的图纸等书面文件。丁经理看我们很有诚意，便同意了我们的提议。浙江省公证处遂对合成塔内件、合成塔内件包装、贴封条、吊装上车以及运输等全过程进行了拍照公证。

十万火急

无效请求是专利侵权诉讼中被告釜底抽薪的绝招。向复审委提交无效请求申请书必须在被告的 15 天答辩期内，这样受理侵权案件的法院往往会中止审理，如此则被告就以攻为守，由被动转主动。如果无效请求成功，即专利权人的专利无效，那么作为原告的专利权人就将被迫撤诉，否则人民法院也会予以驳回。即便无效请求失败，被告也将因诉讼的拖延而赢得喘息机会，从而为准备下一步的抗辩获取宝贵的时间。

我接手本案时，答辩期本已所剩无几，加上广东取证，答辩期已仅剩两天。拿到公证书后，我和助手立即马不停蹄地投入新的工作——为快恺公司起草《宣告专利无效请求书》及整理专利无效的相关证据，并亲自飞往北京向复审委递交了文件。2004 年 12 月 13 日，即我到京后的第二天，复审委很快就受理了快恺公司的专利无效请求，并随即签发了《无效宣告请求受理通知书》。我拿到受理通知书后，立即打车直奔机场飞回杭州，以便赶在 15 天的答辩期内向法院提交无效请求和中止诉讼申请书。

势头难当

对我们提交的中止诉讼申请，杭州中院以复审委维持过涉案实用新型专利有效为由，决定暂不中止审理，并通知于2005年1月20日开庭审理本案，视原被告双方庭审的证据，再决定是否中止诉讼。当然，法院作出这样的裁定完全符合专利法的相关规定，于是我们便认真收集整理证据，积极备战。

2005年1月20日，一审法院如期开庭。首先是证据交换程序。专利法规定，申请日以前在国内公开使用过或以其他方式为公众所知的技术为现有技术，即公知技术。因此只要我们证明在J所专利申请日以前存在这样的公知技术，就可从两方面进行抗辩：一是如果快恺公司技术与公知技术相同，我们就可以适用专利法中的“现有技术抗辩”原则，侵权之说也将不攻自破；二是如果J所专利与公知技术相同，则专利技术将因不具有新颖性而成为无效专利，最终两原告起诉的权利基础将不复存在，从而侵权也就不能成立。因此，在J所申请专利以前的1996年，凌云厂是否向氮肥厂公开过技术就成为本案的关键。《公证书》所附的凌云厂与氮肥厂之间的《产品购销合同》、图纸、产品实物是否与原件一致，它们之间是否能够对应也就理所当然地成为质证焦点。对方律师也正是从上述角度来予以否定。双方你来我往，等到质证完毕，已近中午，审判长遂宣布休庭，择日再审。

2005年3月18日，本案再次开庭进行法庭辩论，双方短兵相接，反复交锋，辩论的核心仍然是公证书能否证明1996年凌云厂向氮肥厂公开过相关技术。我方从合同签订日期、合同中图纸编号与实际图纸编号、合同中产品编号与实际产品编号等方面进行了全方位论证。但因年事久远，1996年签订合同的双方当事人都已经历过改制或者名称变更，颇有些物是人非，对方又从这个方面进一步论证了其观点。我方则依据大量的工商登记资料认定签订合同的双方当事人与改组变更组织有承继关系。始料不及的是，2005年6月9日，杭州中级人民法院作出一审判决：认定快恺公司和协通公司侵权成立，赔偿原告经济损失211万元。从判决理由中不难看出，一审法院显然没有采信我方提供的《公证书》及其他相关证据。情急之下，我方立即决定向浙江高院提起上诉，请求依法改判。

转战京城

在一审案件审理中，我们接到了复审委的口头审理通知。2005年5月下旬，双方战场又移至北京。口头审理中双方论辩的焦点仍是在J所申请专利以前的1996年，凌云厂是否向氮肥厂公开过相关技术，J所的专利技术是否与上述技术相同。2005年5月26日，复审委对本案进行口头审理。复审委的口头审理对本案的重要性是不言而喻的，口头审理成功与否将决定本案的胜负。专利口头审理的主要目的是对与案件相关的技术事实进行核实，并争辩专利是否无效。虽说是口头审理，其程序与法院开庭差不多。在口头审理现场，虽然感觉不到双方慷慨激昂的声音，但却能够在细致之处体会到双方当事人智慧的角力，于细微之处见功力。

本次口头审理主要是围绕塔内件权利要求书中技术内容是否具备新颖性、创造性和实用性来进行的，其中最关键的证据是浙江省公证处出具的一份公证书，而这份公证书的主要内容是用于证明专利权人在专利申请日以前已经向他人出售过相同的专利产品，并且在合同书上已经附上了重要的技术材料。根据专利法的相关规定，申请发明和实用新型的专利必须具备“三性”，也即新颖性、创造性和实用性。换言之，如果相关的产品在申请专利时不具备这“三性”，那么申请的技术便不能以专利权的形式来获得法律的保护。在许多专利侵权的案件中，被诉方接到应诉通知后往往会采取申请宣告专利无效的方式来应对，因为一旦专利被宣告无效，那么侵权之诉便无从谈起。口头审理庭上，我方提供了全面而缜密的证据，对对方权利要求书中的技术特性不具有新颖性进行了充分的举证，而对方却并不能提出充分有力的证据来证明其产品符合“三性”要求。

柳暗花明

2005年9月下旬，我方收到了复审委于2005年9月19日作出的《无效宣告请求审查决定书》，令人倍感欣慰的是，复审委认可了我方提供的大部分证据，宣告J所专利全部无效。此正可谓“山重水复疑无路，柳暗花明又一村”！

复审委认为：对于在国内签订的购销合同，如该合同本身包含有产品的技术信息，则自签订购销合同之日起，合同所包含的产品技术信息就进入了公共领域。我方提供的《公证书》表明《产品购销合同》签订于1996年11月15日，早于专利申请日。产品为现货交易，合同所附图纸既是供方承诺的技术质量标准，也是需方验收货物的标准，技术图纸为购销合同的组成部分。同时，《产品购销合同》中显示的图纸编号、产品实物编号与实际图纸编号、产品实物等证据均能相互印证……合同图纸中的技术信息已成为现有技术。J所专利与现有技术相比，权利要求1、3、4、5、6不具有新颖性，权利要求2、7不具有创造性，故复审委宣告J所专利全部无效。

收到复审委的《无效宣告请求审查决定书》后，我们立即把它作为二审新证据提交给浙江高院。2005年9月26日，浙江高院二审开庭审理本案。由于复审委宣告J所专利全部无效的决定完全动摇了原告专利的稳定性，使其权利基础不复存在。因此，审判长询问对方对复审委的决定有无意见，并告知如在法定期限内不就无效决定提起行政诉讼，二审法院将会以专利无效为由驳回其诉讼请求；反之，法院则会中止诉讼，待专利效力问题的行政诉讼程序终结后再恢复庭审。

对方当庭表示将对复审委的无效决定提起诉讼，合议庭随即根据对方的表态口头宣布休庭，至于是否中止诉讼，合议庭将在对方向北京市一中院就无效决定提起诉讼后再作决断。

急转直下

2005年12月中旬，杭州J所以复审委程序违法，认定事实有误为由，在法律规定的三个月内，以复审委为被告向北京一中院提起行政诉讼，要求撤销复审委作出的无效宣告决定。北京一中院于2006年6月20日作出一审判决，判决书虽然认为复审委在决定中对证据1.4的认定并不违反程序，复审委给予J所15天的时间针对证据1.4进行答辩并不违法，J所要求复审委依照“依职权调查原则”对证据1的真实性予以调查缺乏事实和法律依据，但判决书却推翻了复审委认定的一个重要事实。判决书认为：500单管折流等温型甲醇合成塔内件作为一种工业化生产的化工设备，从提高效率及节省人力、物力的角度考虑，在通常情况下，生产厂家不会采取在钢制的盖板上人工刻录产品信息的方法来标示其产品。而且，在证据1.2公证人员现场拍摄的照片显示的人工刻录的信息中，生产编号中的96及制造日期中的1996有明显的人工改动痕迹，而制造日期对本案而言具有重要的意义。为此，判决书认为在证据1.2存在如此重大瑕疵的情况下，无法确信其中的信息系在产品制造时形成，故对该证据的真实性依法不予确认。另外，判决书还认为，证据1.3的工矿产品购销合同含有两种不同笔迹的文字，其产品编号、图号的书写笔迹明显与“产品名称”栏中的笔迹不同，显然是由不同的人书写。产品编号作为与证据1.2中的产品相对应的信息之一，图号作为与证据1.4相对应的信息之一，二者在形成证据链方面具有重要的作用。证据1.5中的协议书与通常的交易惯例不相符。在证据1.3存在不同笔迹的情况下，结合证据1.2中的产品生产编号及制造日期存在人为改动的情况以及证据1.5的协议书与通常的交易惯例不相符的情况，北京一中院对证据 1.3 工矿产品购销合同内容的真实性不予确认。

除此之外，判决书还认为，在对证据 1.2、证据 1.3 的真实性不予认可的情况下，证据 1 中的其他证据不能证明证据 1.4 中所示的产品已经在本专利申请日前公开销售，因此，证据 1.4 不能作为本专利的对比文件使用。复审委在决定中把证据 1.4 作为本专利的对比文件，并得出本专利权利要求 1、3、4、5、6 不具有新颖性，权利要求 2 和 7 不具有创造性的结论没有事实依据。

还有，公证书系公证员就其所见证的书证、物证、证人证言等证据的情况而出具的一种法律文书，其系公证员所作见证的客观记载，其内容只能反映公证员在见证时刻所接触到的证据的客观情况。除非公证员对证据的形成过程进行了相应的公证并在公证书中作了客观的描述，否则公证书无法对证据的形成时间、形成经过等公证员没有亲身经历的情况作出客观的反映。证据 1 系一份公证书，其中包含证据 1.2 公证人员现场拍摄的照片。从该照片显示的内容及证据 1.1 公证书文字部分的记载来看，证据 1.2 的照片显示的产品系由存放在不同仓库的部件组装而成。显然，判决书对公证文件也不予认可。

据此，北京一中院认为复审委作出的决定认定事实不清，适用法律错误，审查结论错误，依法应当予以撤销。对于我方来说，真是晴天霹雳！原先有利的形势，如今却一落千丈！

绝处逢生

北京一中院作出一审判决后，复审委及快恺公司不服，立即向北京高院提起上诉。2006 年 12 月 20 日，北京高院认为原审判决不当，故裁定撤销原判，发回重审。二审判决对快恺公司来说不啻于绝处逢生！

果然不出我料，2007 年 3 月 15 日，北京一中院重新组成合议庭对本案进行重新审理，并作出了与原认定相左的判决，认为判断快恺公司关于“在本专利申请日之前已有相同的技术被公开使用”的主张是否成立时，应予查明的核心事实是快恺公司为此所提供的证据 1，公证书中证据 1.1 公证书文字部分、证据 1.3《购销合同》、证据 1.4Φ500 等温型单管折流式甲醇合成塔内件图、证据 1.5 协议书，以及与之相关的证据 10 进账单等证据是否符合真实性、合法性以及关联性的要求，能否证明“使用公开”的事实。同时判决书还认为证据 1 公证书已证明《购销合同》、随购买设备交付的 Φ500 等温型单管折流式甲醇合成塔内件竣工图和《协议书》三复印件均与原件相符。

关于J所质疑证据1.3与证据1.4真实性一节，判决书认为，J所指出证据1.3《购销合同》中存在两种字体，并由此推出合同内容及证据本身虚假的结论是错误的，两者间不存在必然的因果关系，原因在于J所无法排除这样一种合理存在，即合同的书写可以由不同的人共同完成，此与合约是否真实没有必然的内在联系。同理，J所提出合同内容上存在"款到发货"与"现货交易"的矛盾，"非定型专用设备不应有现货交易"以及合同不是供方文本等问题，均不能就此导出《购销合同》证据虚假的结论，原因在于"合同内容矛盾"不等于民事合约不成立。"合成塔内件属于非定型专用工业设备"是J所的主张，在快恺公司表示反对的情况下，根据主张者举证原则，J所应对这一待证事实提供充分证据予以证明，否则应当承担举证不能的法律后果。根据证据1.3的合同性质与类型所示，该合同属于购销合同，即买卖合同，不是加工定作合同，合同中企业印章名称与抬头填写名称不符的情况属实，但根据《公司变更登记申请书》《企业法人年检报告书》(1994年度）中所显示的印章留档等证据可以证明两名称所指仍为同一主体，该事实明确，不影响该合同证据的真实性。

对于J所提出的证据1.4Φ500等温型单管折流式甲醇合成塔内件竣工图虚假的理由，判决书认为J所是以图上的"合成塔内件属于非定型专用工业设备"这一待证事实作为推理前提，指出图纸上应当标明而没有标明为哪一厂家所指定设计，进而得出证据1.4虚假的结论，该主张显然缺乏逻辑性，故不予支持。

J所通过证据1.5《协议书》说明快恺公司与《购销合同》上的需方存在事实上的利害关系，由此质疑证据1.3与证据1.4的真实性，其有权作此怀疑，但仅凭怀疑难使本院形成"上述证据为假"的内心确信。判决书中认为，根据公证证据认证规则及证据审查结果，足以对上述证据的真实性作出判断，此情况不具备启动司法鉴定程序的前提条件，对其请求，不予准许。J所提交的（2004）杭民初三字第316号民事判决书尚未生效，不符合证据要求，不能据以为证。

将证据1.3《购销合同》与证据1.4Φ500等温型单管折流式甲醇合成塔内件竣工图结合，可见产品名称均为"Φ500等温型单管折流式甲醇合成塔内件"，产品编号均为"SGH96-705"，图号均为"MZ531-000"，同时根据"一图对一号"的绘图标注常识，可以认定《购销合同》中所指图纸即为"Φ500等温型单管折流式甲醇合成塔内件竣工图"。

经将证据1.3《购销合同》与证据10进账单结合，可见两证据在主体关系、交易金额、交易时间、货款结算方式上均相符，明显高于否定证明的盖然性，该合同得以履行的事实成立。

据此，判决书认定在本专利申请日之前，氮肥厂从凌云厂处购得Φ500等温型单管折流式甲醇合成塔内件的事实即已存在，Φ500等温型单管折流式甲醇合成塔内件竣工图属于依合同约定予以交付使用的验收依据。该竣工图的使用符合专利法规定的“使用公开”的事实构成，使用公开的事实成立，复审委以此所作的判定是正确的。

勇闯五关

北京一中院重审判决后，杭州J所当然不服，又上诉至北京高院。北京高院经开庭审理后于2007年6月13日作出了终审判决，判决书认定：证据1公证书已证明《购销合同》、随购买设备交付的Φ500等温型单管折流式甲醇合成塔内件竣工图和《协议书》三份复印件均与原件相符。《购销合同》中所指图纸即为“Φ500等温型单管折流式甲醇合成塔内件竣工图”。在本专利申请日之前，氮肥厂从凌云厂处购得Φ500等温型单管折流式甲醇合成塔内件的事实存在，Φ500等温型单管折流式甲醇合成塔内件竣工图属于依合同约定予以交付使用的验收依据。该竣工图的使用符合专利法规定的“使用公开”的事实，应认定在本专利申请日之前已有相同的技术被公开使用。故原审判决关于权利要求1、3、4、5、6不具有新颖性的认定正确。据此，北京高院终审判决维持原判。

当我们拿到北京高院的判决书时，不禁长长地叹了一口气，感到此份判决书的分量。它确实来之不易。回忆诉讼之初，从2004年9月开始至今已跨四个年头，从杭州中院一审败诉，到浙江高院中止审理，从专利复审委认定系争专利无效，到北京一中院先后二次作出相悖的判决，最后到北京高院二审认定公证有效。一路走来跌宕起伏，坎坷不已，一会儿柳暗花明，一会儿又山穷水尽，犹如过五关斩六将。其案情之复杂，跨区之辽阔，并非常人所能想象到的。其间酸甜苦辣，唯我独知。

北京的行政诉讼既然尘埃落定，而且结论明确，即系争专利无效，那么浙江高院侵权诉讼也就解除中止、恢复审理。其结果可想而知，那就是驳回原告起诉，因为原告赖以起诉的关键依据专利已被判无效。

感　由

本案虽已结束，但余影却时常萦绕，挥之不去，其中有两点印象最为深刻：

一、法官在行使审判权时应当小心谨慎

我经常说，知识产权案件，特别是专利案件对法官和律师的能力要求应当说是相当高的。只要办过专利案件的人都知道专利案件涉及面广，逻辑性强，不仅要求具备理工科背景，还要求对技术方面的事实具有很高的悟性，同时又要掌握法律和技术的辩证法，而做到这一点却是非常不易的。难怪同一法院先后两份判决，其结果会大相径庭、截然相反。然而北京一中院先后两份结果相左的判决也着实令人钦佩，因为用后一份判决去否认前一份判决，既体现了法院有错必纠的原则，也体现了法院敢于纠错的魄力。不过，对当事人来说，最终的结局也许已经使其对此前的艰苦和磨难释然，但法官的一念之差，却会使当事人付出沉重的代价，因此每一位法官在行使其神圣的审判权时都应该格外小心谨慎。

二、公证是胜诉之本

此言对原、被告来说均适用，而本案是对被告而言。公证的目的是要锁定一个事实，这个事实往往是关键事实。打官司主要就是打事实，而事实是要靠证据来证明的。事实清楚，就是证据确凿，庭上自然不辩自明，这就是常说的“事实胜于雄辩”。但要锁定一个事实却不是那么容易的事情，因为事物是在变化的，既有自然的因素，也有人为的因素。因此有必要在事实对我方有利的时候加以锁定，以免夜长梦多，追悔莫及。当然锁定事实的方法很多，如拍照、摄像、录音、证人、鉴定、法院保全和公证等。前四种方法往往难以锁定复杂的事实，如对技术类的证据就很难表述得清楚完整；专家鉴定难度大，费用高，当事人往往难以承担；法院的证据保全是最可靠的方法，但程序复杂，时间较长，特别是对时间要求紧迫的保全，如短期展销会上的侵权物证就很难保全。因此，综合考虑，唯有公证保全才是比较理想的方法。从本案来说，最终被告能够获胜就是取决于对广东合成塔内件的公证保全成功，否则就无法保证专利无效行政诉讼的成功。我通过公证处做过很多次公证保全，基本上均能取得完满的结果。本次因公证标的物的特殊性，如路远、体庞、物重、时久等因素，公证的优越性就更是一览无余。经过五关斩六将，任凭风吹浪打，公证的事实依旧岿然不动！最终北京高院也是通过认定该公证有效才得以一锤定音，本案的胜诉显然是取决于最初的公证成功。

02 并购风波

——英国跨国公司诉中国澳托公司阀动器外观专利侵权案

案　由

上海澳托公司数字仪器有限公司（以下简称澳托公司）由浙江福隆集团出资创办，主要销售IK、ITK等系列智能电动阀动器（以下简称阀动器），并提供相关的技术咨询与售后服务。多年来，公司业务发展迅速，已在全国各地设立了多个分公司及办事处。

英国某跨国公司亦是一家从事研究、生产、销售阀动器的企业，始于1968年，至今已有40余年的历史。旗下拥有IQ、IQ MK II等系列阀动器产品。该跨国公司产品的销售公司——英国某控制有限公司（以下简称控制公司）是该跨国公司的全资子公司。为扩大国际市场，控制公司于2003年10月17日向国家知识产权局成功申请了几个名为“阀动器”的外观设计专利。

澳托公司作为后起之秀，凭借过硬的产品技术和市场开拓能力，逐渐占据部分国内市场，打破了控制公司一统天下的局面。由于澳托公司的成长与壮大，控制公司在中国市场的开拓举步维艰，市场份额呈萎缩之势，于是控制公司从战略上考虑欲并购澳托公司。为此，控制公司采取“先礼后兵”的战术，以收购考察为名，行取证之实，以到澳托公司车间拍摄的照片和视频为证据，于2005年1月诉至上海市第二中级人民法院，指控澳托公司侵犯其专利、商标和著作权，要求停止侵权、销毁侵权产品，并提出了巨额赔偿。发展势头正旺的澳托公司作为被告，收到上海二中院的传票，犹如当头一棒，不知所措。后澳托公司经人介绍聘请我为代理律师，我携三位得力助手处理本案，一场全方位的民族知识产权保卫战由此拉开帷幕，演绎了一场惊心动魄的知识产权保卫之诉。由于我方应对得当，随着案件庭审的进行，案件开始对我方有利。经过近四年的审理，上海二中院于2008年11月25日判决驳回原告专利案的全部诉讼请求，这场民族企业知识产权保卫战大获全胜。

暗度陈仓

2005年2月，澳托公司的江总来到我所，将案件的缘由向我和助手们作了详细的阐述。原来，澳托公司自2002年成立以来，一直致力于阀动器的研发，成功后即批量生产。因其产品质优价廉，便迅速占领了国内部分市场，并到荷兰、美国、新加坡等国参展，以期开拓国际市场，与世界巨头一较高低。

控制公司是英国阀动器设计生产的世界级巨头，但其面对澳托公司的快速发展和市场拓展逐渐感到了危机，控制公司为了保持其垄断地位，即向澳托公司提出了收购兼并的意向。基于控制公司资金雄厚，在国际阀动器界处于领先地位，澳托公司从企业长远发展的角度出发，对控制公司提出的并购有一定的兴趣。2004年12月，控制公司提出要求考察澳托公司位于浙江的生产基地，澳托公司鉴于商业秘密的考虑，心有顾虑。但既然要收购兼并，那么并购方提出要考察也在情理之中，于是澳托公司便答应了对方的要求。为了迎接控制公司的考察，澳托公司可谓全厂动员，热烈欢迎，将产品的样品和盘托出，并毫无保留地让考察团参观车间等重要部门。控制公司也不“含糊”，以中国区总裁为首，一行八人，观摩的观摩，拍照的拍照，摄像的摄像，录音的录音。澳托公司以为这也许是西方国家的通行做法，对此并未在意，不想却“引狼入室”。参观以及初步谈判结束，控制公司提出尚需回去向总部汇报后，再行答复。

后双方又进行多次谈判，但均因价格差距而未达成协议，于是澳托公司便放弃被收购的念头。然而事情远没有澳托公司想象的那么简单，就在岁末年关，公司准备放假的时候，收到了来自上海二中院的传票。原来是控制公司已经起诉澳托公司侵犯其专利、商标和著作权，更令澳托公司意想不到的是，对方使用的证据居然就是在考察澳托公司浙江制造基地时拍摄的照片、视频等资料。此时，澳托公司才恍然大悟，控制公司“明修栈道，暗度陈仓”，收购是假，取证是真。但是事情既已发生，常言道“是福不是祸，是祸躲不过”，于是澳托公司决定迎战，欲聘请专业的知识产权律师为其出谋划策，故前来我所寻求帮助。

不分伯仲

了解案情后，我觉得国外企业果不简单，他们特别擅长利用知识产权诉讼来打压中国的竞争对手。事实上，在中国成功加入世界贸易组织后，面对中国企业在国际市场的迅速扩张，国际巨头在感到恐惧的同时，也充分认识到中国企业对相关世界贸易规则的理解比较薄弱，便充分发挥反倾销、知识产权和绿色环保三根大棒，频频向国内企业发难，这在报刊和网络上已屡见不鲜。在中国政府和企业的积极应对下，反倾销的压制手段已经逐渐失灵，知识产权诉讼便成了国际巨头新的宠儿。此次控制公司针对澳托公司的三大诉讼——专利、商标和著作权同时开战，既有技巧性，也有攻击性，足见其精于此道，早有预谋，澳托公司一旦应对不当，则会陷入被动，最终可能满盘皆输。而且三大诉讼，专利为首，若输，则会导致企业停产关门的严重后果，故首先就是要打好专利官司。在此种情势下，我的民族之情油然而生。我一向支持中国民族企业要积极应对跨国公司的知识产权诉讼，此次纠纷很有典型性，故我立即同意代理本案。

控制公司在2003年10月向中国国家知识产权局申请了多个阀动器的外观设计专利，起诉澳托公司专利侵权的是名为“阀动器（5）”的外观设计专利。由于本案原告是在岁末年关提起的诉讼，造成我方实际的答辩日期除去法定假日外只剩下不到8天的时间，而原告提供的证据足有一尺多厚，要在短时间内组织有力的抗辩意见并非易事。但在研究这个专利的同时，我的一位合作伙伴，浙江的一位专利代理人蔡先生发现控制公司同日申请的名为“阀动器（2）”的外观设计专利与涉案专利相似，存在重复申请授权的嫌疑，按照我国“禁止重复授权的原则”，可以向国家专利复审委申请宣告该阀动器（5）为无效专利。如此，控制公司因其申请专利的不当，将面临涉案专利无效的可能。我们便决定以此为突破口，向复审委请求宣告此专利无效。2005年8月26日，上海二中院第一次庭审伊始，我方就提出中止审理，待系争专利的效力明确后再决定是否继续审理的请求。

原告控制公司的代理人是上海资深专利律师，但其自感不力，便请出清华大学博士生导师陈教授。陈教授从事知识产权法研究二十多年，著书颇丰，造诣很深，两者珠联璧合。在陈教授的指导下，原告控制公司迅速反应，立即作出“壮士断臂”之举，当庭向法官表示将立即向复审委提交声明，主动放弃阀动器（2）的专利权利，以求保全涉案专利“阀动器（5）”的有效性。果然，三日后陈教授的“壮举”成功，致使已在复审委搁置三个月的撤销专利之举，仅在三日内就予以解决，可见其远见卓识的智慧和极高的办事效率。

上海二中院经合议庭研究后认为：鉴于原告控制公司主动放弃阀动器（2）的权利，阀动器（5）的专利就不存在重复授权的行为，合议庭要求原告尽快将相应的材料提交到法院，再决定是否中止诉讼。

是非渐明

2005年10月26日，上海二中院第二次开庭审理本案。

原告控制公司诉称：控制公司是“阀动器（5）”外观设计专利的专利权人，原告发现被告福隆公司生产、被告澳托公司销售的IKT型号系列阀动器的主要部件（以下简称被控侵权部件）使用了“阀动器（5）”的外观设计。被告澳托公司还在境外的展会上公开展览、销售装有被控侵权部件的阀动器，并将附有系争阀动器图片的电子邮件发送给展会的参与者。原告认为，两被告的上述行为侵犯了其享有的专利权，请求法院判令：（1）两被告停止生产、销售以“autork”为标识的任何侵权阀动器；（2）两被告销毁或处置系争阀动器的存货；（3）两被告收回并销毁、处置处于销售环节的系争阀动器；（4）两被告停止使用和发放系争阀动器的产品目录和相关促销宣传资料，并销毁现有的所有系争阀动器的产品目录和相关促销宣传资料；（5）两被告在《人民日报》《人民日报（海外版）》及《新民晚报》上刊登道歉启示以消除影响；（6）两被告共同赔偿两原告经济损失，包括两原告为制止侵权行为所支付的费用总计人民币100万元。

我方在此次开庭审理中开始由守转攻，针对原告抛出的诉求及理由战略性地就以下两个问题提出答辩意见：（1）原告的主体资格问题。原告不是专利权人也不是许可使用人，不具备主体资格；（2）原告的产品不属于外观设计专利保护的客体，依据《审查指南》[①] 第一部分第三章4.3.3规定：不给予外观设计专利保护的客体有：“……（3）产品的不能分割、不能单独出售或者使用的部分；（4）对于由多个不同特定形状或者图案的构建组成的产品而言，如果构件本身不能成为一种有独立使用价值的产品，则该构件不属于可授予专利权的客体。”现原告的专利产品是阀动器的一个构件，最终用户在市场上是不能单独使用的，故其不属于外观设计专利保护的客体。

此外，我们还指出：“即使原告的专利是可以获得外观设计专利保护的客体，在对被控侵权产品与涉案专利进行对比的时候，也应该是将被告的阀动器产品整体与原告的专利进行对比。因为根据《审查指南》规定，被比外观设计是由只能组装在一起使用的至少两个构件构成的产品的外观设计的，可以将与其构成数

---

① 本篇中的《审查指南》指案件审理当时有效且适用的1993年公布、2001年修改的版本。该文件现已失效。

量相对应的组装使用过的构件的外观设计结合起来作为一项在先设计与被比外观设计进行对比。被告的阀动器通常是整体销售、使用，即消费者在市场上采购阀动器产品时通常是整体采购，而不会是采购阀动器的各构件后再组装成整体产品，消费者在市场上看到的通常是阀动器产品的整体外观。所以，应该用被控侵权产品的整体与涉案专利进行对比。”

三鉴两赢

合议庭在整体考虑原、被告双方的观点后，鉴于该专利纠纷所涉问题的专业性和复杂性，要求原、被告对本案相关问题出具相关意见，如对于被控侵权产品整体与涉案专利对比，请专家出具对其有利的咨询意见或技术鉴定。原告为此积极行动，邀请了专利局专门从事审查工作的一位资深审查员对相关问题出具对其有利的专家意见，并提交给法院。不言而喻，这份专家意见显然对我方是不利的。

我深知，在案件情况错综复杂，双方当事人对涉案产品与专利是否相同争议较大且界限模糊时，专家出具的鉴定意见很有可能会成为决定案件成败的关键。因此，为防止合议庭产生任何不利于我方的第一印象，在原告委托相关人员进行鉴定的同时，我方也迅速作出反应，决定委托比较权威的鉴定部门出具鉴定意见，唯有如此，才能抵消显然对我方不利的专家意见的影响。于是，2005 年 10 月 27 日，我们便委托科技部知识产权事务中心出具咨询意见，该中心聘请的程永顺等三位专家就我方关注的三个问题出具了专家咨询意见。另外，程永顺专家还专门就我们咨询的三个问题单独出具了书面意见。拿到咨询意见后我方心中才有底，便立即呈交给合议庭。

果然不出所料，法庭对两份结论不同的鉴定意见难辨是非，无法决定，故均不采信，并自行指定上海一家知识产权司法鉴定所对“阀动器（5）”外观设计专利与被控侵权产品中对应的外观是否相同或相似进行咨询。2007 年 2 月，该鉴定所出具了咨询报告：“认为二者是既不相同也不近似。”这就为我们胜诉奠定了基础。至此，三次鉴定，两获赢筹，当然其中包括了法院指定的最公正和最关键的一次，胜利的天平开始倾向我们。

2007 年 3 月，上海专家咨询意见书一出，上海二中院立即就开庭对其进行质证，原、被告双方在庭上又展开了激烈的辩论。原告对咨询意见心有不甘，不愿接受公正的专家咨询意见，对咨询报告的判断主体以及咨询报告判断的方式均提出质疑。而我们则成竹在胸，基于对相关法律和事实的深度理解，冷静、睿智而又一针见血地提出：

第一，咨询报告的判断方法——整体比对、综合判断的方式是符合法律规定的。《审查指南》对外观设计的相同或相似性进行判断，虽然删除了“要部”这一要素，但是并未明确禁止使用“要部”进行判断。而且，《咨询意见书》并没有仅仅局限于对“要部”的判断，而是从整体上进行综合判断，完全符合法律规定。

第二，相同或者相似性的判断主体应该是普通消费者，即阀动器领域的使用、设计和销售过程中的相关人员，该《咨询意见书》虽然是由专家出具，但并非站在专家的高度来进行判断，而是站在阀动器的一般消费者的角度来进行评价的，因此，两位专家符合判断主体的资格。

至此，本案的庭审部分已全部结束，我们便静候法院的判决。

明察秋毫

2008年11月25日，上海二中院对本案作出了判决，合议庭在经过认真的审理后，在判决书中对原、被告双方的争议焦点一一进行了详细的阐释。

法院经审理查明：根据外观设计专利证书记载，“控制公司”系名称为“阀动器（5）”的外观设计专利的专利权人，专利申请日为2003年10月17日，授权公告日为2004年7月7日。法院确认原告控制公司是涉案专利证书上记载的专利权人。被告福隆公司成立于1998年7月，被告澳托公司成立于2002年8月，系争阀动器是被告福隆公司生产、被告澳托公司销售，被控侵权部件未单独销售、使用。

审理中，法院委托上海某知识产权司法鉴定所就涉案专利与被控侵权阀动器中相对应的部件的外观是否相同或相似进行技术咨询。咨询意见认为“涉案专利和被控侵权部件在用途和功能上完全相同，属于相同产品。两者的外形都由机体及底座、前后端开口段、电机盒、齿轮箱和传动部外壳等主要构件组合而成，基本结构是：机体上部与前、后端开口段一体连接，机体下部为与之构成一体的机座，电机盒位于前端开口段的一侧，齿轮箱位于前端开口段的另一侧，传动部外壳位于前端开口段的下部的机体上，并与齿轮箱相连。从整体形状综合观察，两者的前、后端开口段均呈三段式结构，但两者的直径及长度尺寸比例有一定差距，对整体的视觉效果具有显著影响。涉案专利的前端开口段上具有一圆管形电池匣，在后端开口段上具有左、右对称设置的两对管体；而被控侵权部件上没有此两构件。涉案专利的齿轮箱盖之上端圆盘形盖板部进一步向上凸起，外侧设置有一手轮盘，手轮盘边缘处设有一手柄；而被控侵权部件的齿轮箱盖未进一步凸起，箱盖顶面呈平面，在齿轮箱盖的上半部中心处伸出一方形轴头，可供装一'折杆'形摇手柄，所述'折杆'形摇手柄的结构、外形均与专利的圆盘形手轮有较大差别。两者的电机盒形状不完全相同，但只是盖子的深浅差别，对整体的视觉效果不具有显著影响。两者的传动部外壳的不同之处仅在于左端'封头'是锥形还是平面，没有实质性差别。两者的底座结构基本相同。据此，咨询意见认为，涉案专利与被控侵权部件在使用状态时是以左、右二侧和顶部面对使用者的，因此左、右视图和俯视图上的外观设计形状将首先引起消费者的注意，所以上述三部分的外观设计形状应作为要部来判断。前述的涉案专利与被控侵权部件存在较大差别的三段式前后端开口结构、圆管形电池匣和圆柱形管体、圆盘形手轮盘等不同设计均存在于使用时容易看到的显著部位，一般消费者施以普通的注意力能区别两者的不同。因此，涉案专利与被控侵权部件的外观是既不相同也不相似的设计”。

针对本案的焦点和原告的质疑，法官作出精辟的阐释：“判断的方法应以一般消费者为判断主体，应采用整体观察，综合判断的方式。如果一般消费者通过整体观察可以看出两者的差别对于产品外观设计的整体视觉效果具有显著影响的，则两者既不相同也不相似。在确定是否具有显著影响时，一般还应当考虑使用时容易看到的部位的设计变化相对于不容易看到或看不到部位的设计变化，通常对整体视觉效果更具有显著的影响。本案中系争阀动器是整体销售、使用的，也就是说被控侵权部件是在前端开口处装配一个显示器，在后端开口处装配一个盖子后整体销售、使用的，因此对于消费者而言，被控侵权部件的左面、右面、顶面、底面是能够看到的部位。咨询意见的对比分析首先是从对整体形状综合观察入手的，虽然咨询意见关于'要部'的说法有所不妥，但其实质认为使用时容易看到的部位设计变化相对于看不到部位的设计变化对整体视觉效果更具有显著的影响，因此不影响咨询意见的结论。将涉案专利与被控侵权部件进行整体比对，两者存在较大差异的不同设计均存在于使用时容易看到的显著部位，因此一般消费者施以普通的注意力对两者的外观设计在整体效果上不容易产生混淆，被控侵权部件与涉案专利的外观设计既不相同也不近似，被控侵权部件没有落入涉案专利的保护范围，不构成对原告外观设计专利权的侵害。”

最后，上海二中院判决如下：依据《中华人民共和国专利法》（以下简称

《专利法》）之规定，判决驳回原告控制公司的诉讼请求。案件受理费人民币15010元、技术咨询费人民币10000元由原告负担。一审判决后，原告自知理亏，也未再上诉。就这样，这场斗势凶猛的专利诉讼以跨国公司的败诉而告终。

感　由

本案是一起跨国企业设下陷阱，中国企业如履薄冰，最终侥幸出险的典型案例。办案之余，有两点感言，一吐为快：

一、中国企业应对跨国公司的知识产权战略时，应当沉稳应对并力避陷阱

本案虽以我方全胜告终，然而，应该引起我们无尽的反思。目前，知识产权已经成为部分跨国公司打压中国企业的强大武器。特别是我国加入世界贸易组织以来，此类案件层出不穷，上升趋势非常强劲。各个行业的跨国公司为达到控制中国市场竞争者的目的，在中国申请了大量专利。商务部的调查数据显示，跨国公司每年专利申请量已经占我国专利总申请量的30%之多。跨国公司的知识产权战略基本表现在以下两个方面：

1. 撒网式。部分有实力的跨国公司，不惜代价地在中国申请大量专利，这其中充斥着大量发达国家的中下水平的技术，甚至利用我国知识产权制度的落后将国外的公知技术在我国申请专利。如此不遗余力并耗费大量金钱的目的就是编织一张专利网，一方面可以利用相对先进的技术来垄断市场，另一方面使得中国企业必须付出巨大的代价才能突破这张专利网，最终达到排挤中国竞争对手从而垄断中国市场的目的。

2. 砌墙式。更有甚者，相关的国外企业联合起来，将专利绑定在一起形成专利池，最终形成产品标准，向中国企业出口的产品征收专利费，大大增加了中国企业开拓国际市场的成本和阻力，树立中国产品走向世界的壁垒，从而削弱中国企业的国际竞争力。我们既不否认也不干涉跨国公司维护自己的正当权利，但是我们也不能漠然处之、任其宰割，中国企业要特别警惕跨国公司设下的知识产权陷阱。

二、关于“专家”在审判中的作用问题

结合多年的知识产权诉讼经验和研究，我认为专家具有两重性，即其既具有权威性，也具有否定性。

1. 专家对技术事实的认定，往往会成为法官认定事实的依据。专家，顾名思义，就是在某一方面有特长或专长的人。律师和法官是法律方面的专家，但是要他们对所有技术领域的知识都了如指掌是不现实的。法官在案件审理中，尤其是专利纠纷案件的审理，对某一被控侵权产品是否侵犯专利往往很难认定。在双方都不能说服对方的时候，法院会应原告或被告的申请，委托专门的鉴定机构对这一争议焦点咨询专家意见，出具鉴定报告。这样法官既能公正地处理案件，又能提高办案效率。我们要奉行“把专业的事情交给擅长的人去做”的理念，而专家在这一领域具有深厚的专业知识、技能，就是“擅长的人”。专家的意见恰恰弥补了法官不懂技术的缺陷。但是我们必须清楚地认识到，专家只能对技术事实作出认定，也就是说鉴定报告只能对事实作出认定，而不能涉及法律概念。

2. 专家鉴定结论未必就是客观技术事实，故仍需经过质证。专家是人，并非神，认知上的差错也在所难免，因此专家出具的鉴定结论仍然是一种证据。根据我国《民事诉讼法》第 68 条规定和《最高人民法院关于民事诉讼证据的若干规定》第 34 条规定，其必须在法庭审理中接受双方当事人质证，质证后再由法院决定取舍。

现在的鉴定质量参差不齐，鉴定机构五花八门，对同一事实的鉴定结论可能截然相反。如何才能判定一个鉴定结论是否符合客观事实，判定主体又是谁呢？当然，鉴定并非必经程序，这只是法官在难以作出判断时才借助的一个方法，如法官本身就是这方面的专家，其能判断则无需借助其他专家。我认为自由裁量权仍在审理案件的法官手中，法官对鉴定结论证明力的认定是一个自由心证的过程，主要根据其经验、逻辑规律以及有关鉴定结论的技术规范进行。

面对跨国公司咄咄逼人的态势和“敌强我弱”的形势，一方面中国民族企业要有清醒的头脑，要牢记“签约要注意，应对不害怕，组织律师团，国内开战场”的应对方针，战略上要藐视，战术上要重视；另一方面，我们也呼吁加快我国法制的建设，如我国在《反垄断法》中规制了知识产权滥用，为中国企业赢得了健康的发展土壤和公平的竞争环境。本案对我国民族企业来说是一次严峻的考验和血的洗礼，是我国民族企业应对跨国公司知识产权诉讼的一份不可多得的教材和财富。

03 三头六臂

——瑞士跨国公司诉江苏凯宫公司专利侵权案

案　　由

原告瑞士里特机械公司（以下简称里特公司）是世界上最大的纺织机械生产商，拥有纺织机械领域内的众多专利，在此领域具有雄厚实力。被告昆山凯宫机械有限公司（以下简称凯宫公司）是位于苏州昆山的一家民营企业，也是国内纺织机械行业中的知名企业。

2007 年 6 月，原告里特公司以被告侵犯其专利权为由向上海市第一中级人民法院提起两起专利侵权诉讼，要求被告停止侵权、销毁库存产品，并赔偿损失共计 100 万元人民币。两起诉讼共涉及三个发明专利，法院分别于 2007 年 7 月 17 日、10 月 24 日进行了两次开庭审理，并组织了专家对涉案专利技术进行鉴定。

其间，被告针对三个涉案专利向国家知识产权局专利复审委提出无效宣告请求。2008 年 6 月 2 日至 4 日，复审委分别对三个专利进行口头审理。2008 年 7 月、8 月，涉案三项专利被宣告全部无效或部分无效。后原告未向北京市第一中级人民法院就无效宣告提起行政诉讼。于是，上海一中院的诉讼案件也就中止鉴定。原告里特公司见大势已去，便主动撤诉，这样，一场来势汹汹的跨国公司与中国民族企业的专利纠纷又以跨国公司悄悄撤案而告终。

2007 年 7 月的一天下午，凯宫公司的窦总找到了我，说企业遇到了棘手的专利侵权诉讼，且形势危急紧迫。我就约他来所面谈，以便更好地分析案情。第二天，窦总如约而至，向我们介绍案件情况：“我们公司是国内较大的纺织机械生产商，主要产品集中在纺织机、精梳机等领域。经过这几年的发展，已经取得了较好的业绩，市场份额节节攀升。里特公司是全球知名纺织机械生产商，拥有雄厚的技术和实力，之前其一直占据中国市场绝对领先地位，后来由于国内几家厂商的相继出现而使其地位有所下降。此次，里特公司针对我们提起了两起专利诉讼，这也是他们出于在中国市场的战略考虑。里特公司告我们专利侵权，主要涉及纺织机和精梳机两个品种，都是我们重点研发的产品。里特公司此前曾经申请了一些专利，但在我们看来，这些专利技术都是本行业中的常识性东西，根本称不上什么专利。这次，我们涉嫌侵权的专利有三个，分别是‘设在精梳机中的棉网引导装置’‘棉条喂给装置’和‘用于加工纤维网的纺织机’。里特公司将第一个专利与后两个专利分别放在两个案件中起诉，目前，都已经在上海一中院立案了。如果官司输掉，我们公司可能会面临比较严峻的形势。”

我和助手王小兵律师、戴晓伟律师仔细阅看了里特公司所提交的证据材料，按照专利侵权判定的一般原则，主要是看凯宫产品的技术特征是否落入专利权利要求所保护的范围之中。我们发现，对方提交了一些经过证据保全的凯宫产品照片，而这些照片都不能完整地反映产品的必要技术特征，“设在精梳机中的棉网引导装置”更是如此，所以我们对这个专利侵权案件胜诉的信心比较大。而另一案中涉及的两个专利技术和产品照片分析起来就比较困难了。特别是“棉条喂给装置”，其涉及 31 项权利要求，技术十分复杂，但凭借多年专利诉讼的经验，我们决定以产品技术特征与专利权利要求书保护的范围不同为由进行抗辩，同时向专利复审委提出三个专利无效的请求，两条路齐头并进。

喜忧参半

2007 年 7 月 17 日，上海一中院进行了首次开庭，对两个案件分别进行审理。

针对“设在精梳机中的棉网引导装置”一案（以下简称 200 号案），原告首先举出经过公证的照片，并当场逐一将照片中的产品技术特征与专利技术进行比对。最后，原告提出，被告的产品技术特征已经落入了原告专利权利保护的范围，要求法院确认被告构成侵权。而我们则认为：照片固然可以反映产品的技术特征，但它有局限性，产品的材料、功能等技术特征是原告的照片所无法体现的。在本案中，涉案专利的权利要求 1 为：“1. 设置在精梳机中一对分离罗拉（3，4）与一对输送罗拉（5，6）之间的棉网引导装置，所述棉网引导装置具有一个棉网导向板（9）和一个偏转板（10），所述棉网导向板（9）用以支承来自所述一对分离罗拉并通过所述一对输送罗拉输送的棉网（V），而所述偏转板（10）用以偏转紧接在所述分离罗拉（3，4）并在所述导向板上的所述棉网，其特征在于，所述棉网导向板具有第一表面（9.1），至少所述偏转板（10）的下侧边和所述棉网导向板（9）的所述第一表面（9.1）是导电的并电气连接到所述精梳机的一个机架（7）上。”其中，“所述第一表面（9.1）是导电的”，以及

“电气连接到机架（7）上”这两个技术特征，无法反映在照片中，照片中的材料既不能看出是否是导电材料，也不能确定“电气”是否连接到精梳机机架上。

原告于是辩称：从照片上看，产品材料有金属光泽，因此应当认为是导电材料。我们则反驳原告的说法，认为：有金属光泽不代表材料就是金属的，没有金属光泽也不意味着材料就不是金属，有无金属光泽与材料是否为金属材料是两码事，两者没有必然的联系。为此，我们向法庭提交了实际使用的、具有银灰金属光泽的塑料棉网导向板，以证明凯宫公司的精梳机棉网导向板第一表面是不导电的，并且无需电气连接到机架上。因而被告产品并未落入原告专利的保护范围，不构成侵权。对此，法官似乎更容易接受。

对于“棉条喂给装置”“用于加工纤维网的纺织机”专利侵权一案（以下简称 201 号案），由于涉案技术复杂，技术特征多，法庭也着重对此案进行审理。原告通过将被告产品照片与其专利技术的特征进行对比，认为被告产品构成专利侵权。我们同时抗辩：被告产品与原告专利技术不同，特别是对于“用于加工纤维网的纺织机”这个产品，原告的权利要求 1 为：“用以加工纤维网（V）的纺织机（1），其纤维网由几层纤维网（V1、V2、V3）输送到一喂棉台（2）上互相重叠放置而成；各个纤维网（V1、V2、V3）由喂棉台（2）上方依次前后设置的几个牵伸装置单元供应，并输送到喂棉台上互相重叠，其中，牵伸辊（W）的轴（A）与喂棉台（2）上纤维网（V）的输送方向（T）成横向设置，其特征在于，至少牵伸装置单元（S1、S2）仅在纤维网的一侧设有支撑，在牵伸装置单元（S1、S2）下方有相邻牵伸装置单元（S2、S3）的纤维网（V3、V2）经过，各牵伸装置单元（S1、S2）支撑在喂棉台的一侧，而且喂棉台（2）与牵伸装置单元（S1-S3）的突出喂棉台的部分之间的间隙（L）有足够的宽度，因此能够在此区域内进行人工操作。”由此可见，专利技术中牵伸装置单元（S1、S2）仅在纤维网的一侧设有支撑，而被告产品中的牵伸装置单元支撑在纤维网两侧，这与专利技术有本质的不同。另外，我们还提出本案被告的两产品所使用的是公知技术，故并不构成侵权。

经过庭上原、被告双方的激烈争辩，法院决定休庭，并宣布择日再次开庭。通过庭审调查我们发现：原告证据确有薄弱之处，特别是 200 号案，我们觉得胜算较大。但在 201 号案中，我们感觉也有软肋，稍有闪失就可能被认定构成侵权，故既有胜诉的信心，也有败诉的担忧，未来的路还异常艰辛，需要格外谨慎。

扑朔迷离

2007年10月24日，法院进行了第二次开庭审理，此次开庭仍然是事实调查，法庭就两个案件的技术问题进一步进行审理。对于200号案，我们依然坚持先前的主张，认为照片无法反映出产品的材质和连接方式。被告产品的引导装置，其导向板和偏转板是非金属材料制成，确切地说是尼龙、树脂等材料，这些材料并不导电。同时，我们还提出本案的举证责任分担问题，因本案并非新产品的方法发明，因此并不适用举证责任倒置的规定，应当由原告就被告产品是否落入其专利权利要求保护范围承担举证责任，现原告提交的所有证据均无法证明这一观点，因此请求法院驳回原告诉讼请求。

对于201号案，我们指出，被告产品与原告专利不同，没有落入原告专利权利要求的保护范围。同时，被告使用的也是公知技术，故并不构成侵权。我们向法院提交了属于公知技术的几份文件，这些文件是我们经过几个月耐心收集而找到的。在法庭上，我将被告产品的技术特征与公知技术进行了一一对比，以证明被告产品所使用的技术是公知技术。

上海一中院的法官在本案审理过程中显示出了高超的专业水平，对庭审程序把握得很恰当，给予双方充分阐述意见的机会。经过一上午的开庭审理，在征得双方同意的情况下，法庭决定对201号案中所涉及的技术问题进行专家鉴定。

2008年4月9日，上海市科技咨询服务中心接受上海一中院委托，组织专家对201号案件的技术问题进行专家听证。三位专家分别来自上海交通大学和东华大学，都是纺织机械领域内的顶尖专家。听证开始，先由原告就专利技术进行解释，并就被告产品是否与专利技术相同进行阐述。之后由被告结合自己产品的技术特征发表意见。在双方进行充分阐述之后，专家就未明确的问题进行询问。从整个听证过程来看，专家站在中立的角度充分听取了双方的意见，并告知如有需要会进行实地勘察，以进一步了解双方的技术特征。听证过后，我们并未感到明显的优势和劣势，专家们的不露声色，更让我感到案件扑朔迷离。这也许就是知识产权案件最大的特点吧。

釜底抽薪

根据我的判断，本案涉案专利的创造性存在很大问题，原告专利技术所应用的大多是公知常识或本领域的惯常设计手段。因此，我们于 2008 年 1 月，就涉案三个专利分别向复审委提出无效宣告请求，并很快被受理。

2008 年 6 月 2 日至 4 日，三个专利的口头审理依次进行。我与助手王小兵律师及窦总作为凯宫公司的代理人参加了三个无效宣告案的口头审理。由于我和助手对纺织机械技术比较陌生，而窦总对专利法律不甚了解，所以我们三人在口头审理之前就专门针对口头审理进行了数次沟通和演练，相互学习，取长补短。在北京的四天时间里，我们对涉案的技术和法律问题进行了详细的讨论，甚至对代理词中某个地方的遣词造句也推敲良久。

对于“用于加工纤维网的纺织机”专利，我们认为：上述发明专利的权利要求 1—4 不符合《专利法》第 22 条第 3 款有关创造性的规定。我们向复审委提交了 6 份证据，其中包括美国、日本专利和公开出版的教科书以及工具手册。

经专利权利要求 1 与证据 1 的技术特征对比，可以看出，除了“各牵伸装置单元（S1、S2）支撑在喂棉台的一侧”［此特征与“至少牵伸装置单元（S1、S2）仅在纤维网的一侧设有支撑”相同，故可以归于一个技术特征］没有在证据 1 中明确指出之外，其余技术特征均已公开。

我们认为：牵伸装置不可能是悬空的，它必定会有支撑，其支撑的方式要么是支撑在喂棉台一侧，要么是支撑在喂棉台两侧。本专利说明书中也承认：公开的机器中牵伸装置单元支撑在喂棉台的两侧，为解决纺织机可及性的问题，本专利采用了一侧支撑的技术方案。因此，结合证据 1 所公开的技术特征可知，“牵伸装置单元支撑在喂棉台一侧”是本专利权利要求 1 与现有技术的唯一区别，所以，本专利实际要解决的技术问题是方便人工在喂棉台一侧进行操作，而解决此问题的技术方案便是采用牵伸装置单侧支撑的结构。然而采用机械装置单侧支撑的结构便于在另一侧进行人工操作是本领域技术人员的一种常规设计方法。实践中，为了便于在一侧进行人工操作而采用单侧支撑的机械产品比比皆是，例如缝纫机、钻床、铣床、冲床、电加工机床等，其运动部件都是支撑在工作台的一侧，另一侧方便人员进行操作。请求人提交的证据 6《机械原理》教科书第 58 页就公开了一种一侧支撑的齿轮传动机构。因此，采用单侧支撑的机械结构方便人员在另一侧进行操作是机械设计领域里一种惯用的手段，属于公知的常识。现有技术中给出了将上述区别特征应用到该最接近的现有技术以解决本专利存在的技术问题的启示，这种启示会使本领域的技术人员在面对所述技术问题时，有动机地改进该最接近的现有技术并获得本专利，因此本专利不具有突出的实质性特点和显著的进步，不符合《专利法》第 22 条第 3 款有关创造性的规定。

本专利权利要求2的内容为："根据权利要求1的纺织机（1），其特征在于，牵伸装置单元的外部边缘（K）在间隙（L）的区域内是经过倒角的。"我们提交的证据4《画法几何及机械制图》图书第284页提到了将机械零件加工成倒角的描述："零件经机械加工后，为了便于装配和避免尖角和毛刺等原因，一般都加工成45度倒角或非45度倒角。"可见，将机械零件加工成倒角的技术方案是一种公知常识。为了防止在操作机械的过程中对人体造成伤害，机械设备中有尖角的部分一般都要加工成倒角，这种设计对于本领域的普通技术人员而言是公知常识。所以，权利要求2不具有突出的实质性特点和显著的进步，亦不符合《专利法》第22条第3款关于创造性的规定。

本专利权利要求3的内容为："根据权利要求1或2的纺织机（1），其特征在于，在牵伸装置单元（S1-S3）上，在牵伸辊（W）与喂棉台（2）的引导面（4）之间设有一伸入间隙（L）范围内的导板（5）。"证据5（名称为"精梳机"的中国专利93102135.9，公开日为1993年11月17日）的附图1，公开了一种在两组罗拉之间设置导向板（19）的技术方案，该导向板的作用主要是转移从一组罗拉出来的纤维网，将从一组罗拉输出的纤维网转移到另一组罗拉中去，与本专利的作用是一致的。

结合证据5的附图1和本领域的公知常识，由于牵伸辊与喂棉台之间有一定的间隙，为了便于棉网输送，用导板将牵伸辊出来的棉网转移到喂棉台上，这对棉纺机械行业内的普通技术人员来讲是一种常规设计，属于本领域内的公知技术，无需花费任何创造性劳动。所以，权利要求3不符合《专利法》第22条第3款有关创造性的规定。

本权利要求4的内容为："根据权利要求3的纺织机（1），其特征在于，导板（5）上设有纤维网的侧面导板（6）。"本专利说明书第7页第6行提到"为了保持整齐的纤维网边缘或均匀的纤维网宽度，每一导板5上设有侧面导板6"。可见，在导板上设置侧面导板的作用在于保持纤维网边缘的整齐和纤维网宽度的均匀。

证据5（名称为"精梳机"的中国专利93102135.9，公开日为1993年11月17日）的附图1，公开了一种在两组罗拉之间设置导向板（19）的技术方案，为了纤维网边缘保持整齐和宽度均匀，导向板（19）设有侧缘面（19.2，19.3），该侧缘面相当于本专利权利要求4的侧面导板。结合证据5和本领域的公知常识，在棉网输送过程中为了防止棉网散开，在导板的两侧设置一折板，使棉网保持边缘整齐和均匀，这也是本领域普通技术人员所使用的常规设计，无需花费任何创造性的劳动，根本无创造性可言。故权利要求 4 不符合《专利法》第 22 条第 3 款有关创造性的规定。

经过我们的详细阐述，以及与对方代理人近 3 个小时的激烈辩论，基本上使合议组明确了双方的争议焦点和专利技术特征，口头审理顺利结束。

2008 年 6 月 3 日、4 日，专利复审委又分别对“棉条喂给装置”和“设在精梳机中的棉网引导装置”两专利进行了口头审理。我们同样沉着应对，据理力争，客户对我们的表现也非常满意。2008 年 7 月 8 日、7 月 18 日和 8 月 1 日，复审委分别作出三份决定，宣告“用于加工纤维网的纺织机”和“设在精梳机中的棉网引导装置”两个专利全部无效，“棉条喂给装置”部分无效。至此，本案的两个专利侵权案件胜诉的概率进一步增加。如对方在收到专利无效决定之日起三个月内未向北京市第一中级人民法院提起针对复审委的行政诉讼，那么上述三项决定也就正式生效了。

鸣金收兵

口头审理结束后的第二天，上海一中院的法官就带领原告代理人到凯宫公司进行了证据保全。原来，原告先前已经向法院提出了证据保全申请，但庆幸的是法院并未从凯宫公司保全到原告想要的证据。此后，法官和原告到凯宫公司无锡的客户处进行了勘察，亦未找到侵权的证据。无锡客户的工厂中的精梳机牵伸装置并非独臂式单侧支撑结构，而是龙门式双侧支撑结构。

鉴于专利复审委已经作出宣告专利权无效和部分无效的决定，原告的专利已经处于不稳定状态，专家已无法就被告产品与原告专利进行对比，因此，决定技术鉴定暂停，等待权利稳定后再继续进行。事实上，技术鉴定再未启动。里特公司连遭两挫，一是并未取得确凿侵权证据，二是专利大多无效，继续争斗下去，必将劳民伤财，丧尽颜面，将来难以在中国市场立足，不如就此收手，与凯宫公司和解，各占市场。里特公司权衡得失后决定不对复审委提起行政诉讼，并在上海一中院撤回诉讼。不久，从凯宫公司窦总那里获悉，里特公司的高管已经有意与凯宫公司和解，这当然是一件好事，不仅是我们应诉的目的，也是我们中国律师希望看到和取得的完满结局。

感　　由

关于凯宫公司这场与跨国公司的专利诉讼较量和结局，我有许多感想欲与读者交流。

一、专利无效宣告请求对专利侵权诉讼的支持作用

这一点在本案中表现得非常明显，可以说是我们制胜的关键。从接受委托、分析案情开始，我们就感觉到201号案件比较难打，败诉的可能性较大，很有可能会被认定为侵权。于是，我们一开始的策略就把201号案的重点放在无效请求上，试图通过专利无效，釜底抽薪，达到证明己方未侵权的目的。果然，201号案中的一个专利被宣告全部无效，另一个专利被宣告部分无效。而200号案中的专利也被宣告全部无效。这样的结果会给予侵权诉讼以巨大支持。在专利权无效的情况下，就不存在侵权的问题了。

因此，我一直主张在对侵权抗辩没有把握的情况下，尽量申请宣告专利无效，当然这仅仅是一种策略，而非包治百病的秘方。专利是否会被宣告无效还要看专利的授权条件是否符合专利法及其实施细则的相关规定，这仍然需要通过对个案进行缜密分析来确定。

二、公知常识不应被授予专利权

我想这个观点是人所共知，本案中的两个专利被宣告无效，依据的理由均是专利法第22条第3款，即专利权利要求所记载的技术方案不具有创造性。专利复审委在审查决定中说得很好："若权利要求与对比文件之间的区别技术特征为本领域技术人员解决相同技术问题时所采用的常规技术手段，则该权利要求相对于对比文件和公知常识的结合不具备创造性。"我们可以看到，原告专利中的技术方案大多属于公知常识或本领域技术人员的常规设计，这些显然不能作为专利技术由原告单独垄断。

三、应对跨国公司专利诉讼要有信心

中国民族企业一旦与外国企业发生纠纷，也要积极应对，不能畏首畏尾，消极应战。中国传统观念中害怕打官司，更害怕做被告。其实，现今社会矛盾无处不在，打官司已是司空见惯。作为被告来讲，首先就是要树立信心，官司并不可怕，只要应对有方，完全可以赢得主动，下面要做的就是从细微之处寻找突破口，争取在多方面、多角度给对方以反击。

本案原告是世界知名的纺织机械生产商，拥有众多专利技术，而被告只是一家起步不久的民营企业，双方实力差距可见一斑。但被告没有因此而退缩，相

反，积极应诉，通过各种途径主动应对，特别是企业的管理人员足够重视、有力协调，最终扭转了不利局面。

四、要充分发挥律师团的作用

与跨国公司进行知识产权诉讼，所涉及的法律问题十分复杂棘手，有时候还牵扯到专业的技术问题，这些并非一般人可以解决。因此，要主动寻求律师帮助，对于案情复杂的重大案件，还要聘请各类专业律师组成团队，充分发挥律师团的作用，为纠纷的解决提供有效的帮助。当然，对于某些涉及技术问题的专利案件还要吸收技术人员加入，为全面掌握涉案技术问题奠定基础。本案中，我和我的两位助手组成了一个法律团队，团队成员均有理工科专业背景，同时研习法律多年，对专利诉讼也有较丰富的经验。我们这个团队中还有技术出身的窦总参与，他从技术角度给予我们全方位的支持，这也是案件得以顺利进行的关键因素。除此之外，我还集思广益，就本案的专业问题专门请教了多名专家、学者，他们都为本案付出了辛勤的劳动。因此，一场诉讼的成功，是各种智慧的集合和结晶。

04 狮口骤合

——下海公司专利报酬纠纷案

案　由

钱某伟原是朗地公司的总工程师，在其任职期间，先后组织和参与了高压油泵的“锁簧装置”和“柱塞弹簧”两项发明的研发，而后这两项发明创造均以其所在单位的上级下海公司的名义向国家知识产权局申请了实用新型专利，并于9个月后获准。下海公司在申请专利时，发明人栏只署了钱某伟个人名字。

后来，下海公司与朗地公司签订了专利权转让合同，将上述两项专利无偿转让给朗地公司。不久，朗地公司与雷富公司签订了《A型、B型产品技术转让协议》将上述技术（包括两项系争专利）许可给雷富公司使用，技术入门费为250万元，技术提成费为相关产品净售价的4%。之后，朗地公司共收取了技术使用费1600万元。

其间，下海公司与朗地公司曾给予钱总奖励及荣誉。但钱总退休后仍感不足，双方正协商时，朗地公司和下海公司突然收到了钱总的起诉状，要求两公司向其支付专利许可使用费的报酬200万元。对此，两公司感到十分意外和震惊。

上海一中院受理本案后，先后三次开庭审理，并组织了两次专家鉴定，经多次调解不成，上海一中院遂判决朗地公司支付钱总专利报酬20余万元，原告对此判决不服，向上海高院提起上诉。后上海高院维持原判。

2005年6月的一天，下海公司和朗地公司的领导联系我，请我代理一起专利报酬纠纷。原来朗地公司的一位退休总工程师钱某伟在职期间，组织和参与研发了高压油泵的“锁簧装置”和“柱塞弹簧”两项发明创造，并由下海公司于2001年上半年同时向国家知识产权局申请了两项专利，2002年年初同日获准。当时，可能是管理上的疏忽，也可能是由于钱某伟当时是总工程师主管此事，在两项专利的发明人一栏上和申请文件中只写了钱某伟一人的姓名。当时没有引起重视，不料却酿成后患。

2005 年夏，朗地公司突然收到上海一中院的传票，才知钱总已向法院起诉，要求支付 200 万元专利报酬，此前，企业一直待钱某伟不薄：1998 年奖励其一套住房；1999 年奖励其 10 万元购房款；2003 年又奖励其突出贡献奖 10 万元；2003 年其年薪甚至高于公司总经理。不料因利益驱动，其毫无顾忌地把曾经工作过几十年的企业告上法庭，此举令两公司领导感到寒心。

听完案情，我对整个案件有了大致了解：该公司原总工程师离职后向公司索要巨额职务发明报酬。问题的焦点就在于公司该不该给，应给多少。接着，我又询问了两项专利以及技术协议的相关情况，并约定第二天到公司看看相关证据材料，以便进一步了解案情。

细心解铃

第二天，我与助手们驱车前往朗地公司。我们先阅看了起诉状及相关证据目录，了解原告的思路。原告在诉状中声称，“锁簧装置”和“柱塞弹簧”在产品中的技术贡献率至少达到 50%，甚至能达到 70%；同时认为科技成果转化法适用于专利科技成果，依据该法以及上海市的相关规定，被告应从专利使用费中提取不低于 30%的比例作为职务报酬支付给原告。看完相关的证据材料，我们归纳了四大争议问题：（1）适用法律；（2）两项系争专利的技术贡献率；（3）公司之前给予原告的钱款是否属于报酬；（4）专利无效后其职务报酬还该不该付。

关于第一个问题，相关法律对职务报酬都有具体规定，《中华人民共和国专利法实施细则》(以下简称《专利法实施细则》)① 第 76 条明确规定：“被授予专利权的国有企业事业单位许可其他单位或者个人实施其专利的，应当从许可实施该项专利收取的使用费纳税后提取不低于 10%作为报酬支付发明人或者设计人。”这项规定明确了发明人或设计人的报酬一般为纳税后的许可使用费的 10%以上。

关于第二个问题，钱总主张两项系争专利是关键技术，对产品技术来说，其贡献率是 50%—70%。而朗地公司利用效益法测算出来的专利技术贡献率为 3%—4%，二者相差甚远。

关于第三个问题，之前曾经给予的奖励能否算作报酬。对这个问题我的观点也是鲜明的，即奖励不能等同于专利报酬，给予了奖励并不能免除支付专利报酬

① 本篇中提及的《专利法实施细则》均为案发当时有效和适用的 2002 年 12 月版，该实施细则已于 2010 年 1 月进行了修改。

的义务，奖励与报酬二者有本质的不同，不能混为一谈。

关于第四个问题，我们认为专利被宣告无效后是自始无效的，即从申请日起就无效，并非从宣告日起无效。只是专利被无效后，其先期已被执行部分不再回转，而尚未执行的理应停止。

分析证据，归纳总结，厘清思路，才能确定应对方向。经过讨论，我们与当事人达成两点共识：（1）朗地公司应当向钱总支付专利报酬；（2）支付的专利报酬要根据相关法律规定和系争专利在许可使用的技术中的比重支付。也就是说，专利报酬的计算要分两步：首先算出被许可使用的专利占整个被许可使用技术中的比重，即专利技术贡献率，然后再按照法律规定的比例折算报酬。

从千头万绪的证据中，找出关键之所在是一个合格律师必备的素质。总结归纳出问题之关键将有助于针对性地寻找相关证据，做好应对准备。于是，我便让朗地公司积极准备相关技术资料。

A 型产品技术是 1983 年由下海公司从外国公司引进的技术；AN 型、B 型产品是在 A 型产品的基础上改进的，并于 1994 年由下海公司请 AV 公司进行技术咨询后形成的。AN 型产品改进零部件 177 项，其中包含涉案专利一项，B 型产品改进零部件 197 项，其中包含涉案专利两项。该两项专利是整个改进技术中对两个零部件的改进，其技术含量以及在 AN 型、B 型产品中的技术贡献率之低是可想而知的。

理顺上述产品的关系后，我们就准备了 A 型产品的引进合同、AV 公司的技术咨询合同以及 AN 型、B 型产品相关的技术资料作为证据提交法院，并将朗地公司计算贡献率所采用的效益法的相关材料也一并递交法院。

专家解题

诉讼尚在进行，不料案外第三人却以两系争专利缺乏新颖性、创造性为由，向国家知识产权局复审委提出无效宣告请求。复审委经口头审理后，于 2005 年 12 月 23 日决定宣告上述两专利全部无效。

专利被宣告无效后，我立即想到本案的第四个争议问题：专利权被宣告无效，即视为自始无效，自申请日起就无效，并非从宣告日起无效。原告主张专利报酬的权利基础已经不复存在，那么被告是否还需要再支付专利报酬。对此，最高人民法院有司法解释，即专利被宣告无效后，其先期已经支付或执行的部分不再回转，除非有显失公平等原因，而尚未支付或执行的部分就理应停止。

2006年1月26日，上海一中院如期进行证据交换，虽然此前法庭曾同意延期举证申请，但交换证据仍照常进行。在证据交换时，原告向法庭提供的第一组权利证据包括："AN型产品总成"的新产品新技术鉴定验收证书、上海市经委颁发给原告的"AN型产品总成"职务科技成果"主要贡献者"证书、上海市创新年度计划项目合同书、"锁簧装置"专利证书及"柱塞弹簧"专利证书等。上述证据用以证明原告是两项系争专利的发明人。同时原告还提供了第二、三组证据，用以证明被告自行实施和许可实施上述两专利的获利情况。对于原告提供的这些证据，我和助手及朗地公司、下海公司的相关人员进行了讨论，商讨对策，并立即开始着手收集相关证据。2006年3月30日，上海一中院对补充证据进行了质证，同年4月12日，本案正式开庭审理。

在庭审中，原、被告对以下两焦点问题展开了激烈的交锋：（1）被告是否应该向原告支付许可实施两系争专利的报酬及支付的比例应为多少；（2）系争专利在整个产品中的技术贡献率。对于第一个问题还比较好办，因为原、被告都已找出相关的法律条文，所以这只是一个法律适用的问题。对于第二个问题，原告坚称："涉案两技术是核心技术，在整个产品中的技术贡献率高达70%左右。"而被告则认为："系争专利为一般技术，按效益法计算，两技术在整个产品中的技术贡献率只有3%左右。"原、被告双方对技术贡献率的分歧高达几十倍，如此差距让合议庭颇感头痛。而且，原、被告双方发言又都振振有词，且都有相关证据支持，让合议庭难分是非，难以取舍。加之系争技术专业性很强，没有技术背景是难以理解和判断的。对于复杂的专业技术，法院一般是委托专业机构来进行技术鉴定。然而，以往技术鉴定只是定性，而本案不但要定性，还要定量，此项工作在鉴定史上尚属首创，因此是一项创新性、前沿性的工作。为此，合议庭委托上海市科技咨询服务中心（以下简称上海科服）鉴定。对此，原、被告双方均无异议。接着，上海科服就启动了此次高难度的、开创性的鉴定和评估工作。

对于这个技术鉴定，上海科服为慎重起见，聘请了五位柴油机方面的技术权威组成专家鉴定组，其中既有理论扎实的交大教授、博导，也有实践经验丰富的教授级高工。专家组经原、被告认可后，2006年7月28日，上海一中院组织了鉴定听证会，邀请专家组成员与原、被告见面，并进行了听证，由原、被告向专家组提供相关技术资料，并阐述各自的观点，最终由五位专家来评估系争专利的技术贡献率。

深入量化

2007年1月15日，我收到了上海一中院转来的《技术鉴定报告》，鉴定报告中认为："锁簧装置"专利技术源自引进的A型产品总成技术，与引进的A型产品总成技术对比，其结构、尺寸与A型产品总成技术相同，不同处为"锁簧装置"取消了滚轮套圈（衬套），而事实上当时"无滚轮套圈挺柱体机构"已属公知技术。至于"柱塞弹簧"专利技术中的"矩形截面弹簧"在《机械设计手册》第7篇"弹簧"一节中的"矩形截面圆柱螺旋压缩弹簧"也已有专门介绍。因此，"无滚轮套圈挺柱体机构"和"矩形截面弹簧"在本行业乃至机械行业已是成熟技术，对以A型产品总成为基础的改进型产品总成而言，上述技术属改进型技术，并未达到颠覆型技术成果程度。因此，鉴定报告最终认定"锁簧装置"专利在从A型改进的AN型产品总成的整体技术中的技术贡献率约为5%；"锁簧装置"和"柱塞弹簧"在含两项专利的B型产品总成的整体技术中的技术贡献率约为10%。

2007年3月12日，上海一中院组织开庭对鉴定报告进行质证。鉴定报告与原告诉称的50%—70%技术贡献率差距甚大，故原告在庭审中对这份鉴定报告提出了不少质疑，例如鉴定报告所得的比例是如何计算的，依据何在等。类似尖锐的问题，专家们均作了严谨、缜密的回答，原告对这些解答不予认可，要求合议庭对这份鉴定报告不予采纳。

我们虽然觉得上述两个比例偏高，但对于整个鉴定报告，我们还是基本认可的。对于专家组敢于创新、不畏艰辛，对这样复杂的技术问题给出一个可以参考的量化比例，我们深表钦佩和感谢。同时对鉴定报告中认定的技术贡献率偏高问题，我们还是提出了异议，认为专家们是过分考虑了原告在这个行业中的贡献和影响，给出了一个相对偏高的比例，带有感情成分。

与此同时，我们还发现这个鉴定报告只是给出了两系争专利技术在产品总成中的技术贡献率，而被告朗地公司与案外人雷富公司签订的《A、B型产品技术转让协议》是个"技术包"，其技术标的不仅包括含有两项系争专利技术的A型、B型产品技术，而且还包括A型、B型产品相关的技术情报。而案外人支付给被告朗地公司的技术入门费以及许可费是以上述包括产品技术和技术情报的技术标的为基础的，即报酬的计算不但要计算出两系争专利在A型、B型产品中的技术贡献率，而且还要计算出A型、B型产品技术占技术转让协议整个技术包中的比例。于是，我们向合议庭指出，鉴定报告计算出的专利报酬仍不准确，并口头提出补充鉴定的申请。后合议庭采纳了我们的意见，仍然委托上海科服进行补充技术鉴定。

一锤定音

不料，补充鉴定历时半年。2007 年 11 月 28 日，我们收到了法院转来的《补充技术鉴定报告》以及同年 12 月 4 日开庭的通知。补充鉴定报告认为：依据《A 型、B 型产品技术转让协议》中所涉转让内容分析，合同产品“A 型、B 型产品”是上述技术转让协议的核心内容。归纳创造合同产品“A 型、B 型产品”价值的诸要素主要为技术（设计、工艺）、制造、管理三方面。同时补充鉴定报告重点对转让协议中的技术情报进行了精确的分类和归纳，对技术情报中所列的 20 项内容进行了逐项归类，最终补充鉴定认为：A 型、B 型产品技术包括了技术设计、工艺和技术制造两个方面。因此，A 型、B 型产品总成技术在朗地公司与案外人雷富公司签订的《A 型、B 型产品技术转让协议》所涉全部转让内容中的技术比重应为 70%左右。管理体系占全部转让技术内容的技术比重为 30%左右。

对于这份补充鉴定报告，我们认可其分析方法。任何一个产品从设计、制造到销售，整个过程不仅有技术，还要有相应的管理体系，包括各部门之间的配合以及最终的销售终端和客服系统，各个环节缺一不可。故在利润中，管理也是产生利润的源头之一。对于某些成熟技术的领域，管理所产生的利润可能会占更大比重，对于一个传统的机械行业来说，我认为管理体系在其中的分量应超过 30%，达到 40%或 50%。

2007 年 12 月 4 日，上海一中院第三次开庭审理本案。合议庭首先对上海科服的补充鉴定报告进行质证。原告认为 A 型、B 型产品总成技术是高新技术，是核心技术，转让协议所带来的收益均应为产品总成技术所产生，根本不存在所谓的管理体系，更谈不上其带来的收益，因此不认可补充鉴定报告。我们则指出专家对产品产生利润的全过程进行了详细透彻的分析，因此这份鉴定报告分析得很准确，只有对理论和实践均有丰富经验的专家才能有如此精辟的鉴定结论，我们认可专家的鉴定报告。

随后，法庭进入到辩论阶段，我们提出了三点重要意见：第一，本案专利报酬是否应该支付。本案在诉讼期间，两系争专利被宣告无效后，朗地公司已经向案外人雷富公司退还了相应的专利许可使用费，且自 2006 年起就再未收取任何专利许可使用费。同时，依据《专利法》第 47 条之规定，宣告无效的专利权视为自始即不存在。既然专利权已不复存在，那么专利报酬也就无从谈起，故被告不应再支付任何专利报酬。

第二，支付专利报酬，理应合理合法。本案涉及的是两项专利技术，应当依据《专利法实施细则》之规定支付。而且不论从两项系争专利的实质技术内容看，还是从其在产品中所起的作用看，这两项专利技术的贡献率均远远达不到原告自认的比例，故要支付报酬也只能按鉴定报告所确定的比例来支付。

第三，涉案两项专利是一般技术，并非核心技术，对上海科服的两份鉴定报告被告表示认可。首先，相关技术贡献率如果可以通过简单的计算公式计算出来，就无需再请鉴定机构鉴定评估，正是由于这是个复杂的技术难题，法庭才会求助于专家。五位鉴定专家均是业内技术权威，我们认为如果否定了这五位专家的鉴定结论，那就很难再找出比他们更权威的技术专家了，也就很难再得出比该鉴定结论更科学、更合理、更准确的结论了。五位技术专家是在了解相关喷油泵技术的基础上，凭借其数十年从事内燃机行业的经验以及深厚的技术理论功底，作出了科学、公平、合理的判断，对相关技术贡献率作出了合理的估值，鉴定结论是建立在事实基础上的客观判断，是五位技术专家科学地自由裁量的结果，这个结果是科学的、创新的和准确的，应当受到尊重。

另外，涉案产品是机械产品，涉及的零部件成百上千，没有引进的技术，就没有后续的改进技术。所以引进技术在涉案产品中的技术贡献率应占一半左右，此观点在鉴定报告中可以印证。为此，请求法院依据两份鉴定报告中所确定的比例，合法合理计算相应的报酬。

最后，被告向合议庭表示，原告钱总是其以前的总工程师，为企业服务了几十年，双方关系还是很融洽的，案件已经历时两年，给双方都带来了诉累，为此被告还是希望能和解结案，希望合议庭能组织双方调解，被告愿意在鉴定报告计算专利报酬的基础上再上浮一定的比例，以期能与原告达成和解协议。合议庭多次与原、被告沟通，但终因原告要求过高而调解不成。

2007 年 12 月 25 日，上海一中院对本案进行了宣判，判决被告朗地公司支付原告专利报酬 27 万余元。后原告上诉，上海高院经庭审后维持了上海一中院的一审判决。

感　由

通过代理本案，我了解到当前国有企业在专利管理方面，尤其是在专利报酬的支付上确实存在着一些问题，对此，我想谈谈想法：

一、专利报酬机制中存在的问题

近年来，知识产权在国内已经越来越为公众所关注。众所周知，专利是知识产权的重要组成部分，是人类智力劳动的成果，属工业产权范畴。我国政府积极鼓励科技创新，现在很多企业，特别是国有企业对知识产权都很重视，鼓励企业科技人员创新，积极申请专利。

但随着国有企业专利申请量的不断增加，问题也接踵而至。根据《专利法实施细则》（2010 年修订后，对于发明人或设计人的报酬支付，已不区分企业类型），企业不论是自行实施还是许可实施专利技术，均需向发明人或设计人支付报酬。对此，许多国有企业认识不足。如有的国有企业很重视科技人员，在他们发明创造后，给予了重奖；有的国有企业没有报酬机制，对科技人员的发明创造不知道要支付报酬，更分不清报酬与奖励的区别。前者是国有企业把报酬与奖励混为一谈，不明白奖励是一次性的，报酬是经常性的；后者是国有企业在机制上就有问题。这样就埋下了存在纠纷的隐患。

专利报酬制度既然是法律明文规定的，那么国有企业就应该贯彻执行，如果没有健全的专利报酬制度保证，那么企业科技人员该有的拿不到，该得的不敢要，必然会影响其科技创新的积极性。更有甚者会诉诸法院，激化矛盾。我认为通过法院来解决这个问题，不是上策，国有企业应该通过自身完善专利报酬机制来予以解决，防患于未然。

二、如何完善专利报酬机制

国有企业的领导应当正视专利报酬问题，该问题解决的好坏将直接关系到企业科技创新能力的高低。如果解决得好，不仅可以鼓励企业科技人员创新，还可以为企业创造和谐的氛围；如果解决得不好，则会挫伤企业科技人员创新的热情，企业的发展也就难以为继，最终形成恶性循环。因此，国有企业应充分认识到此问题的重要性和紧迫性。为此，企业在今后的工作中应努力构建专利报酬的计算和发放机制，具体来说，主要有以下几点：

第一，建立长效的专利报酬制度。根据《专利法实施细则》，企业应当支付发明人或设计人专利报酬，那么企业就理应执行。我认为，在企业内部制定相关专利报酬规章制度是必要的，且规章制度应形成文字并予以公布，让每个人特别是科技人员都清楚国家和企业的报酬制度。条件允许的企业也可以经过职工代表大会等相关机构让企业职工发表意见，并表决通过，最终形成企业长效的规章制度，从源头上保障企业科技人员的合法利益。

第二，成立专门的管理机构，配备专职人员。众所周知，专利的管理是一项复杂的工作，有的企业申请了很多专利，但并没有管理好。企业拥有多少专利，专利有多少用于自行实施、有多少许可实施以及专利报酬的计算、统计汇总和发放等，这些复杂、烦琐的工作均需要有专门的机构和人员来进行管理。有些国有企业虽然设立了相关的专利管理机构，例如在企业法务中设专人管理或者在生产管理部门中设专人管理，但这些管理机构或流于形式，或身兼数职、疏于管理。因此，企业应当设置专门的专利管理部门，配备专职人员，这样才能使专利报酬的计算和发放落到实处，例如在企业内成立专利管理办公室或知识产权部等。这些专门的管理部门可以独立于企业的其他部门，直接由总经理或总工程师管辖，也可设置于办公室、法务部或劳动人事部，视情而异。技术部门和车间要配备专门的统计人员，定期做好统计报表汇总，使上下左右形成一个技术创新专利发明的统计网络。

另外，企业还应当建立专利档案，给每个专利都建立一个档案，定期调查专利的实施情况，做到实施一个专利，支付一项报酬。

第三，定期支付专利报酬，变被动发放为主动发放。企业有了专利报酬制度、专门的部门和人员，就应按制度施行，按照统计网络，定期统计专利实施的情况，定期核算、发放专利报酬。至于是三个月、半年还是一年支付一次，可由企业的专利报酬制度确定，也可由企业与科技人员协商确定。总之，支付专利报酬变被动为主动后，可避免发生专利报酬纠纷，更可避免矛盾扩大以致诉诸法院。

05 长缨缚狮
——中集公司漏水器专利侵权案

案　　由

上海中集冷藏箱有限公司（以下简称中集公司）是一家专门从事研究、开发、生产冷藏集装箱、冷藏车和保温车等冷藏保温装置及其他特种冷藏集装箱的制造型企业。

2003年年初，中集公司作为独占许可使用权人，从德国W公司（以下简称W公司）引进了一项专利号为ZL97122647.4的“用于货物集装箱的自动排水装置”专利技术，用以解决集装箱内仓的排水问题。同年4月，W公司发现上海雄狮冷冻货柜有限公司（以下简称雄狮公司）未经许可擅自使用该项专利技术，大量制造和销售冷藏箱产品。2003年8月12日，W公司随即以雄狮公司侵犯其专利权为由，向上海市第二中级人民法院起诉，要求雄狮公司停止侵权、赔礼道歉，并赔偿经济损失。同年9月1日，雄狮公司向国家知识产权局专利复审委提出专利无效请求，请求宣告W公司“用于货物集装箱的自动排水装置”专利无效。2004年7月28日，复审委作出第6301号审查决定书，宣告ZL97122647.4号发明专利的权利要求1—6无效；维持权利要求7—10有效。随后，雄狮公司向北京市第一中级人民法院提起行政诉讼，一审判决维持复审委的决定。雄狮公司又上诉至北京市高级人民法院，2005年12月20日北京高院二审判决撤销复审委第6301号决定，要求复审委补充理由后重新作出决定。之后，复审委于2006年4月13日又作出第8187号无效宣告决定，其结果与第6301号决定相同。雄狮公司不服该决定又向北京一中院起诉，北京一中院维持决定。雄狮公司仍然不服，上诉至北京高院。2007年10月25日，北京高院二审判决予以维持。

在此期间，海关于2004年11月扣押了雄狮公司出口的20个涉嫌侵权集装箱。为使证据不致灭失，中集公司便以专利独占许可使用人的身份迅速对雄狮公司再次提起专利侵权诉讼，同时要求法院扣押雄狮公司在海关的20个集装箱，以作为对方侵权的又一证据。

在两个专利案件诉讼期间，曾经有过三次同比鉴定，两次是上海二中院委托科技部知识产权事务中心（以下简称科知中心）进行，一次是我方委托上海市科技咨询服务中心（以下简称科服中心）进行。三次鉴定的结果均为被告产品的技术特征与专利权利要求书中的必要技术特征相同或等同。

我受中集公司委托代理本案，自 2003 年 8 月 W 公司在上海二中院起诉，到 2007 年年底双方调解结案，其案情曲折离奇，情节跌宕起伏，博弈惊心动魄，实乃前所未有。

风云突变

2003 年 4 月，专利权人 W 公司发现，在未经其许可的情况下，雄狮公司使用其“漏水器”专利技术大量制造和销售冷藏集装箱产品。随后，W 公司以雄狮公司侵犯其专利权为由向上海二中院提起诉讼，请求法院判令雄狮公司：（1）立即停止所有侵犯原告专利权的生产和销售行为、收回和销毁所有侵权产品；（2）赔偿原告因被告专利侵权行为遭受的经济损失 42000 美元；（3）就其专利侵权行为在国内外的专业媒体上向原告赔礼道歉；（4）承担本案诉讼费用及原告因调查、制止被告侵权行为所支付的合理费用，包括本案的律师费和公证费。与此同时，W 公司还请求上海二中院对雄狮公司的被控侵权产品和相关财务资料采取证据保全。

为在诉讼中占据主动，雄狮公司采取了专利侵权诉讼中被告方惯用的方法，即向专利复审委提出无效宣告请求，请求宣告 ZL97122647.4 号专利全部无效。随后，雄狮公司的员工也针对该专利技术向复审委提出无效宣告请求。此举在专利侵权诉讼中称为“釜底抽薪”，一来可给被告应对诉讼争取宝贵的时间，二来一旦专利被复审委宣告无效，则原告诉请也就失去了赖以存在的基础。

证据保全成功后，W 公司立即请求上海二中院进行鉴定。受上海二中院委托，科知中心于 2004 年 4 月出具了第一份技术鉴定报告，鉴定事项为被告雄狮公司生产的冷藏集装箱产品采用排水装置的技术特征与原告专利权利要求所确定的必要技术特征是否相同，以及被告生产的冷藏集装箱产品所采用的排水装置是否具有与原告发明专利权利要求所记载的必要技术特征相等同的特征。不论对比技术特征结果是等同还是相同，雄狮公司都肯定构成专利侵权。该第一份鉴定结论认定雄狮公司的冷藏集装箱排水装置覆盖了 W 公司涉案 ZL97122647.4 号专利独立权利要求的全部必要技术特征。

第一份鉴定报告令 W 公司信心倍增。为了进一步扩大战果，W 公司于 2004 年 5 月 19 日变更诉讼请求，将原诉讼请求第 2 项变更为“请求判令被告赔偿原告其在 2000—2003 年间因实施侵权行为所获利益 2096100 美元”，将原诉讼请求第 4 项变更为“请求判令被告承担本案诉讼费用及赔偿原告因调查、制止被告侵权行为所支付的合理费用计 190037.05 美元”，这样被告雄狮公司被诉请赔偿原告的费用就合计为 2286137.05 美元。从原先请求赔偿四万多美元，一下飙升至请求赔偿两百多万美元，这个变化让被告始料未及，这意味着其将面临巨额赔偿的风险。

可是案件的进展却不尽如人意。2004 年 7 月 28 日，复审委作出第 6301 号决定，宣告“漏水器”专利部分无效，即复审委认为该专利权利要求 1—6 与现有技术相比不具有突出的实质性特点和显著的进步，缺乏创造性，宣告权利要求 1—6 无效，但仍维持权利要求 7—10 有效。

第 6301 号决定中，复审委认定涉案专利部分无效主要是围绕证据 1—5 以及证据 1-1 来展开。证据 1-5 中公开了一种用于货运集装箱的自动排水装置，涉案专利与证据 1-5 公开的技术方案相比所要解决的技术问题是如何防止集装箱外部的水通过排水装置倒灌进入集装箱内。证据 1-1 公开了一种带有止回阀的排水管道，该排水管道可避免水从排水管中再流回如地窖等的被排水区域，与涉案专利属于相同的技术领域。证据 1-1 已公开了涉案专利与证据 1-5 的区别技术特征，且此区别特征在证据 1-1 中所起的防止反灌的作用与其在涉案专利中为防止海水进入集装箱内仓所起的作用相同。

因此复审委在第 6301 号决定中认为，在现有技术中给出了将此区别技术特征应用到证据 1-5 以解决其存在的技术问题的启示，权利要求 1 请求保护的技术方案对于本领域技术人员而言显而易见，且未产生预料不到的技术效果，故涉案专利权利要求 1 请求保护的技术方案相对于证据 1-5 和 1-1 的结合不具有突出的实质性特点和显著的进步，不符合专利法第 22 条第 3 款规定的创造性。权利要求 2—6 也因权利要求 1 的缘故缺乏创造性。

雄狮公司认为，在独立权利要求保护范围不清楚以及没有得到说明书支持的前提下，从属权利要求 7—10 同样保护范围不清楚且没有得到说明书的支持。但复审委并未支持雄狮公司的这一请求，并认为涉案专利权利要求 7—10 请求保护的技术方案相对于现有技术有突出的实质性特点和显著的进步，符合专利法第 22 条第 3 款规定的创造性。

对于W公司而言，第6301号决定虽然否定了涉案专利部分权利要求，但是对漏水器与集装箱底部连接方式仍给予保护。由于先前的鉴定报告认定雄狮公司生产的冷藏集装箱中的漏水器全部技术特征对W公司造成了侵权，所以即便部分专利无效也不影响雄狮公司侵权事实的认定。

在复审委作出决定后不久，中集公司便以第三人身份加入到诉讼中来。当时我就预料到被告可能会依据复审委的决定请求法院中止审理。果然，不久便收到了上海二中院的传真，被告律师要求中止诉讼或重新鉴定。为了加快案件的审理进度，我方采取的策略是尽量不让法院中止审理，以防止被告拖延时间，为此我们说服法院进行补充鉴定而非重新鉴定，要求法院仍旧通过科知中心的原专家团队对增加的附加技术特征进行补充鉴定。

与此同时，W公司发现被告生产的20个侵权集装箱要出口到国外，便立即申请海关对其进行扣押，海关随即对该被控侵权产品进行扣押。为了能够保全这些有力的证据，我方便决定再以中集公司的名义另行起诉，并对该批集装箱进行财产保全和证据保全。2004年11月2日，中集公司正式以原告的身份加入到这场新的诉讼中来。雄狮公司也毫不示弱，隔天即针对第6301号决定向北京一中院提起行政诉讼。

随着中集公司的起诉，局面似乎向我方这边倾斜。然而后续却事与愿违，又出现了一系列意料之外的事情。

母鸡变鸭

中集公司申请法院对侵权产品采取财产保全措施后不久，法院便作出了对涉嫌侵权的20台冷藏集装箱采取财产保全措施的民事裁定。雄狮公司为了解除财产保全，愿意提供430万元人民币作为反担保。为了不让法院放行该批集装箱，我方向法院申请调查令，并提交证据保全的申请函。中集公司对雄狮公司提交的解除财产保全申请书的答复意见是，在对方提供430万元反担保，并且对任何一个涉嫌侵权产品进行取证后，才同意对该涉嫌侵权产品解除财产保全。法院随后对涉嫌侵权的20台集装箱解除财产保全，由于雄狮公司认可此次解除保全的集装箱与W公司先前保全的侵权产品完全相同，并书面确认，所以我方也就不再坚持对海关扣押的集装箱作证据保全，可是万万没想到在这个环节上却出现了意外。

为了加快审理的进度，我方请求法院尽快对保全的集装箱进行补充鉴定。

2005 年 1 月 10 日，雄狮公司向法院提交了一份关键证据——《自动漏水器底部连接装置的使用情况说明》（以下简称《使用情况说明》）。2005 年 3 月 3 日，科知中心鉴定专家会同法官及三方相关工作人员、代理律师均到证据保全现场再次进行现场勘验。此次鉴定的性质为补充鉴定，即上次已经鉴定过的权利要求 1 包括的技术特征不再重新鉴定，而且本次鉴定的标的物为上次已经鉴定过的，且已被作为证据保全在雄狮公司工厂内的集装箱上所安装的漏水器。鉴定的主要依据是权利要求 7，鉴于权利要求 7 为权利要求 1 的从属权利要求，其与权利要求 1 相比，只是增加了若干附加技术特征，因此只鉴定漏水器外壳上端与集装箱底板上板的连接，以及其外壳下端通过杯状凹座与下板的连接结构是否与涉案专利的技术特征相同或等同。

因此次鉴定的集装箱与上次鉴定的为同一型号、规格和结构的集装箱，且上次鉴定认定了其底部连接构成侵权，因此我方认为此次鉴定不会有太大问题。现场勘验的当天，当吊车把保全的集装箱悬吊至大约两米高的架子上时，其底部的情况便一览无余。专家打开漏水器后却意外地发现漏水器底部连接装置被改动过了，其杯状底座不翼而飞，漏水器悬挂在集装箱四角圆柱形的空间中，其间只填放了一些不具杯状底座固定作用的泡沫塑料，其技术特征显然与权利要求书中记载的技术特征不同。此状况令人意外，照此鉴定，其结果可想而知。我们与专家在仔细观察后，发现漏水器底部的油漆明显与箱底的油漆不符，这显然是人为的改动。于是我们向法官提出异议，要求封存证据，并中止本次技术鉴定，以调查事实真相，保留提出刑事司法鉴定的权利。法官同意我方的异议，暂时中止了本次现场勘验，并重新对证据进行了查封。

2005 年 3 月 28 日，法官通知三方相关工作人员及代理律师到上海二中院进行调解。关于被控侵权产品的漏水器下端的杯状凹座部分，我方要求雄狮公司对其于 2005 年 1 月提交给法院的《使用情况说明》之图 1 所显示的该部分结构与现场拆开后的实物明显不同之情形出具书面解释。

对此，雄狮公司提出了以下理由：（1）在被控侵权产品于 2003 年 9 月 4 日被采取财产保全措施之后，并未对被控侵权产品作出任何改动。（2）被控侵权产品的漏水器下端的杯状凹座与《使用情况说明》之图 1 所显示的该部分结构的确不同。具体原因包括：第一，在 2003 年 3 月接到 W 公司的通知后，雄狮公司仍有部分已经从宝航、海航购入的漏水器存货尚未用完，当时在向相关律师进行咨询后被告得知了错误的指示，即只要对漏水器的任何部分进行改动就不再会构成侵权，因此便改动了漏水器的上部结构，但未改动其下部结构，并在此情况下继续使用上述漏水器直到存货被用完为止；第二，雄狮公司所提交的《使用情况说明》中的相关表述存在一定的笔误，希望进行修正。

针对被告的上述理由，我们进行了以下反驳：（1）在2005年3月3日的现场补充技术鉴定中，我们发现被控侵权产品明显存在被擅自改动过的痕迹，因此坚持要求法院对此进行鉴定；（2）即使被告在改动漏水器的上部结构，但未改动其下部结构的情况下继续使用上述漏水器直到存货被用完为止，被告对原告的专利仍然构成侵权；(3)《使用情况说明》是被告的代理人以被告的名义向法院提交的正式文件，该文件反映了被告的观点和主张，被告不能以所谓“笔误”为由企图推翻、变更其在《使用情况说明》中已经明确提出的观点和主张。

后来，法院并未启动刑事司法鉴定程序，主要是因多家鉴定机构均表示无法鉴定出油漆的改动时间。于是，鉴定便被搁置了。

本来胜利在望的局面，却因关键证据的改动而陷入不利境况，真是“老母鸡变鸭”，对此我百思不解，但又无可奈何，唯有等待海关先扣后放的20个集装箱回归，但此又谈何容易，这20个集装箱流转在世界各地，要寻找犹如大海捞针。

双重保险

但天无绝人之路！正当我们一筹莫展之时，忽然得知了一个令人兴奋的消息，流转在世界各地的20个集装箱中真的有一个回到了上海，正停放在上海某个堆场。对此，真是又喜又忧，喜的是关键证据从天而降，失而复得；忧的是如何证据保全，将其锁定。我首先想到的是委托科服中心进行同比鉴定，再通过公证处来公证鉴定的全过程，因为两家单位均在上海，启动速度较快，但不料公证处临阵推却。为了保险起见，我同时又请求法院进行司法保全。

由于中集公司的控股公司是中集集团，而中集集团又是世界上生产集装箱的龙头企业，通过它内部的监控系统可跟踪各种集装箱的流转和去向。这次能监控到20个集装箱中的一员回归“娘家”，就是监控系统的功劳，可见高科技的作用是人力无法比拟的。

2005年9月15日，科服中心派了专家对侵权集装箱漏水器进行了现场拆卸和测绘，并进行了同比鉴定，很快就出具了鉴定报告书，认为：涉嫌侵权产品安装的自动排水装置处于正常工作状态，未发现有新改装的症状和痕迹；涉嫌侵权产品安装的自动排水装置及其漏水器与集装箱底部连接结构的相应技术特征与ZL97122647.4权利要求7—10所确定的技术特征基本相同。

与此同时，我仍然向上海二中院提出了证据保全申请，请求法院委托鉴定机构对集装箱进行同比鉴定。上海二中院法官对此非常重视，立即与北京科知中心联系，希望他们能够来沪对该集装箱进行现场勘验和鉴定，科知中心的专家也积极响应。9 月 30 日，上海二中院法官会同科知中心专家到现场进行证据调查，通过拍照的方式对专利权利要求 7 所涉及的技术特征进行证据保全。2005 年 12 月 6 日，科知中心出具了《技术鉴定报告书》，鉴定结论为：ZL97122647.4 专利 10 项权利要求分别记载的技术特征与被控侵权产品相应的技术特征构成相同或者等同。

有了关键性的证据，又有了两份权威的鉴定报告，诉讼局面再一次有利于我方，可谓胜利在望。北京一中院已经判决维持专利复审委第 6301 号决定，不久北京高院也将判决，真是万事俱备，只欠东风。

熟鸭飞天

2005 年 12 月 20 日，我却接到中集公司通知，北京高院撤销了北京一中院维持专利复审委第 6301 号无效宣告决定的判决，不禁仰天长叹："呜呼！煮熟的鸭子飞了。"看来胜利女神再次与中集公司擦肩而过，本以为能够尽快了结的官司，又不知拖到猴年马月。不久，我看到了北京高院的判决书，其认为认定专利权利要求 7—10 具有创造性的理由不充分，证据不足，应予以纠正，故判决：(1) 撤销北京一中院行政判决；(2) 撤销专利复审委作出的第 6301 号无效宣告请求审查决定；(3) 复审委于判决生效之日起三个月内对 ZL97122647.4 号发明专利重新作出无效宣告请求审查决定。

令人庆幸的是，2006 年 4 月 13 日，复审委作出第 8187 号无效宣告决定，继续认定涉案专利权利要求 1—6 部分无效，7—10 部分有效，认定雄狮公司提出的所有证据组合均未公开权利要求 7 的技术方案，而该技术方案又能带来特定的技术效果，故权利要求 7 请求保护的技术方案对本领域普通技术人员而言并非显而易见，具有《专利法》第 22 条第 3 款规定的创造性。在权利要求 7 具有创造性的基础上，直接或间接引用该权利要求的从属权利要求 8—10 也同样具有创造性。

雄狮公司对此不服，又向北京一中院提起行政诉讼。2006 年 12 月 17 日，北京一中院判决维持复审委第 8187 号决定。2007 年 10 月 25 日，北京高院判决维持北京一中院的判决。

关于涉案专利权是否有效的纷争就此结束，专利权业已稳定，上海二中院的专利侵权诉讼又将重新启动、继续进行。此时，W公司、中集公司分别诉雄狮公司的案件早已于2006年合并审理。我又将披挂上阵，冲锋陷阵，虽不知何时终结，但我深知为时不远，且对结果充满信心！此时，我心中有一种“百万雄师过大江”的感觉，虽然稳操胜券，但是我仍然不忘和谐，力促调解结案，这样既能分清是非和解决问题，又能速战速决，使对方停止侵权。调解与判决有异曲同工之妙，我们又何乐而不为！否则若案件又节外生枝，可能再拖个一年半载，让人筋疲力尽。

好事多磨

2007年12月27日下午，我接到上海二中院法官电话，称对方传来和解协议，与我方方案差异不大，我心里便明白了和解协议的大概内容，估计对方会承认侵权，赔礼道歉，赔偿损失，但是损失赔偿额不会很高。

第二天我拿到了对方传来的协议，基本上包括了民事侵权的三大责任，即停止侵权、赔礼道歉、赔偿损失，其主要内容有：（1）中集公司撤回其在上海二中院对雄狮公司的起诉；（2）雄狮公司承诺不再对系争专利提出无效请求；（3）雄狮公司向中集公司一次性支付其在不知情情况下使用系争专利产品的补偿金30万元人民币；（4）今后雄狮公司若使用系争专利产品，需取得中集公司授权，并按照约定交付许可使用费；（5）雄狮公司对在和解协议签字之前，由于在不知情的情况下，未经专利权人许可，购买系争专利产品并使用于自己制造的集装箱上一事，向中集公司表示歉意。

然而对方的和解协议与我们的要求还是存在一定差距：第一，我们主张在法庭主持下的调解，而该协议却提出双方和解后由我方撤诉；第二，没有明确承诺停止侵权；第三，对方调解诚意不够，过分强调其使用的是不知情的外购件；第四，赔偿损失数额太少，只有30万元；第五，赔礼道歉也不够严肃认真，一般来说赔礼道歉应该写在赔偿损失的前面，且明确赔礼道歉，但对方却写在协议的最后，且轻描淡写地只说“致歉”。

我们书面向法庭提出了上述意见，并建议在法庭的主持下再予调解。法官对我方意见基本认可，便于2008年1月17日9时，在法庭的主持下正式进行了调解。双方在侵权和赔礼道歉方面已经达成共识，但是在补偿金额上却存在较大争议，且无法达成一致，本次调解又不幸流产。但法官对调解成功仍然抱有希望，因此要求双方在下周一向法庭各自提出调解方案，以便再次调解。

五下高座

2008 年 2 月 3 日，我们再到法院为调解做最后一次努力。我重申了我方的原则，即雄狮公司必须承认侵权，并进行赔偿，否则就拒绝调解。法官对对方进行征询后，宣布双方的调解方案相差不远，由主审法官起草调解协议，并由双方逐条质疑，结果又兴起了五次波折，每次波折律师均据理力争，法官则起身下座耐心劝解。

遇到的第一个难题就是补偿的金额。我方索赔百万元，对方只肯六折，后经法官协调，补偿金额锁定为 80 万元。第二个难题是诉讼费和鉴定费的分担。我方提出全由对方承担，对方只肯各半承担。法官认为费用的承担应与各自的过错相当，故提出由我方承担三分之一，对方承担三分之二。对此，双方并无异议。第三是对调解内容的保密问题。对此，我方认为无需保密，而对方则坚持认为应予保密。法官基本同意我方观点，最后双方达成一致，即互相不损害对方权益。第四是专利技术的使用问题。我方认为系争专利是漏水器的连接方式，故本案侵权是使用侵权，并非购买侵权。但对方开始时认为此乃购买侵权，后经法官解释，对方并未坚持。最后是关于事实的叙述。我方强调在调解书中应写明主要事实，包括鉴定的过程和结论，而对方则强调在调解书中写明其侵权“不知情”。后经法官承诺，将上述内容尽量写入原告的诉请和被告的答辩中。

经过艰难的调解，原、被告双方终于达成调解协议：（1）被告雄狮公司对使用未经原告方中集公司许可的涉案专利向原告方表示歉意；（2）被告方补偿原告人民币 80 万元，案件受理费、财产保全申请费以及鉴定费，原告方愿意承担三分之一，被告方愿意承担三分之二；（3）被告承诺撤回并不再就涉案专利向国家专利复审委提出无效宣告申请；（4）双方承诺本协议生效后，彼此不再采取有关上述专利的任何损害对方权益的行动。最终，我方实际获得了近百万元的补偿。回想起来，这次调解实属不易，从上午九点至下午两点足足进行了五个小时。法官和双方当事人均空腹苦战，但功夫不负有心人，调解最终获得成功。

感　由

本案令我感触的地方有很多，如案件的复杂和疑难程度，办案的艰苦卓绝，证据的变幻莫测，对方的精明能干，专家的不露声色，法官的沉着稳健以及当事人的坚持不懈等，但使我印象最深的还是专家的作用。专家在诉讼中往往会起决定案件走向的作用，尤其是不同专业的技术专家，他们的观点一般是体现在鉴定报告或者咨询意见中。法官对鉴定报告或咨询意见进行审查后通常会予以采纳，作为判断和判决的依据。本案中有的专家的作用还不仅限于此，如上海科服中心的专家，他们还担当着公证员的角色。当 20 个侵权集装箱中的一个回到境内时，需要立即对其进行证据保全，若不及时，该集装箱说不定很快又会流向世界各地，一次天赐良机将会化为乌有，届时证据灭失将会影响诉讼的结局，因此形势万分紧迫。为此，我同时找了鉴定机构和公证处，鉴定专家主要是检测该集装箱漏水系统的技术特征，以及与系争专利的必要技术特征进行比对，确定两者是否相同或等同。而公证员主要是公证专家鉴定的全过程，两者结合可起到法院证据保全的同等效果。这在法院无法或来不及证据保全时不失为一个较好的方法。但可惜公证员未能到场。此时专家也迎难而上，他们不但进行了检测，而且还说明了在检测前检测部件是处于原始状态，以证明该被检测部件事先未被他人所替换。对此，对方有异议，好在该异议被法院的证据保全所否决，从而锁定了侵权证据，奠定了胜诉的基础。其实即使法院没有证据保全，专家的意见同样可以起到公证的证明效力。因为公证书在法院也只是一份证据，法院认可公证书就是基于公证处的公信力。而专家在检测时所描述的事实和得出的鉴定结论也是作为证据被法院所采信，同样是基于鉴定机构的公信力。从证据的形成、作用和效力来说，两者区别不大。事实上，本案法院还是采纳了专家意见。因此，本案的鉴定机构与法院都大胆地作了尝试和创新。他们没有墨守成规，而是勇于创新、善于创新，其精神着实可嘉！

06 云芝之争
——百草堂发明专利申请权纠纷案

案　由

香港百草堂（以下简称百草堂）是一家著名的医药保健机构，主要经营进出口中成药、化妆品及各类保健用品等。F 高校是上海某重点大学，其生命科学学院刘教授在真菌生物学领域研究成果卓著，成功地从菌丝体中提取了 PS-D，引起国际关注。F 高校也于 1989 年申请了发明专利（以下简称 89 专利），刘教授即该专利的发明人。

百草堂从中看到了商机，便于 1989 年 11 月与 F 高校就刘教授研究的真菌药物达成了合作开发的意向，百草堂成为 F 高校 PS-D 产品的海外代理商。同时，双方还书面约定百草堂为 F 高校的 PS-D 产品相关研究提供经费、创造条件，共同研制，成果共享。通过双方的共同努力，F 高校于 1993 年获得了两个新药证书。但是其 PS-D 产品中却有八项重金属含量超标，影响了海外销售，百草堂便向 F 高校提出剔除超标重金属的要求。F 高校仍由刘教授主持该项研究，至 1997 年，虽解决了七项重金属的含量超标问题，但铬离子的剔除仍未成功，2003 年经检测，铬离子含量仍然超标。

2005 年 2 月，刘教授成立了灵芝公司并担任法定代表人，次年 10 月，F 高校正式给刘教授办理了退休手续。2007 年，灵芝公司全面解决了 PS-D 产品中重金属含量超标问题。同年 7 月，灵芝公司与百草堂共同申请了发明专利（以下简称 07 专利），发明人为刘教授。

F 高校认为，07 专利系刘教授的职务发明，专利权及专利申请权均应属于 F 高校。在与百草堂和刘教授多次交涉未果后，F 高校一纸诉状将灵芝公司与百草堂告上了法庭，要求法院确认 07 专利的申请权属于 F 高校。

“兄弟”专利

2009年3月，百草堂的总经理郭先生找到了我，希望我能代理诉讼。通过郭先生的讲解，我对案情经过有了更为详细的了解。

云芝是一种真菌类植物，生长在海拔三千米以上的云杉树上，因其覆瓦状的菌盖层层叠加，构成有趣的波浪环状图案，宛如云彩，故而得名。20世纪70年代，日本的科研人员曾从云芝菌丝体中提取PS-K作为抗癌药在日本市场公开销售。F高校刘教授自20世纪80年代初便开始对云芝进行研究。他领导的研究小组分离和收集了近100种云芝菌株，并成功地从深层培植菌丝体中提取了PS-D。实验证明，该物质不仅对各类癌症病人治疗有很好的辅助医疗作用，还能够增强人体免疫力，起到良好的保健作用。为此，F高校于1989年申请了“89专利”。

百草堂了解到刘教授的研究成果后，就与F高校洽谈并建立了合作关系，成为F高校PS-D产品的海外经销商。1990年10月9日，双方签订《会议纪要》，约定F高校在刘教授主持下开发云芝等真菌药物系列产品，百草堂为该项目提供经费、创造条件，双方共同研制，成果共享。1991年5月18日，百草堂又与F高校签订《协议》，约定PS-D临床研究经费双方共担，成果共享。

百草堂在海外销售的过程中，发现F高校PS-D产品中的重金属含量超过了许多国家和地区的食品卫生标准，便通过刘教授向F高校提出剔除超标重金属的要求。F高校仍委派刘教授主持该项课题的研究。到1997年时，刘教授的研究小组已成功解决了七项重金属的超标问题，但仍有铬离子的剔除未能取得进展。此后，F高校PS-D研发的重点便转向去除铬离子。

2002年11月，刘教授突发大面积心肌梗死，不得不停止一切工作，PS-D除铬研究也随之中断，F高校再未向刘教授下达PS-D去除铬离子的科研任务。2005年刘教授成立灵芝公司，百草堂又与灵芝公司就PS-D剔除重金属研究签订《技术合作协议》，约定百草堂投资，灵芝公司研发，专利成果双方共有。次年10月，F高校正式为刘教授办理退休手续。2007年7月，灵芝公司在PS-D剔除重金属研究方面取得突破，全面解决了PS-D产品八项重金属超标问题，为PS-D产品的海外销售扫除了障碍，并与百草堂共同申请了07专利。F高校得知后遂起诉灵芝公司与百草堂，称该发明专利是刘教授的职务发明，要求法院确认F高校才是专利的申请权人。

听到这里，我不禁产生了疑问：“F 高校在我国大陆地区销售 PS-D 产品时无需剔除重金属，为什么百草堂在我国大陆地区以外销售时却要剔除重金属？”郭先生耐心地解释说，F 高校经营的 PS-D 产品是国家Ⅱ级新药。众所周知，药品有摄入剂量的限制，因此国家标准对其重金属含量没有限量要求，故而 F 高校没有必要对其产品剔除重金属。但是，百草堂为在公众中推行保健理念，将 PS-D 原料改包装出口后，作为保健食品在我国香港地区及其他海外市场销售。保健品并无食用剂量的限制，若服用过多，其中过量的重金属就会危害人体健康，所以百草堂销售的 PS-D 产品中八项重金属含量都必须符合销售各国或地区的标准。而 07 专利与 89 专利相比较，一个重要区别就是 07 专利解决了 PS-D 中剔除重金属的难题。

我又问：“刘教授之前在 F 高校已经完成的去除七项重金属的方法与 07 专利剔除铬重金属的方法有区别吗？”郭先生回答说：“完全不同。前者采用化学方法，后者采用生物方法，二者的技术方案有本质区别。”

至此，我对本案的事实已有了大致的把握。对于 F 高校与灵芝公司来说，焦点在于 07 专利是否为刘教授的职务发明，但对百草堂而言，是否是职务发明并不重要，重要的是 07 专利是不是合作研发。根据郭先生所讲的情况，我初步分析，07 专利极有可能被法官认定为职务发明，那么 F 高校无疑将是该发明的专利申请权人之一。因此，百草堂与 F 高校在该课题上的合作研发关系是否成立才是百草堂的关键利益之所在。

郭先生向我表示，希望聘请我和另外一家律师事务所的杨律师一同作为百草堂的代理人参加诉讼。灵芝公司则聘请了崔律师和臧律师作为其代理人。郭先生希望我们四人能够组成一个律师团，并以我为主来共同完成诉讼，我欣然应允。

裂痕初现

在郭先生的安排下，我带着助手与另三位律师会面商讨对策。崔律师、臧律师作为灵芝公司的代理人，自然要在职务发明的问题上下功夫，只有推翻职务发明这座大山，灵芝公司才能享有 07 专利的申请权。杨律师则支持灵芝公司的观点，认为 07 专利不是职务发明，百草堂在剔除重金属课题上的合作对象是灵芝公司而非 F 高校，百草堂应与灵芝公司共享专利申请权。因此她竭力主张举证时要将重点放在百草堂与灵芝公司的合作上。看到这个局面，我不免有些担忧。因为我的观点与其他几位律师存在明显分歧。

从F高校提供的证据来看，我认为对刘教授最不利的是他在2001年填写的《F高校考核登记表》。刘教授在“主要工作内容”一栏中写道：“主持PS-D产品外销的品质检验及市场开拓，解决了PS-D中七项重金属的超标。”在自我考核栏中写明：“迄今，我们虽然已剔除了PS-D中的七个超量重金属，扩大了海外销量，但Cr含量仍高于英联邦国家限定的标准……明年我将动员全所力量，改革工艺，争取尽早攻克该项科研任务。”我认为这份证据使灵芝公司在职务发明问题上处于下风。倘若我们全盘否认百草堂与F高校在剔除重金属研究上的合作事实，一旦07专利被法庭认定为是职务发明，百草堂将无路可退，这个策略的法律风险颇大。

我的观点非常明确，百草堂与灵芝公司存在合作是事实，但与F高校合作剔除重金属也是事实，无论07专利是否为职务发明，百草堂都是合作者，都应当是专利申请权的共有人之一。因此我主张无论是灵芝公司还是百草堂，都不要过多纠缠于职务发明，而应该把重点放在专利权共有问题上，尽力争取三方共有的结果。

当然，百草堂顾及与刘教授因多年合作而建立的情谊，在诉讼中选择支持灵芝公司的观点，对此，我也表示充分理解。但我仍然把心中的担忧向郭先生交了底，并向郭先生建议，F高校、百草堂与灵芝公司都为07专利的最终完成作出了贡献，本案最好的结果是争取三方共享专利申请权，因此应以此为目标与F高校谈判，争取调解结案。郭先生对我的主张非常赞成，也认为如果三方共有权利将是最佳的结果。

不久便传来了坏消息。在三方谈判中，F高校在解决专利权归属问题的同时，还希望捆绑解决与本案毫不相关的PS-D产品市场的分割问题。而且他们提出的市场分割方案过于苛刻，百草堂与灵芝公司均表示不能接受，谈判最终破裂。双方初次调解不成，无奈重回诉讼战场。

果然在诉讼中，我与杨律师之间的分歧很快便显现出来。法庭组织第一次交换证据时，杨律师的质证意见主要是支持灵芝公司代理人的观点，即重点强调07专利不是职务发明，是百草堂与灵芝公司合作研发的成果。而我的质证意见则强调，07专利是不是职务发明与百草堂无关，不论是不是职务发明，百草堂均是合作研发的投资方和技术成果的共有人。法官立即指出：“你们同一当事人的代理人之间说话不能自相矛盾。”我只好自我解嘲：“我同意杨律师的观点，我们之间是不矛盾的，我只是从另一个角度提出观点，证明百草堂与F高校之间存在合作关系。”

我一边努力说服杨律师改变观点，一边也在思索如果分歧继续存在，正式开庭时我又该如何应对。

连环发问

2009年7月29日，本案开庭审理，从双方的证据来看，我方的形势不容乐观，此次庭审可谓背水一战。

本案最核心的问题之一便是刘教授的退休时间，而对方握有表明刘教授退休时间为2006年10月的关键证据，对方代理人必然会以此为依据在属于职务发明上大做文章，这点无疑让我方非常被动。多年的执业经验告诉我，在被动的情形下更要沉着冷静，思维清晰，利用对方的心理优势，抓住机会才有可能变被动为主动，化不利为有利。

法庭调查一开始，对方即提供了多份证据证明系争专利系职务发明，并否认百草堂与F高校有合作关系。根据我国的法律规定，职务发明主要有三类，即因本职工作、单位交办的任务和调动工作后1年内作出的与其在原单位本职工作或分配任务有关的发明创造。对方提供的《高级专家提高退休费比例审批表》确实反映出刘教授退休时间为2006年10月，若以此认定刘教授的退休时间，则无论是从本职工作、本单位交办任务或是从退休时间至涉案专利申请时间的间隔方面，还是07专利与89专利的关联方面，无一不符合职务发明的认定标准。我知道若不能在刘教授的退休时间上提出其他证据或抗辩，针对07专利非职务发明的其他抗辩也无异于隔靴搔痒，法官将难以采纳。

待对方代理人举证完毕后，法官示意我发言。我胸有成竹地问道："根据高校的人事管理规定，退休人员应当提交退休申请书作为存档，以记录退休时的各项情况，请问对方能否提供刘教授的退休申请？"对方代理人对此一直含糊其词。我继续分析道："F高校作为著名的高校，具有非常严格的人事管理制度，不可能没有或遗失刘教授的退休申请书，显然F高校是确实持有该份退休申请而拒绝向法庭提供，那么根据《最高人民法院关于民事诉讼证据的若干规定》，应推定我方的主张成立，也即刘教授的退休时间应还原为2003年10月。事实上刘教授已于2001年提交了退休申请，因F高校一再挽留而同意延期两年退休。由于这份证据可以推翻对方一直试图歪曲的刘教授2006年10月的退休时间，因此对方始终拒绝提供该申请书。"我一口气说完上述观点，其间对方代理人气急败坏，多次想打断我的发言而被法官制止，最后只能勉强应付说回F高校后即去查明。

随后我又问道:“对方代理人在法庭上反复强调刘教授利用了F高校的不对外公开的技术资料,请问能否详细列明?”对方代理人又无法讲明,只是一味辩称这些资料为保密资料,不能随意查阅。开庭至此,我的心里又多了几分把握,可以看出无论是法官还是对方代理人的态度均与之前不同,形势已经产生了微妙的变化。我知道现在是时机提出最重要的一个问题了,也就是对比百草堂和F高校对涉案专利研发的投入,这是我方的最后一道防线,因为只要法官认可百草堂和F高校合作研发涉案专利,即使涉案专利最后被认定为职务发明,百草堂也可以作为专利申请权人之一,这是我们的最后底线。

我趁势继续发问道:“对方代理人可否告知F高校对于涉案专利申请的资金投入?”对方对这个问题毫无防备,依然支支吾吾,当我要求对方具体列明时,对方代理人又一味回避,东拉西扯。此时的情况和我之前的预计如出一辙,我当即乘胜追击道:“对方代理人一直无法说清F高校对于涉案专利申请的投入,而我们则可以向法庭提交我方投入资金的详细情况。”随即我详述了百草堂从1991年至今的各项资金投入,包括研究费用、测试费用、学术会议组织费用及净水设备等共计611万元。当我说到611万元这个数字时,审判席上本来低头阅卷的法官惊诧地抬头望向我,显然百草堂的巨额投资打动了法官,对方代理人对投资数据如此清晰有些意外。

本来这已是我准备的最后一个问题,不料对方代理人在解释F高校的投资时东拉西扯,自乱阵脚,提到江苏昆山K生物化学厂是其合作研究涉案专利的下属企业,而我方曾为07专利的研发向K生物化学厂投资达110万元。对方代理人这样的陈述无异证实了我方和F高校的合作关系。我自然不会放过这个大好机会,当即追问道:“既然K生物化学厂是F高校下属企业,那我们110万元的投资是否等于投给了F高校?”对方代理人也意识到失言,于是又赶紧狡赖说K生物化学厂非其下属企业,前后矛盾、漏洞百出,而我的观点已经全部阐明,无需再作口舌之争。

法庭调查收到良好效果后,法庭辩论也就比较顺畅。我在辩论时总结道,刘教授的退休时间应该是2003年10月而非F高校所称的2006年10月,而且我方和F高校的合作关系由来已久,百草堂不仅是涉案专利研究的提出者,更是主要的投资人。退一步说,即使07专利技术属刘教授的职务发明成果,百草堂作为该项目的投资人和合作研发者也仍应享有涉案专利的共同申请权。

功亏一篑

2009年7月底，一审庭审结束后，法官与各方当事人进行了沟通，希望以调解方式结束本案。在知识产权的民事诉讼中，我历来主张调解为好，这样既能提高效率，节省诉讼成本，又便于当事人案后维持合作关系。F高校与百草堂自1989年以来一直保持着良好的合作关系，尤其在PS-D领域，双方共同完成了一系列的研究成果。当然，百草堂在刘教授未退休时便与其成立的灵芝公司就PS-D剔除重金属项目另行签订《技术合作协议》的行为并非没有瑕疵。因此我说服百草堂同意调解，对此，F高校也同意调解，并起草了《和解协议书》，其主要内容如下：“一、关于本专利申请权的共有问题：1. 经三方共同商议，F高校、百草堂和灵芝公司为本专利的共同申请人，其中F高校为第一专利权申请人。2. 本专利获得授权后，F高校、百草堂和灵芝公司为本专利的共同专利权人，具有同等权利。二、关于本专利权的行使问题：1. 三方可以单独实施本专利，亦可许可他人实施本专利。2. 为尊重历史，同时为避免实施本专利后引发市场混乱，三方经协商，对本专利的行使及全球市场划分，作如下约定：（1）F高校享有在中国大陆市场独家实施或许可他人实施本专利的权利。其他两方不得在中国大陆市场实施本专利，也不得许可他人在中国大陆市场实施本专利。其他两方在其他地方实施或许可他人实施本专利所生产的产品，不得销往（或通过其他方式输入）中国大陆市场。（2）F高校与百草堂共同享有在中国香港地区市场实施或许可他人实施本专利的权利。灵芝公司不得在中国香港地区市场实施本专利，也不得许可他人在中国香港地区市场实施本专利。灵芝公司在其他地方实施或许可他人实施本专利所生产的产品，不得销往（或通过其他方式输入）中国香港地区市场。（3）在上述中国大陆及香港地区市场以外地区，三方均共同享有实施或许可他人实施本专利的权利。3. 三方约定：任何一方许可他人实施本专利所收取的专利使用费归该方所有，其他各方无权要求分配。4. 各方在单独实施本专利时，应保证该方（及其关联公司）不得对其他各方（及其关联公司）实施本专利的行为进行任何攻击、诋毁或其他的不正当竞争行为，包括但不限于在网站、报纸、电视或其他媒体、宣传资料上发表对其他各方（及其关联公司）不利的言论等；在本协议签署时或之前协议一方（及其关联公司）对其他各方存在前述行为的，自本协议签署之日起应立即停止该侵权行为，否则，被攻击方有权要求责任方承担相应的法律责任。5. 三方特许飞龙公司无偿使用本专利。百草堂和灵芝公司保证：飞龙公司使用本专利所生产的原料或成品，不得在中国大陆销售或变相销售。6. 经三方协商一致，本专利可以转让给其他公司或个人，转让合同由三方与受让方签署，转让费由三方平均分配。三、关于本专利的后续改进问题：1. 任何一方在本专利基础上所作的后续改进，其技术成果均归三方共有。2. 本专利发明人在本协议签署前出具承诺书，承诺其在本专利基础上所作的后续改进，其技术成果均归三方共有。四、关于原专利的遗留问题：三方约定，关于原专利的历史遗留问题，三方将另行协商。”

百草堂和灵芝公司对上述协议均表示异议，提出该协议显失公平，侵犯了百草堂和灵芝公司的多处利益，使三方共有徒有形式。为此，灵芝公司在上述协议书的基础上作了如下修改：（1）三方均有权许可他人实施本专利，但仅限普通方式许可，且不得超过2家；（2）删除对专利市场划分的内容；（3）飞龙公司在本专利申请日前已拥有本技术，根据《专利法》的规定，该公司有权无偿使用本专利；（4）关于本专利的后续改进，其技术成果应归改进方，应删除对发明人后续改进成果归三方共有的内容。

百草堂对上述修改后的协议内容表示认可，但F高校却坚持其所提出的方案，法院虽数次调解，但均无效，最后法院见调解难成，便作出判决。判决书一边倒地完全支持了原告F高校的诉讼请求。将近一年的调解努力终成泡影，可谓功亏一篑，各方维持多年的良好合作关系也因此而出现了难以修复的裂痕。

院外调解

收到法院一审判决后，我便与百草堂郭先生联系，商量上诉事宜，并确定了上诉思路。

第一，原审认定百草堂与F高校不存在合作开发关系，且对成果无约定，与证据不符。首先，双方在合作之初即约定“共同研制，成果共有”；其次，F高校确实是利用了百草堂提供的资金、设备进行研发，因此，PS-D有关研究成果是百草堂与F高校合作开发、共同努力的结果，百草堂理应成为系争发明的专利申请人之一。第二，百草堂和灵芝公司签约系对PS-D剔除重金属未知领域探索的合作，且双方履行了合约，即实际进行了系争发明的研究，在此过程中并未利用F高校任何物质技术条件。第三，本案涉及审理刘教授所研发的技术是否属于职务技术成果的问题。因涉及对刘教授实体权利的处分，故一审理应追加其为第三人，以便查明相关事实。然而，一审法院未将刘教授追加为第三人参与诉讼，显然剥夺了其答辩和提交证据的权利，显属程序不当。第四，系争发明的专利申请权不应由 F 高校独享，无论系争发明是否是刘教授的职务发明，均不应动摇百草堂作为系争发明的共有人地位。思路确定后，我立即安排助手起草上诉状，并及时递交至上海市高级人民法院。同时，百草堂和灵芝公司的二审代理律师也作了适当调整。

2010 年 11 月 8 日下午 2 时，我们来到上海市高级人民法院参加庭审。庭审一开始便火药味十足，特别是 F 高校，因一审判决对其有利，如今更显胜券在握。我们上诉方的律师也据理力争，各方针锋相对，唇枪舌剑，庭审足足持续了 3 个小时，此时我预感本案二审调解前景黯淡。

坚持不懈

二审庭审后，法官曾多次与各方当事人沟通，但未有进展，遂决定春节过后再召集三方开庭调解。

2011 年 2 月 24 日，法庭组织再次进行调解，并表示希望本案能以调解结案。我们对此表示接受，并提出希望在一审调解的基础上，继续协商，以达成各方均能接受的协议。但 F 高校的代理人并未参加本次调解，似乎并无调解意愿。审判长向我们详细了解了一审调解的情况，我们将 F 高校以专利市场分割为基础的专利申请权三方共有方案向法官作了细述，并指出对方的条件是对我们上诉人权利的不公平限制，严重损害了我方利益。审判长又询问了我方一审同意的调解方案，我们感到法官还是比较认可我方的方案。最后，法官要求我们分别提供一审的调解协议，以作为二审调解的基础，但不作为判决的依据。接下来的几个月，主审法官又几次通知三方当事人进行协调，但 F 高校代理人始终以各种理由推脱，调解进展缓慢。

见此情况，审判长便与主审法官一起到 F 高校，亲自与学校领导沟通。首先，法官明之以法，指出学校在本案中存在的瑕疵及败诉风险，希望学校能慎重接受调解方式。接着，法官又动之以情地说刘教授作为学校的教授，是该专利的发明人，对系争专利的研发作出了无可替代的贡献。退休后，他依然帮助 F 高校培养年轻的科研力量，学校应当给其相应的权利。最后，法官又晓之以理，将百草堂多年来对该专利的付出也一一道来，虽然后来转与刘教授创办的灵芝公司合作，但百草堂始终参与了该专利的研发过程，并提供了几乎全部的资金支持，按理也应当享有相应的权利。F 高校领导及其代理律师听后均表示会尽快研究调解方案，充分考虑法官的意见。

半个月后，F高校代理律师与我联系，说校方已初步同意专利申请权由学校与百草堂双方共有。听后，我感到本案已有突破，法官的沟通果然产生了作用。但是，F高校代理律师话锋一转说："此双方共有的前提是百草堂应当清算合同约定的费用，向学校支付尚未支付的费用。"我思忖：F高校所说的费用约有200多万元，但此款大多已直接支付给F高校及其中试基地，有的通过灵芝公司也已转付F高校，学校所附条件没有根据，庭审中我们已经言明百草堂已按约支付了所有的科研经费，已无任何欠款。与百草堂进行沟通后，我们将F高校提出的方案及百草堂的态度向法官作了说明，法官提出让刘教授与学校领导继续沟通。后来，法官又与学校领导沟通多次，最后校领导同意审判长的建议，让刘教授在学校的党委会上对本案作一说明，然后再集体决定调解方案。得此消息，我便觉得本案调解在审判长的努力下已成功在望。果然，刘教授在校党委会上与校领导交谈甚欢，最终双方消除隔阂，随后校领导集体讨论一致同意系争专利以三方共有的形式调解。至此，艰苦卓绝、旷日持久的专利申请权纠纷便落下调解帷幕，法官的辛勤付出也终于有果而终。

三 方 握 手

随后，三方又经过数次文件沟通，最终达成了如下和解方案："一、专利申请权（或专利权）三方共有。三方为本专利的共同申请人。本专利获得授权后为共同专利权人，按份共有，各占三分之一。二、专利权的实施。1. 任何一方（限共有人）都可以单独实施本专利，其他各方不得进行干涉和阻挠；2. 任何一方有权单独以普通许可方式许可他人（任何时候均限为一人）实施本专利，其所收取的许可使用费由该许可方独自享有。三、专利权的转让。各方均有权转让其份额，其余共有人在同等条件下拥有优先购买权，且在受让方书面作出遵守此协议的承诺后，方可转让。四、专利权的无偿实施。飞龙公司是本专利技术的实施基地，在本专利申请日前已掌握本技术，协议各方同意其继续无偿实施本专利。五、发明人奖励和报酬。本专利的发明人为刘教授。授予专利权后，三方作为专利权的共有人应当分别依法给予发明人奖励和报酬。六、专利的后续改进。任何一方对本专利的后续改进，其技术成果归改进方所有。"后三方在签字前，又一致同意调解协议中仅写明系争发明专利申请权属三方共有，对具体细节不作详述，于是达成了如下调解协议："一、名称为'一种云芝糖肽生产方法及其制剂’的发明专利申请权，由F高校、百草堂公司、灵芝公司三方共有；二、本案一、二审案件受理费各自承担。”在简明扼要、主题突出的调解协议上签字后，三方终于尽释前嫌，握手言和，法院据此出具调解书，本案至此终结。百草堂负责人对此调解结果十分满意，三年半的付出，终于换来了客户满意的结果。

感　　由

做了近30年的律师，从事知识产权领域也逾25年，我深知当事人之间往往会因诉讼激化矛盾，轻则恶语相向，重则你争我夺，最终落得两败俱伤的结局。知识产权案件的调解工作有其重大意义，一则可以缓解矛盾，使各方心平气和沟通，达到求同存异的效果；二则可以化解纠纷，变侵权为合法，达到双方共赢。综观本案，调解得以成功显然离不开上海高院法官坚持不懈的敬业精神和高超精湛的调解艺术。对此，我有以下几点感想。

第一，二审法院受理本案后，法官分析案情并分别与各方当事人谈话，充分听取当事人的意见，最终作出希望调解结案的决定是经过细致考察、深思熟虑的，这充分体现了法官办案过程中的敬业精神。

第二，法官在本案调解过程中坚持不懈，尽可能多与各方当事人沟通，不断缩小各方的差距，特别是在凛冽的寒夜，审判长站着与我方交谈甚久，耐心地和我们深入探讨调解方案。当调解出现转机时，法官又紧抓机会，趁热打铁，锁定成果。本案历经近四年的时间，最终调解成功，与法官的坚持不懈、默默付出显然是分不开的。

第三，法官的主持之所以令当事人能够欣然接受，是因为他们有明之以法、晓之以理、动之以情的精湛高超的调解艺术。希望这种精湛高超的调解艺术在上海乃至全国的法院中生根发芽，开花结果。

07 一笑释嫌
——广东韩军诉上海世博局专利侵权和解案

案 由

2010年7月22日下午，在浦东新区通茂大酒店六楼会议室，正在召开浦东新区知识产权人民调解委员会（以下简称调解委）上半年工作小结会议，我作为该调解委主任出席并主持了该会。

会议讨论期间，调解委成员王志达律师说，最近有一位发明专利人想委托他代理与上海世博会事务协调局（以下简称世博局）的喷雾降温专利纠纷案件，考虑到涉案主体的特殊性，故暂时尚未答复。这一发言，犹如一石激起千层浪，大家都纷纷询问具体细节。在王律师简短地介绍后，各委员纷纷发表看法：有的认为先要看权利要求书，才能作出判断；有的认为该案带有政治性，还是谨慎处理为好。在场的委员中，恰有上海市知识产权局业务处的领导，他表示对该纠纷也有所耳闻，但知识产权局的基本态度还是认为不存在侵权。我见王律师犹豫不决，便发言道：作为律师，若没有特殊理由，就没有必要拒绝当事人的委托，何况还是与世博局有关的纠纷，对任何能参与的律师来说，都是一种难得的机遇，至于究竟如何处理，可以借助调解委这个平台大家一起商榷。总之，无论是从个人角度，还是从调解委角度来说，均是一次为世博会出力的良机。王律师经我这么一说，茅塞顿开，答应马上就和当事人联系。

师出有名

过了两周，王律师忽然给我来电，将会议上谈起的喷雾降温专利纠纷一事的最新进展向我作了介绍，并希望由我代表调解委出面调解。专利发明人韩军通过世博局网站取证，并就相关技术的介绍请广东省知识产权专家进行了分析、论证，认为世博局所采用的喷雾降温装置落入了其专利权利要求书的保护范围。而且，韩军已聘请北京的律师通过法律途径来解决此起纠纷。我深感事关重大，当即表示调解委应责无旁贷地积极介入此案，寻求双方都能够接受的解决方案，尽可能避免诉讼。

没隔几天，韩军经王律师引见，主动给我发来一封信，并附带了相关专利的权利要求书和与世博局的往来函件。在来信中，韩军介绍了他的专利技术，并对世博局前后两次复函内容提出质疑，也谈了他个人的内心感想和现实状况，他状告世博局也实属无奈之举。我翻看了信件及附件内容，一方面感到韩军的专利技术是相当有市场前景的，只可惜没有得以推广；另一方面对于事实还存在诸多疑点，缺乏全面、理性的判断。因此，我认为当务之急，是以现有资料尽可能地查明事实，分清是非，这样才能确定调解思路，规划下步的协调工作。如果世博局的喷雾降温装置确实落入韩军专利的保护范围，则我们便将调解重点放在世博局这边，劝解他们花钱消灾，缩小影响；反之，则将调解重点就放在专利权人韩军这边，劝其尽快撤回对世博局的起诉，以免劳民伤财，造成不良影响。于是，我立即召集了几位懂专利的助手进行分工安排，先指派郭国中律师将世博园中所用的喷雾降温装置与系争专利技术进行全面比较，以判断世博园所使用的喷雾降温装置是否落入韩军专利权所要求保护的范围；同时指派助理律师进行多方联络，为论证会做准备。

对比分析

8 月 24 日，我安排所里的几位律师还有我的助手就该专利纠纷先召开了一个内部讨论会。之前郭律师已将韩军提供的所有资料作了技术比较，并根据我的要求列成图表，以便于分析、讨论和判断：

一、韩军专利与世博局喷雾降温系统技术方案对比分析表

	权利要求 1	世博局涉案产品	技术特征比对
1	一种喷雾降温除尘系统，包括测量传感装置、受测量传感装置控制的自动调节控制装置、由自动调节控制装置调配的供水及执行装置	测量传感装置、受测量传感装置控制的自动调节控制装置、由自动调节控制装置调配的供水及执行装置	相同

续表

	权利要求 1	世博局涉案产品	技术特征比对
2	供水及执行装置包括依次相互连接的输水管线、加压装置、电控阀、喷雾器阵列	供水及执行装置包括依次相互连接的输水管线、电磁阀、加压装置、喷雾器阵列	不同： 1. 安装顺序不同 2. 电磁阀与电控阀虽名称接近，但在整个系统中的作用完全不同（电控阀控制流向喷雾器的流量，电磁阀控制的是进入水箱的阀门开合，其出水喷雾大小是靠人工掌控的）；即控制进水多少 3. 两者所用的加压装置虽然名称相同，但结构以及在整个系统中的作用完全不同
3	测量传感装置包括测量空气的温度或/和湿度或/和粉尘含量的采样、测量装置及对测量结果进行传输的传感装置	测量传感装置包括测量空气的温度或/和湿度的采样、测量装置及对测量结果进行传输的传感装置	相同： 虽专利中提及粉尘部分，但这些采样装置之间是“或”的关系，所以两者仍然相同
4	自动调节控制装置包括根据测量数据进行计算并向电控阀输出计算结果并控制电控阀的动作的数据计算中心及数据传输装置	由世博园内的机房统一控制喷雾降温系统，并且也有相应的数据传输装置，只是机房控制是加压装置	不同： 机房和数据传输装置与专利中的相同，但是机房与数据计算中心控制的对象不同，一个是控制加压装置，一个是控制电控阀
5	所述的数据传输装置采用无线传输装置或有线传输装置，使用多路复用的数据传输方式	所述的数据传输装置采用无线传输装置或有线传输装置，使用多路复用的数据传输方式	相同
6	其中，无线传输装置包括无线信号发射器和设置在电控阀上的无线信号接收器	无线传输装置也包括无线信号发射器和无线信号接收器，只是无线信号发射器安装在控制机房内，无线信号接收器安装在喷雾加压装置	不同： 两者的无线信号接收器安装位置不同，对应的控制对象也不同（与第 4 点技术特征相结合来理解）

续表

	权利要求 1	世博局涉案产品	技术特征比对
7	有线传输装置包括信号发生器，信号传输线缆和设置在电控阀上的有线信号接收器	也有相应的有线传输装置	相同

二、韩军专利与世博局喷雾降温系统连接关系对比表

1. 权利要求 1 中各技术特征之间的连接关系表

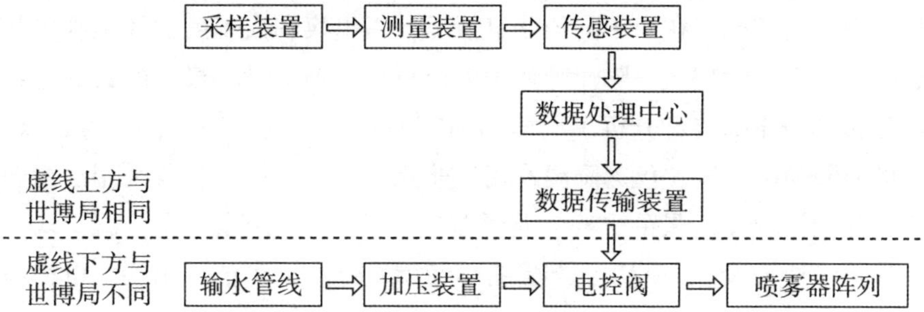

2. 世博局涉案产品各特征之间的连接关系表

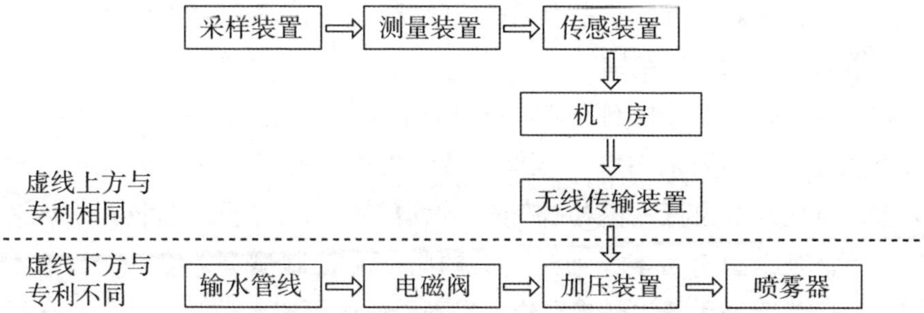

分析：虚线以下排列顺序不同，控制对象也不同，使得工作过程也不同。

通过上述郭律师制作的两种装置技术要点的图表分析，我们对该起纠纷的是非曲直基本上有了理性和直观的判断，初步形成了一致的看法：认为从现有掌握的资料来说，两者是不完全相同或等同的技术方案，难以构成侵权。为此，我们确定了调解思路，即将工作重点放在专利权人韩军这边：一方面，与韩军及其律师进行及时沟通，多做工作，劝其慎用司法程序；另一方面，积极联系世博局法务部就韩军一事了解他们的意图和态度，为进一步协调创造条件。其中，重点是

协调好韩军一方，因为在不构成侵权的情况下，诉讼行为对于韩军来说要承担相当的成本和风险，最好放弃这种选择，至少先对世博局撤回起诉，这样才有和解的可能。

雨夜来访

8 月 25 日，韩军的代理人北京的陈律师来所与我们进行沟通，浦东新区知识产权协会黄殿英秘书长、华东理工大学张晓东副教授也在我所，还有我和助手郭律师及实习律师等，大家就该专利纠纷基本事实交换了看法，我想做到集思广益，兼听则明。

陈律师介绍了此案在一中院的立案情况，指出权利人态度比较强硬，坚持要诉诸法院。作为其代理人，陈律师认为诉讼只是一个手段，最终的目的是希望与世博局和解。陈律师接着分析了世博局回复的几点不侵权理由，认为难以成立：第一，世博园喷雾系统，仅起降温作用，非除尘系统；第二，仅采用了测温、测湿装置，并无“粉尘含量的采样、测量装置”；第三，未设置电控阀，均为人工控制。陈律师认为世博局使用的装置有侵犯韩军专利的可能：第一，世博园的装置可以根据温度和湿度的不同来调节喷雾的大小，不太可能全部采用人工控制，只是人工控制的比例问题；第二，在连接顺序上，权利要求书也未严格限定各部件的前后顺序；第三，世博装置中无线接收器所处的加压装置实际上可能是泵阀一体化，落入专利的保护范围。

张教授提出自动调节控制是韩军专利的主要创新点，这一创新点存在被宣告无效的可能性；权利要求书中“依次”通常的意思是按次序，因此一般理解是加压装置、电控阀的位置是相对不变的。世博装置与此不同；世博局加压装置的内部结构不清楚，也有可能是通过开关的频率来控制喷雾的大小，目前不好判断。因此世博装置是否侵权尚难定论，但不侵权的可能性较大。第二天张教授又从网上发来检索材料，该材料公开于涉案专利申请日前，作为对比文件可能破坏韩军专利的创造性。

王律师提出韩军专利的加压装置和世博园的加压装置是不同的。专利的加压装置是为了供水，世博园的加压装置是为了提高水压，而且必须放在喷水装置的近端才有作用。这样两个加压装置显然是不同的。且现有被告大多是承包商，承包商是否有专利法上的“销售”行为有待讨论，世博园是否是“以营利为目的”也存在争议。

经过上述讨论，我们对世博园区所采用的装置是否存在侵权有了更坚定的初步判断，初步认为不构成侵权的可能性较大。

我认为起诉是每个人的权利，我们不能干涉，但更希望韩军可以考虑通过调解的方式来处理该纠纷。随即，我提出了一个调解方案，即先将世博局从被告名单上去除，也即先撤诉，再通过调解委的协调，通过和解的方式与世博局解决这一纠纷。世博会是展示中国形象的一次盛会，发生纠纷理应以和为贵，协商解决，这样既能避免权利人诉讼的成本和风险，又能借世博会对自己的专利进行宣传，以达成双赢，双方一起为和谐社会的构建贡献自己的力量。

陈律师当场表示愿意接受调解，就他个人来说对调解委提出的和解方案也予以认可，但需要与当事人及其他代理人进一步沟通。至此，双方就和解方案已达成了初步的共识。

我感到此事已经成功一半。对于韩军及其律师而言，此案对他们有着相当大的风险。他们对诉讼本身并无十分的把握，仅仅是一种策略，故韩军及其代理律师应切忌冲动，以免弄巧成拙。而且，若不能说服韩军撤诉则将使和解陷入僵局，劝说世博局接受和解方案肯定也存在阻力。想到这里，我决定兵分两路，一边动员韩军撤诉；一边抓紧与世博局联系，动员他们给韩军一个说法，切忌抵触。

双管齐下

由于本案专利纠纷进入了诉讼程序，世博局法务部开始认为既然韩军等选择了司法程序，那就按照法律程序进行，他们对于通过和解方式解决，已无太多耐心。经过浦东新区知识产权保护协会黄殿英秘书长与世博局法务部苦口婆心多番联系，终于说服了世博局法务部回到谈判桌上来。9 月 2 日下午，我带领两名助手与黄秘书长以调解委的身份第一次直面世博局。

世博局法务部邱副部长及其助手接待了我们。邱副部长开门见山，坦承“世博局对该纠纷一直是认真的，两次回函之前都做了大量的调研工作，以严谨、积极的态度来回复韩军的来信。世博局对韩军一方的态度向来是透明和开放的，只要对方愿意沟通，他们随时都可以接受。世博局解决知识产权纠纷始终坚持两个原则：一是防止炒作，借世博局来出名，不能让世博局成为舆论焦点；二是不能影响世博园区的正常运行”。世博局对调解委主动介入，通过和解方式来协调双方解决纠纷表示感谢，同时也表示希望这一纠纷能够尽快得到妥善解决。

我们见世博局对韩军起诉一事，仍心有不快，便先说明来意，强调调解委在该纠纷中，保持中立，居中调解，希望双方能够在谈判桌上达成和解，而不是在法庭上争个高低。调解委与韩军及其律师已进行过沟通，并就所涉专利也开过研讨会，在现有资料的基础上可以排除世博局的侵权可能。邱副部长非常认同我们的观点，并坦言希望我们能够提出些具体的操作步骤和建议，以便于他们采取有针对性的措施。

邱副部长的单刀直入，让我感觉到世博局作为世博盛会的组织方的确是高效、务实的。他们对调解委的工作已经认同，接下来的协调也会顺畅得多。我当时提出两个调解方案：第一个调解方案要分两步，即说服韩军先对世博局申请撤诉，而案件仍在法院；第二个调解方案可以一步到位，即说服韩军对整个案件全部被告申请撤诉。邱副部长对方案二尤感兴趣，但韩军及其律师可能比较难以接受。若按方案一执行，则可分两步走。即先“解绑”世博局，然后由世博局牵头，组织其他被告和韩军进行沟通，为彻底解决纠纷做一些后续工作。接着，我和黄秘书长进一步细化了方案一。针对第一步，希望让韩军对世博局的撤诉“体面”一些，对外解释清楚是因与世博局存在误解才导致纠纷，澄清经沟通已消除误会，因此申请撤诉。同时，世博局可以站在政府的立场上，本着鼓励发明人的目的，对韩军的发明精神表示赞赏和支持，鼓励其多多发明，从精神上给予韩军一定的鼓励。针对第二步，世博局可以促成其他被告与韩军沟通，如果世博局不方便出面则可由调解委或世博局参展方知识产权服务中心等机构出面。双方本着息诉宁人的目的，以和解为目标，共同努力。

邱副部长对于我们提出的方案，原则上表示愿意接受，并再次表明协调的大门始终是敞开的，不管是技术上的疑问，还是有其他的诉求均可提出，但对于涉及底线的问题没有商量余地。方案二的可行性相对比较高，世博局可以按照上述内容，承担一部分的工作。

走出世博局，我们的心情是比较舒畅的。我们与世博局开诚布公的会谈，使解决纠纷有了实质性的进展。通过我们的努力，情况正按照我们的计划步骤一步步实施。眼下我们需要回头做好韩军的工作，争取将达成的协议内容落到实处。

冰释前嫌

一周后，韩军飞抵上海与我会面。9 月 10 日，我带着助手，还有黄秘书长，就韩军与世博园区喷雾降温专利纠纷问题，陪同韩军本人来到世博局法务部进行协调处理。邱副部长及其助手进行了热情接待。

有了上次的成功会谈，这次见面也就多了几分热情，我便开门见山地说道，经过调解委在韩军和世博局之间斡旋，促进了双方的沟通，基本消除了先前的误解，此次会面本身就是一种成功，说明和解基本可以达成。

黄秘书长强调，调解委作为社会力量、民间力量，目的即以居中的第三人身份促使双方进行调解，并最终达成和解。调解委正是使双方在适当的场合以适当的方式来表述自己的立场，互相沟通，求得共识。在不断的协调努力下，调解委做了大量的工作，不辞辛劳，终于促成韩先生来到世博局与法务部进行当面和解。

随后，韩军向世博局递交了一份信函，解释了在这之前，由于双方缺乏沟通，存在一定误解。经过调解委员从中协调，韩军愿与世博局积极磋谈，化解纠纷。韩军诚恳表示，愿从大局出发，准备分两步走，首先无条件对世博局和世博中心两被告撤诉。至于与有关厂家的纠纷，希望由世博局牵线进行进一步沟通。同时，韩军致函调解委员，表达对调解委的感激之情，对调解委表现出的无私奉献、公正不偏的高尚精神表示钦佩。

世博局法务部邱副部长对韩军的撤诉举措表示欢迎，对韩军的发明精神加以赞赏，并承诺韩军撤诉后，他们会以书面形式，鼓励韩军继续为中国低碳经济技术的研究和创新多作贡献。同时也对调解委居中协调、积极斡旋、力促和解的良好愿望和有效行为表示感谢。邱副部长还表示，世博会是全人类的盛会，在举办世博会期间的任何专利技术都可能存在权利纠纷，但世博局秉承实事求是的理念，不回避问题，也不希望有人借题发挥。关于厂家所生产和提供的技术是否落入韩军所持有的专利技术权利要求的保护范围，邱副部长富有诚意地承诺，可以由世博局牵头邀请技术专家、法律界人士共同参与召开专门的技术研讨会，进行探讨、协商，届时希望能给韩军一个满意、完整的答复。

最后，双方顺利地就撤诉问题达成共识，并对调解委所付出的巨大努力表示感谢。当天下午，韩军主动向我提出抓紧去一中院撤诉。为了顺利履行和解协议，下午我尽管很疲劳，但还是放弃了休息，陪同韩军前往一中院立案庭撤诉，很快就办妥了撤诉手续，并将韩军诉世博局等七名被告专利侵权纠纷案的诉状和相关材料全部取回，此案调解就此告一段落。

感　　由

关于世博局与韩军的专利技术纠纷一事，其影响不言而喻，能够化干戈为玉帛，最后双方一笑泯恩仇，尽释前嫌，以和解的方式画下圆满句号，我作为调解委主任感到非常欣慰。调解委在此次调解过程中，做了大量细致的工作，回顾从知悉到介入，从联系到会面，直至最后和解成功，背后有着诸多筹划和策略。可以说，该事件是一次相当成功的经典调解案例。以下是我对该案件调解中所总结的三条心得：第一，查明事实，分清是非，坚守原则。第二，把握重点，循序渐进，多管齐下。第三，乐于奉献，坚持不懈，不偏不倚。

作为调解委，处理纠纷肯定是以调解为核心。大众对调解的认识往往是“和稀泥”“各打五十大板”，其实这种比喻并不能准确地体现“调解”的核心精神，反而歪曲了“调解”的实质内涵。“调解”作为维护社会和谐的重要举措之一，其基点恰恰是明辨是非。只有准确地把握纠纷的焦点，才能够介入其中，得以居中裁断，使双方能够恢复理性，避免矛盾的进一步升级。

如何做到明辨是非呢？这就需要查明事实。“没有调查就没有发言权”，缺少了实践调查，明辨是非只能是空中楼阁。大量细致的调查工作是能否开展调解，顺利达成和解的重要因素。在明确基本事实后，就要着手进行具体的调解工作。在这个过程中，应该要做到“把握重点，循序渐进，多管齐下”。重点就是纠纷的焦点，应牢牢围绕焦点开展工作，剖析矛盾的核心，再根据情势变化，因势利导，多方努力，让双方通过沟通，了解对方的意图，并进一步理解对方的立场。在归纳各自的观点后，求同存异，努力让双方意识到彼此的共同目标并加以明确，缩小差异甚至放弃部分利益来达成和解。

回顾此次纠纷的调解过程，正是我们反复论证，并邀来专家一起探讨，确定了“不侵权”这一基本思路，于是在这个前提下，开展了多方位的调解工作。然后，通过多番联系，创造了一个双方面对面交流的机会，最终得以化解此番风波，消除了其中的误解。

08 屡战屡胜
——数控立体雕刻机专利维权系列案

案　　由

浙江玉环县S数控雕刻机设备有限责任公司（以下简称S公司）是一家专业生产数控立体雕刻机的企业。公司吴总经理于2008年发明了一种数控立体雕刻机，并于同年申请了国家发明专利。由于立体雕刻机实用性强、市场广大，价格实惠，故畅销全国，而且还开拓了海外市场，该专利技术公开后，仿造者便蜂拥而至。为此，近年来吴总便开始在全国各地维权，先后在广东、浙江、福建、成都、北京、上海等地起诉侵权者，并接连成功，吴总通过维权确立了S公司在行业内的领先地位，占领了中国大半市场。

自2011年来，仅在上海一地，我们就接受吴总委托承办了五起数控立体雕刻机专利纠纷案，且均已胜诉结案。

杀“鸡”儆“猴”

S公司自申请雕刻机专利以来，凭借其专利技术优势，产品畅销全国各地，特别是小型1-12头旋转数控雕刻机在市场上更是火爆。但是，随之而来的便是市场上出现了大量的仿造品。然而侵权单位多为个体经营户，采用“游击战术”，打一枪换一个地方，官司虽赢，却难执行。

2011年5月，S公司经调查，发现有原S公司员工离职后，将制造技术及生产工艺带到当地其他公司，生产侵权产品。为此，从2011年9月后，吴总就先后在浙江进行维权，最终都以调解结案，虽然均获胜，可惜侵权依旧。

2011年11月，吴总又发现上海不少家具厂在使用涉嫌侵犯其专利权的雕刻机。据了解，上海有不少家具厂曾通过代理商购买和使用S公司生产的雕刻机，这些家具厂如果都使用侵权产品，将对S公司的市场销售造成严重影响，吴总决心立即维权，以打击侵权，于是便经业内人士推荐找到了我。当天，吴总就来我所签订了聘请合同，特别授权我们为其维权，并建议我们改变维权思路，先不从源头制造商开始，而从最终客户处着手，堵住侵权产品，即对涉嫌侵权产品的使用者主张权利，制止他们继续使用侵权产品，以切断制造商的销路。接着，吴总仔细解释了这样做的原因：一方面，因为雕刻机的仿造者均为散兵游勇，通常均为浙江的个体小作坊，偷偷地生产，悄悄地销售，难以掌握确凿证据，即使维权成功也难以索赔。另一方面，由于使用侵权产品的家具厂也是专利侵权者，同样可以作为被告，而且只要证据确凿，也可以要求其停止使用侵权产品。这样做似乎有舍本逐末之嫌，但却有异曲同工之妙。而且，相比之下，起诉专利侵权产品使用者更为方便有利。我们认为吴总言之有理，便按照他的思路制定了新的诉讼策略，选择了一家颇具规模的A家具厂为诉讼的被告。A家具厂是一家规模比较大的本地家具生产企业，具有一定的影响力，一旦起诉成功，就树立了一个典型，可以震慑其他家具厂，起到“杀鸡儆猴”的作用，最终使侵权机器的生产者因无销路而被淘汰。

接着，我们根据吴总所提供的相关证据对专利的稳定性和是否侵权进行了详细的分析论证。我们对专利的稳定性很有信心，因为涉案专利为发明专利，在授权过程中已经过国家专利局的实质审查。如果是实用新型专利，则诉前还要经有关部门进行专利评估，以证明该专利具有新颖性和创造性。

关于是否侵权就要看涉嫌侵权产品的技术特征与专利的必要技术特征是否相同或等同，如是则构成侵权，否则就不构成侵权。根据上述思路，我们又对相关证据进行了整理、分析。作为专利侵权纠纷案件的原告，至少需要提供两类证据，即权利证据和侵权证据。本案中，我们可以向法庭提交国家知识产权局核发的发明专利证书，因此权利证据比较简单。但在侵权证据方面，吴总仅提供了一张在家具厂车间内拍摄的涉嫌侵权机器的彩色照片。从照片上只能看出该设备的外形和颜色，难以体现该照片拍摄的地点是被告的车间，更困难的是仅通过外形和颜色无法将涉嫌侵权产品的技术特征与专利的必要技术特征进行比对。仅凭这一证据难以判断是否侵权，能否立案还是一个未知数。对此，我们再三询问吴总照片上的产品是否肯定侵权。吴总果断地说肯定是侵权产品，他知道涉案产品的来历。如此，我们提出关于不足的证据，可以向法院申请证据保全，加以补强。于是，我们将原告的专利权证书和拍摄的彩色照片作为初步证据向法院提起诉讼，并申请对彩色照片所示的侵权产品进行证据保全。

敲山震虎

2011 年 12 月 20 日，我派助手向上海一中院递交了起诉状和证据保全申请书。一周后，我们便收到上海一中院作出的民事裁定书，裁定以拍照、摄像的方式保全被申请人 A 家具厂正在使用的雕刻机一台。在拍照、摄像的过程中，保全法官意外发现该家具厂共有两台涉嫌侵权的雕刻机，并对家具厂总经理做了调查笔录。该厂总经理承认由于涉嫌侵权的雕刻机价格低廉，他便贪图便宜，从浙江某地购买了两台涉嫌侵权的雕刻机。

保全果然起到了震慑作用，在法院证据保全的当天晚上，该家具厂总经理便给 S 公司吴总打电话，检讨过错，承认侵权，愿赔损失，并希望与原告和解。看来法院的保全确实对家具厂起到了"敲山震虎"的作用，为纠纷的顺利解决打下了良好的基础。吴总将被告家具厂的态度告诉了我们，我们认为该案可以调解解决。经过几轮谈判，最终达成和解协议：（1）被告承诺未经甲方许可，不得购买或使用其他侵犯涉案专利的雕刻机；（2）被告自本协议生效之日起十日内，向原告支付两台侵权雕刻机的许可使用费人民币 5 万元整，原告许可被告可继续使用现有的两台侵权雕刻机；（3）被告承诺若违反和解协议中规定的相应义务，则向原告另行赔偿人民币 50 万元；（4）双方一致同意由法院根据本和解协议书出具民事调解书，诉讼费用由被告承担。和解协议达成以后，我们立即将此协议递交给法院，承办法官据此迅速制作了调解书。如此，一起难度颇高的新型专利侵权诉讼就以原告胜诉迅速调解结案。

梅开二度

2011 年 2 月，S 公司吴总又发现上海另外两家家具厂（以下简称 B 公司与 C 公司）也在使用涉嫌侵犯自己专利权的雕刻机。由于此次案情与上次案件基本相同，有了前面的成功经验，吴总便再次委托我们为其维权。我们接受委托后，先后于 2012 年 5 月 28 日和 7 月 26 日将两公司起诉至上海一中院，并依然向法院申请对涉案两家企业的侵权设备分别进行证据保全。

上海一中院先后分别对两家企业涉嫌侵权的数控雕刻机进行了拍照、录像，将侵权证据进行锁定，然后分别开庭审理了这两起案件。令人费解的是两家公司皆未出庭应诉，法院依法缺席审理。由于我们之前通过保全锁定了证据，被告又没有提出答辩意见，所以庭审并无争论，且我们向法官比对了涉嫌侵权产品的技术特征与专利的必要技术特征，两者完全相同，庭审顺利结束。

最终法院一审判决B公司和C公司均侵权，判令B公司向原告支付赔偿金6万元，合理费用及诉讼费2万元，B公司不服而上诉。该案二审期间，上海高院经审理后认为，原、被告双方并无根本矛盾。且原告拥有此类雕刻机的专利权，目前只有原告独家合法生产。被告作为一家规模颇大的家具厂，今后对雕刻机仍有所需求，原、被告双方以后有广阔的合作前景。因此法官认为还是调解为好。经过法官的努力，双方终于达成了和解协议，由B公司支付吴总若干许可使用费，并再向S公司购买两台雕刻机。

一审判决C公司向原告支付赔偿金3万元，合理费用及诉讼费用1万元，C公司并未上诉。在执行阶段，C公司承诺以后不再购买侵权设备，并愿与S公司签订购买两台立体雕刻机的合同，以示诚意。于是吴总予以谅解，双方最终达成和解，化干戈为玉帛。至此，两起专利纠纷案又均以原告胜诉，并分别在二审或执行阶段和解结案。

千钧一发

2012年9月10日晚，吴总打来电话，告知又在上海发现侵权产品，且这次情况比较特殊，证据在展销会上，不是在工厂里。原来吴总来上海参加第十八届中国国际家具生产设备及原辅材料展销会，在布置会场展区时发现旁边的展台是浙江D公司的，他们早来一天，展台上已放满了各种家具加工设备，其中就有一台八头立体雕刻机，仔细一看该机器与专利产品一样，显然侵犯了其雕刻机发明专利。吴总希望我们能帮他锁定对方的侵权证据，为之后的诉讼做好准备。听吴总讲完后，我意识到此案比较棘手，因为时间十分紧迫，展览会总共才4天时间，若不及时采取行动将侵权产品扣押，展览会一结束就要跋涉千里，到被告工厂去保全，这样一来就会错失良机。而且，证据若不及时锁定，将来诉讼势必困难重重。于是，我与他商定第二天上午至展览会现场实地考察。

挂断电话，我就在想这是一个十万火急的任务，与之前的诉前保全不同，此次必须在短时间内立即采取措施，在2天之内必须拿到扣押裁定，因为第四天中午展商就会撤场，故至多只剩3天时间。必须第一天提出申请，第二天拿到裁定，第三天去保全，这样才能赶上，所以时间十分紧迫，而且难度也较大，保全过程中的每个细节均要考虑周全。此次保全的优势在于侵权产品公开展览，便于我方在保全前进行拍照和比对，待初步确定侵权后再申请保全，但也存在不利因素：首先，在展览会上保全比在工厂里保全难度更大，如果被告抗拒保全，则会出现混乱的场面，应做好防范工作；其次，侵权产品体积大、质量重，在熙熙攘攘的人群中搬动有危险性，应确保安全；再次，侵权产品被扣押后，需要寻找合适的安置地点。考虑到以上几个问题，我初步酝酿了一下，决定第二天现场考察以后再做定夺。

近在咫尺

2012年9月11日上午10时，我们来到展览会现场。该展览馆紧临世博中国馆，吴总派其公司员工李小姐前来迎接，她带我们进入展会现场，现场面积有6000平方米，一眼望去家具生产设备种类繁多。李小姐告知D公司的展区就在旁边，仅隔咫尺。我们走几步就到了D公司的展区，该公司规模较大，展出的产品种类很多，涉及家具生产的方方面面，在展区左侧就赫然摆着一台八头立体雕刻机，走近仔细一看与吴总的专利产品如出一辙。于是，我们对D公司侵权产品的各细节部位以及展览会现场都进行了拍照，拟作为诉前保全的初步证据材料。在参观过程中，D公司工作人员见我们很关注该台八头立体雕刻机，便有些戒备，拒绝给我们宣传资料。之后，我们又对展区四周进行了考察，发现D公司展区不远处就有一个侧门，经询问现场保安人员得知若将此门打开就可将侵权产品运出。这样一来，侵权产品的移动就比较方便。因为侵权产品恰好处于会场边缘，方便叉车操作，且搬动距离较短，不会对现场造成太大影响。

回到所里，我们立即整理事先准备好的《诉前证据保全申请书》及相关证据，以此次展览会展期较短，申请人若不及时采取证据保全措施，日后证据将难以取得，甚至还可能灭失，给申请人制止专利侵权行为造成严重影响为由，请求法院至展览会对被申请人D公司的一台BD8025型数控立体雕刻机产品以扣押的形式进行证据保全。

第二天下午，我们按承办法官要求提供了担保金，第三天下午，上海一中院就出具了裁定："扣押被申请人D公司涉嫌侵权的BD8025立体雕刻机产品"，并通知我们第二天上午9时至展览会现场进行证据保全，希望我们作好准备。

由于侵权产品重约2吨，且体积较大，约占地4平方米，将其保管于何处便成了难题。我们首先想到展览会应该有自己的仓库，是否可以将扣押产品放在他们的仓库中，我们先垫付仓储费，这样一来既省时又省力。但是，经与主办方联系后我们得知展览会只提供展示场地，并不提供仓库，这样一来我们就只能另觅他地。吴总提出他们公司在嘉定有一个仓库，可以存放该侵权产品，但是考虑到一则吴总是原告，将保全证据存放在原告之处可能有失公允；二则嘉定地处郊区，不利于诉讼，法院显然不会同意。那么找哪家第三方机构保管最为稳妥呢？此时，助手小张律师提出可以联系一下拍卖公司，法院物品一般也会交给他们拍卖，那他们应该有仓库可以存放扣押产品。我觉得言之有理，便马上让小张律师与拍卖公司联系，他们说可以提供扣押产品的搬运及仓储服务，这个方案也得到了法院的认可，如此一来扣押产品的存储问题也就迎刃而解了。2012 年 9 月 14 日，我们顺利完成了证据保全工作。第二天，我们便起草了起诉状，请求法院判令：（1）被告立即停止生产、销售侵犯原告专利权的数控雕刻机，并对库存产品予以销毁；（2）被告赔偿原告经济损失 30 万元；（3）被告在《新民晚报》刊登声明，以消除影响；（4）被告支付原告至起诉日的合理维权费用 35000 元；（5）被告承担本案所有诉讼费用。

出其不意

2012 年 11 月 14 日一审开庭，被告 D 公司因故未出庭，法庭决定再给被告答辩机会，定于 2013 年 3 月 12 日再次开庭，被告代理人到庭。庭审中，由于被告代理人对专利并不熟悉，故庭审优势倒向我方。法院最终判决：被告应于本判决生效之日起立即停止侵害原告享有的发明专利权，销毁被扣押的被控侵权产品；被告应于判决生效之日起十日内向原告赔偿合理费用人民币 2 万元。从 2011 年 12 月至 2013 年 5 月，在不到一年半的时间里，吴总在上海维权取得了四连胜。

无独有偶，2013 年 3 月 5 日，吴总在参加国际林木业机械展览会时，又在展会上发现了北方 E 公司展销的侵权产品。有了上次的经验，我们对在展会上进行证据保全可谓轻车熟路。这次诉前保全，仍然紧迫而有序地进行。

展会第二天一早，我带助理到展会现场，对展区四周先进行考察，然后确定了将涉案设备运出展览馆的路线方案。为提供诉前保全的初步证据，我们又对涉案雕刻机进行了拍摄。在展会的第三天下午，上海一中院及时作出了民事裁定："扣押被申请人 E 公司涉嫌侵权的立体雕刻机产品。"又一起诉前保全成功了。

如出一辙

证据保全成功后，我们信心大增，但却深知艰难的历程还在后面。经过初步分析，我们认为，我方若想胜诉，最关键的工作是要通过技术比对，看侵权客体的技术特征是否落入我方专利的保护范围，即侵权客体的技术特征是否覆盖了我方专利的必要技术特征。《最高人民法院关于审理侵犯专利权纠纷案件应用法律若干问题的解释》第7条2款规定，“被诉侵权技术方案包含与权利要求记载的全部技术特征相同或者等同的技术特征的，人民法院应当认定其落入专利权的保护范围”。

据此，我们先对我方发明专利的权利要求书进行了仔细分析，这些分析工作，其实早在第一起专利侵权诉讼时已做准备，当时就认为我方专利的必要技术特征有20个。接着，我们又将被保全的侵权机器的技术特征与我方专利上述20个技术特征作了初步的对比，发现两者技术特征绝大部分相同，只有3处略有不同，如：（1）我方专利技术特征是“在刀具架和横梁之间设有水平横向设置的横导轨”，而侵权机器则是“两条横导轨不在同一个竖直平面内”。（2）对方被控侵权机器的竖拖块与权利要求1所述的竖拖块不尽一致，竖导轨与竖拖块之间还有垂直升降板。（3）我方专利“所述的工作平台中固定有两根沿水平纵向平行设置的圆柱导轨”，而侵权机器则“有四根沿水平纵向平行设置的圆柱导轨”。

找出了3个略有不同之处之后，接下来的工作就是论证3个技术特征究竟是相同、等同还是不同。经过仔细论证，二者的技术特征基本对应，E公司侵权机器的技术特征覆盖了我方专利的必要技术特征，不存在不相同或不等同的情况。显然这三个技术特征属于相同，故E公司涉嫌侵权，我们感到胜券在握。于是，便赶紧整理证据，起草起诉状，并在法定的15天内诉至法院。

2013年10月29日，在侵权机器被扣押的现场，法院主持了现场技术特征比对。双方对上述3个略有不同之处，进行了针锋相对的陈述和异常激烈的辩驳。

第一，关于横导轨的位置，被告方始终坚持认为横导轨应该在刀具架和横梁之间，而被控侵权机器的一个横导轨却似乎不在刀具架和横梁之间，而在横梁的上方。对此，我方则认为“在刀具架和横梁之间”是用来限定“横拖板”的，二者显然相同。

第二，关于对竖拖块的认识上，被告方认为被控侵权机器的竖拖块与权利要求1所述的竖拖块不一致，竖导轨与竖拖块之间还有垂直升降板，与原告的技术特征不一致。对此，我方则认为，竖拖块是跟竖导轨相连接的，至于竖拖块跟刀具架如何连接并未限定，即使被告侵权机器是竖拖块通过垂直升降板连接的，也至少是等同侵权。

第三，关于原告专利权利要求 1 “所述的工作平台中固定有两根沿水平纵向平行设置的圆柱导轨”，对方代理人认为其生产的被控侵权机器是四根圆柱导轨，与权利要求书 1 的两根不一致。同时还提出被控侵权机器增加两根圆柱导轨，能够形成第二组夹持机构，可同时夹装两种不同尺寸的工件进行加工，提高了效率。最后，被告代理人还提出，权利要求 1 只保护两根圆柱导轨，而却要对四根圆柱导轨也进行保护的话，显然是扩大了专利的保护范围。对此，我方则认为被告涉嫌侵权机器增加的两根圆柱形导轨，是以基本相同的手段，实现基本相同的功能，达到基本相同的效果，并且是本领域的普通技术人员无需经过创造性劳动就能够联想到的特征，属于等同的技术特征。

在技术比对时，双方各执一词，争论激烈。比对结束后，法官要求原告方明确双方的技术特征到底是相同还是等同，并强调只能选择其一，不能含糊其词，模棱两可。由于侵权机器与我方的必要技术特征并不完全相同，不过，两者的差异并不影响等同侵权的“三个基本相同”，因此，我们选择了等同侵权。

五个回合

12 月 3 日下午，法院正式开庭。我方先向法庭陈述了诉讼请求：“（1）请求判令被告立即停止生产、销售侵犯原告专利权的‘RJ2512-8 型四轴联动雕刻机’，并对库存产品予以销毁；（2）请求判令被告赔偿原告经济损失人民币 30 万元；（3）请求判令被告在《新民晚报》刊登声明，以消除影响；（4）请求判令被告支付原告至起诉日的维权合理费用人民币 35000 元；（5）请求判令本案诉讼费用由被告承担。”

法官根据双方的陈述，将争议焦点归纳为五个方面。双方紧扣焦点，举证说理，可谓旗鼓相当，不分伯仲。

第一，关于被控侵权机器是否侵权，如若侵权，是相同侵权还是等同侵权。关于这个问题，在此前的现场技术比对时，双方均进行了充分的阐述。被告始终坚持认为其产品不侵权，其理由是既不相同也不等同。对此，我们早已有所准备，坚持了在技术对比时的观点，只是将对方侵权的理由稍作调整，由等同侵权变为相同侵权，强调我方向法庭提交的证据，足以证明被告侵权机器的所有技术特征均已落入原告发明专利的保护范围，且被告在展览会上展出该侵权机器，是一种销售行为，至少是许诺销售。根据我国《专利法》之规定，被告的行为属于未经专利权人许可，为生产经营目的制造、销售、许诺销售专利产品的行为，显然构成专利侵权，理应承担停止侵权、赔偿损失等责任。

第二，关于被告的现有技术抗辩是否成立。被告在庭审中提出其产品所使用的技术是其几年前已经使用的现有技术，并向法庭提交了其在几年前已卖给云南某企业的设备照片及相关证明文件。对此，我方则指出，对方只是笼统地说其侵权机器与现有技术没有实质性差异，并未向法庭阐明两者技术对比的具体细节，更未详细予以论证。接着，我方还指出，侵权机器上有几个技术特征在现有技术中并未公开，如工作平台的镂空造型，取消龙门架的结构设置等。在现有技术中并未包含侵权机器的所有技术特征，因此被告现有技术抗辩不能成立。最后我方从法理上对现有技术抗辩的要件作了进一步的阐述，认为现有技术抗辩采用的是新颖性的判断标准，只有当被控侵权人实施的技术方案与其举证的现有技术相比不具备新颖性的情况下，才能认定现有技术抗辩成立。

第三，关于被告的行为是否属于制造、销售或许诺销售，原告主张的赔偿数额是否合理。被告辩称，其在展会展出侵权机器的行为是许诺销售，不属于销售行为，被告也没有销售过侵权机器，所以没有对原告造成损失，也没有因此获利，原告要求赔偿 30 万元没有依据。对此，我方提出，对方侵权涉及制造、销售和许诺销售。关于赔偿数额，涉案专利产品的售价是 20 万元左右，每台产品的利润在 10 万元左右，现原告估算提出 30 万元的赔偿数额是比较保守的。被告作为一家大型生产、销售企业，其生产、销售的侵权机器远不止被保全的这一台。因此，原告提出的 30 万元的赔偿数额是有法可依、完全合理的。

第四，关于被告是否对原告造成商誉损失，是否需要登报声明，消除影响。被告提出其许诺销售行为，没有对原告的商誉造成损害，而登报道歉属于人身性质，请求法院不予支持。对此，我方认为，正是由于被告在大型专业展览会上展出并销售其侵权机器，给原告造成了恶劣的影响，欺骗了广大消费者，导致了市场混淆，使消费者误认为被告的侵权机器与原告的发明专利存在某种关系，甚至认为被告的侵权机器可以完全替代原告的专利产品，显然给原告的销售带来了不利影响，故原告要求被告刊登声明、消除影响是合情合理的。

第五，关于原告主张的合理维权费用是否合理。被告提出，维权合理费用 3.5 万元过高，请求法院不予支持。对此，我方则认为，原告因维权已支付了律师费、保全费及侵权机器的保管、运输等费用，上述费用超过我方主张的 3.5 万元，显然属于合理开支，且原告也均提供了相应的证据。根据我国《专利法》第65条第1款的规定，被告应当支付原告因制止侵权行为所支付的上述合理开支。

曲线救国

2014年3月13日，法院再次开庭，庭上双方依然唇枪舌剑。我们认为被告行为是侵犯专利权的，属于相同侵权，但是如果法庭认为是等同侵权，原告方也予认可。庭审结束后，合议庭再次主持调解，认为本案疑点重重，继续审理下去，需要现场作技术比对或请技术专家作评判，将耗费大量人力和物力，不如调解为好。双方同意调解后，法官多次做了双方工作，最终在法院的主持下达成了调解协议：（1）被告公司保证不再生产、销售、许诺销售侵权的机器；（2）销毁被扣押的侵权机器；（3）被告补偿原告经济损失人民币2万元。

这样的调解协议对我们来说虽然不够理想，但也基本达到了维权目的，对方承诺了停止侵权，也就制止了对方继续侵权，这是专利维权的首要目的。调解协议第二条进一步强化了对方的侵权性质，分清了是非，第三条补偿了原告2万元，赔偿了原告的合理损失，这对许诺销售来说也是很好的结果了。因此，总的来说，这样的结果对原告来说也是胜诉了。

至此，立体雕刻机的系列诉讼案终于圆满地落下帷幕，在整个维权过程中，共涉及五个专利侵权案件，我们保持了全胜的诉讼佳绩。真是当之无愧的屡战屡胜，百战不殆。这得益于吴总专利可靠的“三性”和专利文件的精湛，也得益于我们律师团队的精诚合作和不屈不挠，更得益于吴总对律师维权工作的信任和理解。

感　　由

本案系列案件办理至今，可谓是屡战屡胜，但在喜悦之余，我还是觉得有三个问题值得深思。

一、发现专利侵权应该如何处理

这是一个理念问题，是坚决维权，还是踌躇不决，甚或放任自流？我在上海国际技术交易会上提供知识产权法律咨询时，一位法人集团的主要合伙人曾询问我，发现专利侵权应怎么办。我提出当然要积极维权，但另一位专利发明人的主要合伙人却持相反观点。他认为，发现侵权是正常的，如要维权，既要花费成本，又要浪费精力，与其劳民伤财，不如发明创造，继续领先市场，以甩开侵权者。其实这种想法在现实中并不少见，但事实证明这种想法是不可取的。专利维权虽然动辄数年，并且耗财耗力，然而侵权者犹如癌细胞，若不打击就会扩散，而市场份额就如正常细胞，若不消灭癌细胞，癌细胞就会吞噬正常细胞。当市场被侵权产品占领以后，企业必然举步维艰，甚至影响到企业的生死存亡。因此我认为，应积极和坚决对于专利侵权进行维权。若发明人确有公益心，希望造福于社会，那么也应等到新的发明技术开发成功以后，再使旧的发明专利成为公有技术。权利人决不能手握权利，却不行使，并对侵权者放任自流。

本案中吴总即以积极维权为上策，一旦发现侵权就立即维权。如今他在全国各地忙于维权，每年参加各种相关展会数十次，会上既展示自己的产品，也观测侵权产品的动态，一旦证据确凿便马上向人民法院起诉，主张权利，取得了显著成效。如今S公司已成为立体雕刻机行业的龙头企业，订单年年增长，业务蒸蒸日上，这显然是维权带来的结果。

二、展会期间发现侵权应该如何处理

一般来说，展会期间发现侵权，应当采取证据保全措施，或向展会专设的维权中心举报，要求侵权产品撤架，或向人民法院申请诉前或诉中证据保全。按通常的做法，当事人往往会选择诉前保全。例如本案原告，就是在展会当天即向法院提出诉前保全申请，法院也迅速作出裁定，在展会结束前，及时采取保全措施，成功锁定证据，从而为胜诉奠定了基础。这就充分说明了诉前保全的重要性。

然而，在非必要的情况下，展会期间申请诉前保全并非取证的首要之选。事实证明，此种保全形式，看似证据确凿，实际也有成效，但诉讼成本花费不小，且保全担保金数额巨大，资金短期内难以流转。并且法院也要兴师动众，不但法官要前往现场，还需要法警陪同，个人和法院诉讼成本均颇高。但如果没有取到侵权产品销售的证据，虽有制造事实，法院也只能认定侵权行为仅属许诺销售，即使胜诉亦获赔甚少。权利人不如静观其变，或购买侵权公司的产品，待其实际销售成功，则制造和销售证据确凿，法院可依法判决较高的赔偿额，当事人维权也就可以获得事半功倍的效果。否则，一旦法院认定许诺销售，原告劳民伤财，事倍功半，虽胜犹败。

谈到赔偿，在此我不得不说一下发明人不愿维权的另一个原因，那就是司法赔偿中填平原则的不合理性。填平原则是民法的基本原则，旨在保护交易过程中主体的平等地位，以防止当事人在维权中过多获益。但专利侵权情形特殊，成本低，收益高，时间长，往往使侵权者铤而走险。如本案 D 公司被认定为许诺销售，仅赔偿合理费用 2 万元，法律规定似乎在鼓励侵权。相反专利维权法人成本却很高，侵权赔偿又是以补偿权利人的损失为原则，并无惩罚性，故专利权人往往不愿去打一场虽胜犹败的官司。因此我认为，在专利立法和司法上，应当对专利侵权加大惩罚力度。除了补偿被侵权人的损失以外，还应当对故意侵权、情节严重的行为实行惩罚性赔偿，加大对侵权者的打击力度，以有效制止侵权者的行为。

三、原告在专利侵权诉讼中，是否可以不向法院明确被告是相同侵权还是等同侵权

这个问题在司法实践中常有争议，有的法官认为原告必须明确被告是相同侵权还是等同侵权，而且两者只能选一，否则就要驳回诉讼请求。也有法官认为原告只需主张被告专利侵权，至于是相同侵权还是等同侵权，既可以由原告选择，也可模棱两可，只要侵权构成，法官就予以支持。我同意后者观点，其理由如下：首先，诉讼的胜负是取决于对原告诉讼请求的支持与否，而并非取决于请求理由是否得到法院的支持，而诉讼请求是否能得到支持，主要应取决于专利侵权事实是否得到法院的认定。其次，相同侵权或等同侵权是是否构成专利侵权的理由，在法官判断被告是否构成专利侵权时可作参考，与侵权事实的认定并无直接因果关系。再次，原告诉讼请求所主张的是被告专利侵权，至于专利侵权的理由法院可以通过法庭调查、技术比对或专家鉴定等方法来加以确定，属于法官自由裁量的范畴。最后，司法实践中，驳回诉讼请求通常适用于以下几种情况：一是当事人主张实体权利缺乏证据，二是当事人的诉讼请求没有足够的法律依据或者违反国家法律，三是原、被告主体不适格，四是当事人主张的权利已过时效。对于专利的相同侵权或等同侵权的认定不属于上述驳回诉讼请求的几种情况。

09 全面出击
——南方三省玉米脱粒机专利维权系列案

案　由

巴中红河农业机械有限公司（以下简称红河公司）是一家专门生产玉米脱粒机的农机企业，在四川省乃至西南地区的市场占有率很高，年产值达数千万元。2009年红河公司李总发明了“一种玉米脱粒机”，并于2009年申请了发明专利，2011年获得授权。该玉米脱粒机一经问世，由于其实用性强、简单耐用、脱粒效果好，故市场迅速扩大。然而，与此同时仿造者便蜂拥而来。为此，李总便开始在全国各地艰苦维权，可是效果却不够理想，无奈之下，经人推荐就找到我。当时该案已经在南宁、贵州和云南等地提起维权诉讼，已初见成效，接着还将进军长江流域和北方地区进行维权。

一锤定音

2013年6月上旬我接到红河公司李总的电话，他的声音急促而有力，向我诉说自己的发明专利被大量仿造侵权的事实以及艰苦维权的无奈，同时也向我表达了坚决维权到底的决心。第二天，根据李总发来的邮件，我与所里几位助理一起分析了红河公司李总发明专利的现状，了解了红河公司的状况及过去的维权情况。认为李总的发明专利其权利基本是稳定的，因此专利维权也是可以的。

第三天，我再次主持对玉米脱粒机发明专利侵权案件的后两个问题，即“何处维权、如何维权”进行了讨论。认为何处维权涉及法院的管辖权问题，如果在当地取证就可以在当地起诉。关于如何维权问题，我们考虑了分“三步”的总体策略：第一步，采取公证取证的方式锁定证据；第二步，给侵权方发送律师函或者向法院申请证据保全；第三步，采用行政举报的方法，由专利行政机关来制止侵权。同时我们还建议红河公司派1、2名员工奔赴广西、云南和贵州，进行踩点、拍照和公证购买等初期取证工作，为日后诉讼或行政举报打下基础。

虽胜犹败

敲定去南方维权之后，原本打算先去四川巴中商定详细维权计划，后因为考虑到时间紧迫和降低成本因素，就决定直接去桂、黔、滇三省。接着我们远赴桂、黔、滇三省进行了调查取证，整理好相应证据材料后，分别向南宁、贵阳、昆明当地法院提起诉讼。

经过长达一年的努力，涉及桂、黔、滇三省的玉米脱粒机专利维权系列案，逐步取得了阶段性成果：2013 年 12 月先后收到南宁中院和贵阳中院的判决书，南宁案最先破局，让我们初尝胜果。南宁中院认为“被控侵权产品的全部技术特征与原告权利要求 1 记载的全部技术特征相同，落入原告发明专利权的保护范围”，便判决：两被告于本判决生效之日起立即停止侵犯原告的发明专利权；两被告赔偿原告损失及维权合理费用 4 万元。贵阳案一审法院也认为“被控侵权产品与原告专利权利要求 1 相比，完全落入了原告专利权利要求 1 的保护范围，被告生产、销售涉案产品的行为构成了对原告发明专利权的侵害”，遂判决：两被告立即停止制造、销售侵害原告专利权的玉米脱粒机；两被告合计赔偿原告经济损失及维权合理费用 6.52 万元。

2014 年的春节刚过，我们收到了贵州省高级人民法院于 2014 年 3 月 24 日的开庭通知，原来贵阳案两被告已经上诉到贵州高院。我们按通知日期准时赶到贵州高院参加庭审。庭审过程持续很短，庭审中只有一个法官简单地了解了一下情况，对方律师提出了现有技术抗辩，并以原告专利正处在无效申请程序中为由，要求法院中止审理，我们则针锋相对地对对方的观点一一进行了驳斥，提出由于系争专利是发明专利，无效决定尚未生效，故法院可以不中止审理。

2014 年 3 月 26 日昆明中院开庭，庭审中双方各自表达了观点。我们按程序向法庭陈述了诉请、理由及证据，也将对方侵权机器的技术特征与系争专利的必要技术特征一一作了对比。对方态度很诚恳，没有任何证据，对我方的诉请、理由及证据均无异议。昆明中院于 5 月 24 日判决。判决书认为被告出售的玉米脱粒机与原告专利权利要求所记载的必要技术特征相同，落入原告专利保护范围。遂判决：两被告立即停止销售侵犯原告专利权的产品；两被告于本判决生效之日起 10 日内赔偿原告经济损失 2 万元。

历时一年的玉米脱粒机南方维权获得桂、黔、滇三连胜，似乎很风光。然而却由于系争专利在无效程序中受挫，形势发生逆转，风光不再，我们将面临一筹莫展的局面：

第一，2014 年 4 月 23 日，国家知识产权局对系争专利作出大部分无效的审查决定，即原告玉米脱粒机专利的 10 个权利要求，只剩下权利要求 5 有效，其余 9 个均被宣告无效了；第二，贵阳案虽然一审判决被告赔偿 6.52 万元，但对方上诉，又因专利被部分宣告无效，故 5 月 28 日被贵州高院驳回诉讼请求，该案前功尽弃；第三，南宁案虽然判决了对方赔偿 4 万元，但因被告公司已经注销，致使难以执行，不久就将会中止执行；第四，昆明案虽然判决两被告赔偿 2 万元，但是如果对方上诉，则又将难免被驳回的噩运，即使侥幸过关，执行恐怕也会难以进行。

感　　由

回顾一年来的维权之路先赢后输、先喜后忧，实乃虽胜犹败。其跌宕起伏，令我感慨万千。痛定思痛，追本溯源，我们认为红河公司李总的维权精神是可嘉的，他多年的维权之路有一定成效，至少打击了侵权势头，夺回了部分市场。然而由于主、客观原因，导致打击不彻底，维权很艰难，成效不显著。如此，则李总该怎么办？是继续维权，还是退而守之。我们认为维权行动是要继续进行的，但方法策略有待改进。对比我所先前代理的立体雕刻机专利维权案，玉米脱粒机的特点是价值低廉，容易仿造，市场面广，侵权隐蔽，专利易被宣告无效，赔偿颇少，且异地诉讼，这就给维权带来了很多困难。相比之下，立体雕刻机专利维权案其客观情况就有所不同，因而取得了较好的维权效果：第一，专利的撰写质量较好，侵权者很难绕开专利技术。第二，专利稳定性强，专利经三次无效程序，专利复审委依然维持专利有效。第三，针对专利侵权的特点制定了有效的诉讼策略，如在找不到生产商的情况下，就选择打击使用者。又如利用行业展销会的机会进行证据保全。第四，立体雕刻机体积大、价值高，取证易、赔偿多。第五，备有专门的维权基金，专款专用，使维权可续。

立体雕刻机案与玉米脱粒机案各自的维权特点不同，其两者的维权结果当然就不同，那么类似玉米脱粒机这样的专利究竟是否要维权，又如何维权呢？

我们认为尽管类似玉米脱粒机那样的专利产品本身存在一些维权不利的因素，如价格便宜、极易模仿、侵权者众、侵权面广等，但是专利维权还是必须的，首先，在战略上，要藐视对手，要有李总这种不屈不挠的维权精神；其次，在战术上，即在具体方法上也要因案而异，灵活机动，充分准备，选好律师。这样才能行之有效，事半功倍。具体来说就要：第一，需要聘请专业的专利代理人进行专利撰写工作，专利撰写质量的好坏，直接决定了在无效及诉讼程序中专利的稳定性。第二，专利权人在申请专利的时候，一定要做好必要的检索，要慎重考虑，不然就可能直接造成专利的后天不足。第三，要针对专利的特点，并结合侵权产品的现状来制定专利维权战略。因地制宜地选择打击使用者、销售商或者生产商。第四，企业必须增强市场意识，如果要取得好的维权效果，就必须建立维权的专业团队，把专利维权和公司其他经营战略结合起来，通盘考虑。第五，应不断研发创新，改进技术，使技术始终领先于侵权者。

10 花落主家
——ACL 公司诉 RT 公司专利权属纠纷案

案　由

2015 年 4 月的一个下午，办公室迎来了一位客户 K 主任。K 主任所代表的 ACL 公司是一家专业经营数控机床，具有中等规模的民营企业，由其母公司广东某集团于 2003 年投资设立。后 ACL 公司落户沪北，经历了从无到有、从小到大的过程，逐步由十几人的小公司，成长为具有上百人、年产值过亿的中等规模民营企业，经历了与这个时代经济同步的高速发展，可以说，ACL 公司是这个时代中国工业经济突飞猛进的典型代表。

K 主任是 ACL 公司研发部主任，主要负责公司的研发设计工作，是公司的高管之一。2014 年，ACL 公司的前任总经理 W 先生在离职后，凭借其与研发部同事多年的情谊，轻而易举地鼓动了大多数技术人员跳槽，改投其新成立的 RT 公司。同时被吸引跳槽的还有销售部员工。可是事情的严重性还远不止如此，这些技术人员还将 ACL 公司的技术资料带到了 RT 公司。RT 公司所生产的产品是与 ACL 公司同类的数控机床，其在获得这些技术与销售人员后，就对老东家主动展开了商业攻势，短短一年间 ACL 公司的市场份额就被吞噬了半壁江山。如此一来，ACL 公司的销售业绩急剧下滑，经营顿时陷入了困局，怀疑与不安的气息在公司迅速弥漫，ACL 公司在过去这段时间里始终处于风声鹤唳的紧张状态。

后 K 主任委托我和我所张律师维权，想利用法律武器帮助 ACL 公司摆脱困境。在经过了初步交谈之后，张律师认为这是一起典型的不正当竞争案，涉及专利确权、专利侵权和商业秘密侵权等多项知识产权，于是我们决定先从专利确权案着手。经我和张律师一年半的努力，终于物归原主，为 ACL 公司夺回了 5 起专利权。

三进“ACL”

由于ACL公司和RT公司生产的数控机床都是比较成熟的产品，外形基本都大同小异，因此仅靠K主任带来的图纸和照片，我们认为很难得出有参考性的法律意见，因此在办理委托手续后，我与张律师商量，决定先去ACL公司对他们的产品和技术做一个摸底调查，毕竟不论是专利方面，还是商业秘密方面，都离不开证据的支持。在实地调查之前，我们用了几天时间仔细阅读了K主任带来的技术资料，其中一份名称为“气动前托料”的图纸引起了我们的兴趣。仅从ACL公司的图纸和RT公司专利说明书上的附图来看，两者几乎相同。虽然目前还无法确定该设备的原理和结构，但我们已可基本判断RT公司所申请的专利，其技术内容就是ACL公司的职务发明。除此之外，我们还对ACL公司和RT公司所有的关联产品作了全面的梳理，以便于我们现场考察时一并了解。

4月14日，我们第一次到ACL公司的厂房进行现场考察。ACL主打的设备为数控冷加工机床。经核对，我们发现RT公司所申请的多项专利中有2项专利系原封不动地照抄ACL公司的技术，其余则在局部做了改动。因此，我便向K主任建议道：“在专利方面，对方为了钻法律的空子，在申请专利前对你们的技术进行了一定程度的修改，要一次性使专利物归原主有点难度，最好是分批起诉，先拿下最有把握的几个，再乘胜追击。当然具体的先后次序还要再研究一下。另外，我们也要制止对方公司的不正当竞争行为，这个可以暂缓一步，先咨询一下有关专家的意见。”K主任听了我们的建议后表示赞同。在首次考察后，我们便将诉讼的基调定了下来。

不久，我们又赴ACL公司，这一次我们是有备而来的，不仅带上了准备起诉的第一批案件材料，而且还将这两周里反复讨论研究的几个技术问题一一列出，由ACL公司的技术人员给我们作说明解释。在搞清所有的技术问题后，我们心里开始有了些把握。根据《专利法》第6条和《专利法实施细则》第12条的规定，这些专利一部分属于发明人的本职工作，一部分则与ACL公司分配给发明人的任务有关，且其申请日距他们离职时间均不足一年，故理应属于职务发明。回所后不久，我们就向上海知识产权法院递交了第一批专利权属纠纷的起诉状和证据，不久法院就受理立案，并很快发出了开庭传票。

始料未及

2015 年 8 月 18 日，ACL 专利权属纠纷系列案在上海知识产权法院开庭。原、被告双方互相确认了提交法庭的各项证据之后，开始发表质证意见。被告代理人称：首先，ACL 公司只是进行了 OEM（定点生产）加工，并非涉案专利的发明者；其次，被告并不认可原告“职务发明”的说法，称 W 先生在 ACL 公司担任的是管理职务，并非技术开发人员，且其离职后仍有权发明、创新，故涉案专利并非 ACL 公司的职务发明；最后，被告代理人对 W 先生的个税缴费记录与案件的关联性提出质疑，认为以其推算 W 先生的离职时间不妥，应以离职确认书为准，且 W 先生自 2013 年 5 月起不再担任 ACL 公司的股东，说明其已从公司离职。

对此，我们则针锋相对地反驳：首先，RT 公司否认涉案技术方案的创造性与其申请专利的做法自相矛盾。我方提供的证据能够充分证明该项成果的技术设计、工艺设计均应是 ACL 公司的职务发明成果。其次，退股不能说明 W 先生已离职。个税缴费记录是一项证明力很强的证据，其证明 W 先生当时一直并未离职。关于无 W 先生离职确认书这一问题，那只能说明其离职手续尚未办妥。

随后，被告向法庭申请 ACL 公司原职工、本案中图纸的设计人 Z 某作为证人出庭，试图证明涉案设备图纸完全是依照比利时某公司所提供的草图绘制完成，而证人作为 ACL 公司的设计工程师并未投入创造性劳动。证人的出庭是我们始料未及的，我们对 ACL 公司老技术人员出庭作证并无思想准备，因此对对方的技术人员进行质证有些被动。然而这一情况对我们来说既是挑战也是机会，若能通过向其发问，让他说出对我方有利的事实，那么这将是一种比较有力的证据。好在我和张律师有一种默契，决定从三个方面入手：一是问清该证人与 RT 公司高层，尤其是与总经理 W 先生以及技术经理 L 先生的关系；二是让该证人说出涉案专利技术的来源；三是要迂回地证明 W 先生对于专利技术是充分知晓的，并非仅是管理负责人。为了达到这三方面效果，我和张律师轮流对 Z 某进行发问。不料 Z 某颠倒黑白，根本不是陈述事实，只是被告的代言人，将原本极富创造性的设计工作描述成了一种抄袭、誊写的工作。于是，我们向合议庭提出：首先，证人显然与被告方存在利害关系，其证言不可采信；其次，只凭参数和图片是无法制造出产品的，要将技术要求引进、消化、吸收，最终制造出产品，其中必须付出创造性劳动；最后，既然证人当庭向法官承认了其技术来源于比利时某公司的照片和草图，那么被告就必须承担关于照片和草图的举证责任。

证人退庭后法庭就宣布进入辩论阶段，原、被告双方各自发表了辩论意见。由于在听证阶段，原、被告双方都充分发表了举证和质证意见，本案的事实已跃然纸上。因此，我方辩论只是重点强调了图纸的设计必须经过创造性劳动。本案并非“三来一补”中的“来图加工”或“来样加工”，而是非标产品的买卖行为。这些非标产品是需要 ACL 公司设计后制造的，而该设计工作就是一个创造发明的过程。且涉案专利技术特征与 ACL 公司产品的技术特征基本相同。被告代理人则坚称原告产品不存在“发明创造”，且其专利的“核心技术特征”与原告的并不相同。

开庭后不久，RT 公司又申请第三人比利时某公司出庭参诉。经过漫长的公告送达程序后，2016 年 10 月，比利时某公司确定参诉，于是法庭将开庭时间定在 2016 年 10 月 26 日。

庭审中比利时公司的代理人称本案原、被告都是其在中国的定点生产商，具体合作方式是由其提供草图、技术指标或者当面技术交流，然后委托原、被告加工。本案涉及的专利技术方案是比利时公司向 ACL 公司下订单时，以交付草图的方式交由 ACL 公司加工，ACL 公司不存在任何技术创新。比利时公司向法庭提交了其与 ACL 公司的商品合同、其公司总经理关于上述内容的《陈述函》，以及其公司人员手绘的折弯机机械参考示意图。此外，比利时公司还向法庭申明其认可被告 RT 公司在中国境内就其所有的涉案技术方案申请专利。

我们对于第三人比利时公司的上述陈述早有准备，当庭提出：关于商品合同，其仅能证明第三人与原告之间存在交易，不能证明涉案技术方案系第三人所研发和设计，事实上原告提供的图纸足以证明涉案技术方案系原告所设计；关于第三人公司总经理的《陈述函》，其属于证人证言，在证人未出庭作证的情况下，按民事诉讼法规定，法庭不能予以采信；关于第三人公司人员手绘的折弯机机械参考示意图，该证据没有设计人的签字或盖章，无法确定图纸的绘制时间，不具有真实性，且图纸过于简单，根本不能得出与原告图纸相似的前托料架的技术方案和结构组成。

此外，我们还向法庭指出，本案原告已提供充分证据证明涉案专利的技术方案来源于原告，而被告及第三人提交的证据均不足以证明涉案技术方案来源于第三人或者由被告自行研发，故根据民事证据的高度盖然性标准，应当认定涉案技术方案为原告所设计和研发，涉案专利应为职务发明，其专利权理应归属原告。

庭审结束后，法官宣布合议庭将择日宣判。

水落石出

首起案件的庭审对于我方而言较为顺利，RT 公司的专利申请文件及附图与 ACL 公司的图纸如出一辙，加之 W 先生的离任和大量技术人员的跳槽时间又均集中在申请涉案专利前一年内。面对如此有利的形势，我和张律师作了简单的交流，我们都认为该案的胜诉希望较大，应趁热打铁将后续的第二批和第三批案件递交法院，一鼓作气地尽可能拿回专利权和申请权。在一周后，我们就把第二批专利确权案的诉讼材料递交上海知识产权法院，后又于 11 月 17 日将第三批案件的诉讼材料递交上海知识产权法院。

2015 年 9 月 24 日，第二批专利权属纠纷案在上海知识产权法院开庭。这次开庭，我们改变了策略，不再主张这些技术是发明人在原告公司的本职工作，而主张这些技术都是与原告公司所分配的任务相关的发明创造，而这些技术在被 RT 公司申请为专利时，距发明人离职均不足一年。这一改变完全打乱了被告代理人精心准备的技术对比策略。而我们之所以会这样决定，原因有三：首先，《专利法实施细则》第 12 条第 1 款第 1 项与第 3 项在认定职务发明的构成要件上不同，第 3 项对于申请时间的要求比较严格，而对于技术的相同程度则要求比较宽松，本系列案中的被告显然忽略了这一点；其次，被告对从 ACL 公司获取的技术进行了修改和更名，增加了技术对比的难度，从被告当庭提供的对比表来看，其显然进行了充分准备，试图引导法官否定双方的技术相关，而我方的策略正好避开了这一点；再次，如果强调两者技术方案相同，则双方必然会各持己见，争论不休，其结果未必对我方有利，因此我们始终咬住发明人离职不足一年这一事实，而对这一点法律规定是非常明确的。

依照这样的思路，庭上我们对涉案专利依次作了简要描述，在此过程中被告代理人多次强调两者的技术不相同，对此，法官指出我方并未主张双方技术完全相同，只主张双方技术相关。

第二批权属纠纷案开庭后不久，我们又收到第三批权属纠纷案的开庭传票，法院定于 2016 年 4 月 26 日、27 日开庭审理，这次开庭几乎是第二批案件开庭的翻版。法官首先要求核对职务发明人的劳动关系信息。由于我们提交法庭的合同、离职记录较为翔实，被告代理人也就没有否认这些发明人申请专利的时间。庭上，我们仍然主张这些技术都是与原告公司分配的任务相关的发明创造，且这些技术在被 RT 公司申请为专利时，距发明人离职均不足一年，故应属职务发明。

对此，我们还向法庭补充提交了科委的项目计划书等新证据。因不涉及技术特征对比，故此次开庭同样比较顺利。由于我方采取了扬长避短的策略，成功打乱了被告部署，使本系列案件前景光明起来。

2016 年 12 月 23 日，上海知识产权法院一审认定，第一批涉案专利与原告 ACL 公司的“技术图纸在技术方案、零件构成和工作原理方面相同”，且“涉案专利的发明人均与原告公司有劳动关系……涉案专利的技术与发明人的技术工作有直接关系……与完成原告订单有关的工作是涉案专利发明人的本职工作”，故判决涉案专利归原告 ACL 公司所有。至此，原告的第一批专利确权系列案件先拔头筹。不久，第二批案件和第三批案件同日判决，法院判决其中 4 个专利与我方的技术方案的“结构组成、安装位置、之间的相互位置关系和运动关系、工作原理都相同”，系“发明人的本职工作或者是执行本单位工作任务而完成的发明创造”，故应为发明人在原告 ACL 公司的职务发明，其专利权归属 ACL 公司所有。至此，该专利权属纠纷系列案在我方的努力下有 5 起终于取得了较好的结果，原告 ACL 公司在收到判决书后士气大振。

感　由

本专利权属纠纷系列案自接受委托至一审判决，共历时一年半，案件数量多，耗时长，难度大，但好在我们采取了较为稳妥的诉讼策略，为我方争取了有利条件。本案一审虽取得了一定的胜利，但我对一个关键问题一直纠结于心，即《专利法实施细则》第 12 条第 1 款第 3 项中的“有关”一词应作何理解？是仅需涉案专利与原告的技术方案在技术领域和所解决的技术问题上相同即可，还是需详细比对两者的技术方案、零部件结构以及工作原理等细节因素相同与否。我们认为，法院在适用该项规定时无需对两者的技术方案、零部件结构及工作原理进行详细比对，只需涉案专利与原告的技术方案在技术领域和所解决的技术问题上相同即可，其理由如下：

首先，从该项关于“一年之内”规定的立法本意来说，该项规定应当仅要求涉案专利与原告技术属同一领域，但两者在技术方案、结构、工作原理等方面无需完全相同。因为若两者的部件、结构、工作原理相同，那么无论涉案专利是否处于发明人离职后一年之内，均应分别直接适用该款第 1 项或第 2 项关于“本职工作中作出的发明创造” 和 “履行本单位交付的本职工作之外的任务所作出的发明创造”的规定，本款第 3 项的规定就失去了存在的意义。

其次，从该项规定的字面文意来说，该项规定中的“有关”一词本身就是一个比较含糊的用语，其涵盖的范围应该更广，即不要求涉案专利与原告的技术方案在零部件结构，以及工作原理等细节因素方面完全相同。否则法条就不应使用“有关”一词，而应明确规定两者“相同”或者“实质相同”。

再次，从技术发明创造的延续性来说，发明创造的完成是一个连续的过程，且存在阶段性技术成果。该项关于“一年之内”的规定恰恰体现了发明创造的延续性。若要求技术人员离职后所作的发明创造与其原单位的技术在结构、原理等方面均相同或实质相同的话，那么发明人在离职后仅需在原发明创造的基础上进行修改，即可规避被认定为原单位的职务发明，这对于曾经投入大量人力、物力和财力的原单位来说显然是极不公平的。

最后，上海第一中级人民法院和上海高院也曾在专利权属纠纷案件中，认为在适用《专利法实施细则》第 12 条第 1 款第 3 项时，“发明创造的技术特征与发明人在原单位履行本职工作所接触到的技术方案并不需要完全相同，只要具有一定的关联性即可”，且“涉案专利技术方案与原单位图纸中所反映的技术方案相比是否具有创造性，并不影响职务发明的认定”。

11 完璧归赵

——境外CT公司诉华方公司功能性特征专利案

案　由

被告江阴市华方新技术科研有限公司（以下简称华方公司）成立于1991年，该公司集纺纱设备的研制、开发和销售于一体，是一家发展势头良好的民营高新技术企业。

原告境外CT公司主营纤维机械、车床机械等设备的生产和销售。相对于华方公司来说，其不仅历史悠久，而且在全球市场都具有重要的影响力，在我国生产销售布局亦宏大远虑，是名副其实的机械行业巨无霸。2015年6月，CT公司申请法院查封了华方公司在某国际纺织工业展览会上展出的纺纱机，随即以该纺纱机侵犯其专利权为由提起专利侵权诉讼，要求华方公司停止侵权，销毁产品、模具并赔偿其损失计人民币50余万元。

2015年6月30日，华方公司董事长来访，说听闻我在瑞士某跨国公司诉我国民营企业的案件中，代理民营企业抗辩成功，而他们公司正陷于一场专利侵权诉讼，遂想请我老将出马，以化险为夷，摆脱困境。听着董事长的叙述，我对本案已有初步判断：本案与我此前代理的跨国企业诉我国民营企业的案件类似。我国民族企业在发展过程中因缺乏经验，对专利等知识产权一知半解，一不小心就会踩到外国企业的“专利地雷”。本案华方公司在设计涉案纺纱机前曾对相关专利进行过检索，并尝试规避，但因其对专利保护范围的理解不足，导致其产品仍难以全部规避对方的专利，进而引发了此次专利纠纷。作为中国律师，我一直对民族企业抱有特殊的情怀，一番交谈下来，我很同情华方公司的遭遇，当即与董事长达成一致，决定披挂上阵代理本案。后经一年半的努力，法院终于认定涉案专利的大部分技术特征为功能性技术特征，判决被控侵权产品的主要部件与涉案专利既不相同也不等同。因关键部件未被认定侵权，华方公司稍作改动即可规避侵权，摆脱桎梏，故本案虽似败诉，实为胜诉。

两赴华方

我接手本案后不久，华方公司就寄来了本案的诉讼材料，包括诉状、证据及目录等，有厚厚的三大本。我和助手们看了之后，对案情有了初步了解。本案确实错综复杂。纺织机械不是日常生活中的常见设备，其结构并不为大众所熟知。纺纱部和卷绕部是纺织机械中的两个重要的组成部分，两者之间必须有一个过渡装置用以调节卷绕纱线的松紧度，也就是涉案专利的“松弛消除装置”。这项小装置在整台设备中虽然毫不起眼，但却不可或缺。CT 公司正是基于这一点，才在展销会上向法院申请对华方公司的纺织机械进行了诉前证据保全，这对华方公司来说无疑是一次猝不及防的打击。

了解了基本案情之后，我们就初步定下诉讼策略：一边迅速地收集不侵权的抗辩证据材料，一边积极地对涉案专利提起无效请求。我们首先组成了一个团队，包括两位代理律师，一位专利顾问，以及两位助手，然后于 7 月 7 日一起前往华方公司进行现场考察，以进一步了解技术事实。

华方公司的总工带我们到车间，对涉案纺纱机及被控侵权的储纱筒设备的工作原理进行了详细介绍。粗看之下，我们觉得储纱筒与涉案专利的松弛消除装置的技术特征的确较为相似，落入了对方权利要求书的保护范围，似乎难免侵权之责。眼下困难要远远高于我们当初的预计，眼见举证期和答辩期即将届满，此时我们仍然觉得一筹莫展，真是令人心急如焚!

7 月 11 日，本案另一位代理人张律师单独前往华方公司，与总工进行会晤，一起商讨申请专利无效宣告的方案。张律师是某高校的专利法教授，造诣颇深。因本案案情复杂、难度极高，因此邀其加盟，共商对策。当张律师听到总工说 CT 公司曾有类似设备卖到江苏某公司时，她马上建议华方公司派人前往取证，以作为申请无效宣告的补充证据。后来，这些公证过的设备也成为我们要求法院中止审理的重要证据。

7 月 14 日，华方公司对涉案专利提起的专利无效宣告请求被受理。于是我们马上向法院申请中止审理，并附上了申请无效宣告的受理通知书。与此同时，我们也发现，原告递交法院的文件里缺少一份《被控侵权纺纱机与涉案专利的技术对比》，于是立即利用对方提交文件不完整的漏洞，向法院申请延期举证，并得到了法院的同意，赢得了一丝宝贵的喘息之机。

7 月 22 日，我们再次造访华方公司，与董事长等人就应诉准备情况进一步沟通。首次造访后，我们基本知晓了纺织机械的工作原理和结构，也了解了涉案专利的具体内容。该专利共两项独立权利要求，其中独立权利要求 1 主要包含三个必要技术特征：松弛消除辊、解卷绕张力施加件和传递力调节机构。独立权利要求 5 缺少传递力调节机构，但多了作业台车这一特征。虽然从外形上看，华方公司的储纱器与专利产品较为相似，但其内部的具体结构我们尚未全面了解，尤其对传递力调节装置和解卷绕张力施加件的工作原理和结构，我们依然是模糊不清的。在第二次考察后，我们掌握了华方公司设备的基本技术细节。临别时，我们又要求华方公司提供一个储纱器实物，以便带回所里进一步拆解研究。

8 月初，华方公司向我们提供了储纱器的图纸和资料。接着我们又到法院调取了 CT 公司在展销会上对华方公司纺纱机进行证据保全的录像、照片等资料，发现法院所保全的证据影像清晰，CT 公司显然是不打算给华方公司留下任何辩解空间。

突破重围

我们回所后反复观看了法院复制给我们的证据，觉得这些证据似乎将华方公司捆得严严实实，难以脱身。正当我们仔细研究涉案专利权利要求书的时候，眼前突然一亮，权利要求书中的“松弛消除”“解卷绕张力”和“传递力调节”这些词组显然是功能性语言。根据《最高人民法院关于审理侵犯专利权纠纷案件应用法律若干问题的解释（二）》（以下简称《专利法司法解释（二）》）的规定，功能性技术特征的保护范围仅限于不可缺少的技术特征，这就缩小了权利要求的保护范围，因此我们决定运用“功能性技术特征”这一概念来作为突破口进行抗辩。

8 月 13 日，我们三访华方，与总工全面分析了本案的利弊得失，并将我们目前的情况及将要采取的以功能性技术特征进行抗辩的策略和方针与其进行了沟通和交流，并达成了共识。

此前也曾提到，华方公司技术人员在研发储纱器时已进行过相关专利的检索，并对其进行了技术改进。我们在分析华方公司的“储纱筒”与松弛消除装置发明专利的三大技术特征时，发现二者确有很大不同：

1. 关于松弛消除辊，涉案专利为一体式结构，中部为圆柱体、两端为圆锥体，且中部伸出一轴，用于安装传递力调节机构和解卷绕张力施加件。而华方公司的储纱器则采用分体式结构，由筒体和拨叉组成，拨叉插置于筒体的凹槽内，且两者偏心设置，中部并无伸出一轴。

2. 关于传递力调节机构，涉案专利通过旋转调节螺母改变两摩擦片之间的压力，以达到调节摩擦力的目的。而华方公司的储纱器则采用调节两永磁体之间的距离，来改变两磁铁之间的斥力，以达到改变摩擦力的目的。

3. 关于解卷绕张力施加件，涉案专利采用将杆状件、轮元件、传递力施加件和支承原件组合的方式安装于中部轴上。而华方公司的储纱器则采用杆状件通过嵌压的方式安装在轴元件位于前端一侧的顶部。

根据《专利法司法解释（二）》中关于功能性技术特征的保护范围仅限于实现所述功能不可缺少的技术特征的规定，华方公司的储纱器与涉案专利在结构上显然存在较大差异，两者既不相同也不等同。如此一来，华方公司的储纱器就有可能突破重围，不构成侵权。

至此，案件终于呈现出柳暗花明、峰回路转的态势，经历了三赴华方，两地取证，多边会晤，应诉方案几经反复，最终敲定。此时我们对整个案件的准备工作已基本完成，胸有成竹，只待开庭。

措手不及

2015 年 9 月 23 日，本案一审开庭。原告方以专利文件作为其权利依据，以保全被告设备的公证书、宣传册等材料作为指控侵权的证据，并称其已向法庭申请对涉案实物进行是否侵权的鉴定。对于这些证据，我方没有进行过多的质疑，只是否认了涉案设备已售这一事实。本案的争议焦点在于华方公司是否构成侵权，因而法庭就将涉案专利的技术特征与涉嫌侵权产品的技术特征进行了比对。

原告方不仅对于技术事实进行了充分的准备，而且还特地从北京自带了一台投影仪用以显示图片，配合其进行技术特征比对。在原告律师对涉案专利独立权利要求 1 的技术特征进行描述后，法官即向原告提出一个问题："这里的'松弛消除辊''传递力调节机构'和'解卷绕张力施加件'是不是功能性特征？在权利要求中有没有具体的技术特征？"

这可谓正中我方下怀。"功能性技术特征"正是我方进行不侵权抗辩的主要理由，法官一开始就提出这个问题，就说明法庭已经关注到权利要求书中的功能性语言，这对于我方即将发表的辩护意见显然是有利的。我们在答辩时有意隐蔽功能性技术特征这一问题，主要是想在辩论的时候给对方一个"出其不意"，但没有料到法官会主动提出"功能性特征"这一问题，致使对方律师一时语塞，措手不及，他们在停顿数秒钟后无奈地承认："权利要求中确实没有对这些特征进行具体描述。"

法官又进一步问道："那么在说明书或者附图中对于这些特征有没有进行描述?"对方律师对于这个问题显然没有思想准备，面对法官的连续发问，只能硬着头皮应对。其一面称"有"，一面开始现场翻阅专利文件。经过一阵手忙脚乱，他们总算找到了说明书中的部分描述文字，但其一开始淡定的态度此时已不复存在。

接下来，原告律师逐条演示了 CT 公司主张保护的 9 项权利要求和华方公司储纱筒之间的技术特征对比情况。可以看出，对方律师对此次开庭是做了充分准备的。然而，由于其之前没有考虑到"功能性技术特征"的问题，导致其在技术特征的划分上显得过于粗略，对于许多技术细节也并未进行详细的了解和分析。面对法官在比对过程中的发问，以及我方针对具体技术细节提出的"不相同"和"不等同"的抗辩，对方律师逐渐暴露出对专利文件及我方证据的生疏，致使其在质证过程中显得有些捉襟见肘，始终难以对我方的质证提出有力的反驳。

比对结束后，我们总结陈述了质证意见，强调了涉案专利的技术特征应为"功能性技术特征"，并以此否认原告用"功能性技术特征"来对比我方"具体技术特征"的逻辑。原告律师表示不再发表意见，却开口向我们讨要答辩状。我们表示没有书面的答辩状。这正是我方当初定下的策略之一，其目的是想让对方措手不及，事实证明了我方策略的正确性。至此，法庭宣布上午的庭审结束。

午餐时，我们边吃边小结，对于上午的庭审表现较为满意，看来我们之前对于功能性技术特征所做的准备还是颇有意义的，使原本胜诉无望的状况出现了转机。

下午两点，庭审继续进行。原告对于发明专利的举证只剩下最后一组费用部分，我们提出被告方不认可存在侵权，故原告此组证据与本案不具有关联性。另外，我们还提出对方律师主张的律师费过高。原告举证完毕后，我们向法庭补充了照片和实物作为证据，原告律师对我方证据的真实性提出质疑，并指出无效材料和本案不存在关联性。最后法官询问了双方的调解意愿，因原告方拒绝调解，法庭宣布择日宣判。

2016 年 12 月 30 日，本案一审宣判，判决书认定"传递力调节机构"和"解卷绕张力施加件"为功能性技术特征。其中，华方公司储纱器的相应技术特征与涉案专利传递力调节机构"既不相同也不等同"。涉案专利解卷绕张力施加件不可缺少的技术特征为杆状件，华方公司储纱器相应技术特征与之相同。涉案专利的“松弛消除辊”为非功能性技术特征，华方公司储纱器的相应技术特征与涉案专利“松弛消除辊”相同。遂判决华方公司储纱器未落入涉案专利权利要求 1 及其从属权利要求的保护范围，仅落入了权利要求 5 的保护范围，并驳回了原告关于销毁产品和模具的诉讼请求。

至此，本案双方经历了一年多的角逐，一审终于落下帷幕，看似我方侵权，然形负实胜。因为：首先，涉案专利的三个技术特征中的两个被认定为功能性技术特征；其次，比较关键的传递力调节机构被法院认定既不相同也不等同；再次，华方公司的产品和模具无需销毁，如此，华方公司今后仅需对解卷绕张力施加件或松弛消除辊稍作修改即可避免侵权。

然而，事情并未就此平息。涉案专利的权利要求 5 是一项独立权利要求，主要包含作业台车、松弛消除辊和解卷绕张力施加件三个部件。由于该三部件均属必要技术特征，经研究，目前实践中并无可行的规避方案，如此华方公司储纱器仍然无法避免侵权。因此，经与华方公司商议，我们以“松弛消除辊”实则也为功能性技术特征为突破口，于 2017 年 1 月提起上诉。而原告看似胜诉，但实则并未达到其诉讼目的，因此同样提起了上诉。

另辟蹊径

原告此次上诉也是铆足了劲，其仍然坚持华方公司储纱器侵犯了涉案专利权利要求 1 及其从属权利要求，并在上诉状中更加细致地将两者的技术特征予以对比分析，看来二审又是一场硬仗。不过，我们并不打算再和对方在法庭上硬碰硬。

事实上，当一审判决下来后，我们就认识到，继续在法庭上对涉案产品和专利进行技术分析，已于事无补。唯有就涉案专利向国家知识产权局专利复审委提起无效宣告请求才是上策，且一旦涉案专利被宣告无效，便可釜底抽薪、一劳永逸。经过一审，我们已对涉案专利进行充分分析，以我方主张的三个功能性技术特征作为突破口，重点针对权利要求 5 及其从属权利要求，进行相应的检索，找出现有技术和公知技术，以证明涉案专利没有创造性。

在相关检索工作顺利完成后，我们于 2017 年 4 月向复审委递交了涉案专利的无效宣告请求。与此同时，也积极地为二审开庭做着准备。

2017 年 6 月 30 日，上海高院开庭审理了本案。在庭审中，除了争取法院支持我方的观点以外，我们当庭以涉案专利处于无效请求过程中，专利权尚不稳定为由，向法院请求中止审理，并得到了法院的认可。

2017 年 7 月 20 日，专利复审委就涉案专利的无效宣告请求进行了口头审理。由于准备充分，且证据使用、组合合理，我们认为系争专利极有可能被全部宣告无效，或者至少权利要求 5 及其从属权利要求将被宣告无效。果不其然，2017 年 12 月 4 日，专利复审委对涉案专利发出了《无效宣告请求审查决定书》，宣告涉案专利的权利要求 1—3、5—9 无效，在权利要求 4、10 的基础上继续维持该专利有效。

无效宣告作出后不久，我们便向二审法院递交了如下补充代理意见：

首先，被上诉人已无权主张涉案专利的权利要求 1—3、5—9。根据《专利法司法解释（二）》第 2 条第 1 款的规定："权利人在专利侵权诉讼中主张的权利要求被专利复审委员会宣告无效的，审理侵犯专利权纠纷案件的人民法院可以裁定驳回权利人基于该无效权利要求的起诉。" 本案中，专利复审委宣告涉案专利权利要求 1—3、5—9 无效，即 CT 公司主张保护的权利要求 1—3、5—9 已经不复存在。因此，CT 公司已无权对涉案专利的权利要求 1—3、5—9 提起诉讼。换言之，原审法院判决涉案产品落入涉案专利权利要求 5、7、8、9 的保护范围的依据也不复存在，因此二审人民法院可以裁定驳回原告的诉讼请求。

其次，即使专利复审委作出的无效决定书尚未生效，法院仍可裁定驳回起诉。

专利复审委作出无效决定书后，当事人在三个月内不向人民法院起诉，或者起诉后生效的行政裁判未撤销该无效决定的，该决定发生法律效力。但若因此中止二审审理，待涉案专利的权利情况稳定后再予以裁判，势必会降低专利侵权诉讼的审理效率，并无故增加审理周期。若二审法院作出裁定，驳回专利权人的起诉，也仅是从程序上裁定驳回起诉，并非从实体上判决驳回诉讼请求。若涉案专利的无效决定书最终被人民法院的行政裁判推翻，则专利权人仍可另行起诉，这也符合《专利法司法解释（二）》第 2 条第 2 款的规定："有证据证明宣告上述权利要求无效的决定被生效的行政判决撤销的，权利人可以另行起诉。"

再次，虽涉案专利权利要求 4 仍然有效，但华方公司的涉案产品并没有落入其保护范围内。其一，两者传递力调节机构的结构不同：涉案专利在该结构中有轮元件，而涉案产品并未采用轮元件结构。其二，涉案产品的传递力施加件为弹簧、用电磁体的电磁离合器系统等。而 CT 公司的涉案专利则为两片环片状磁铁，其与电磁体的电磁离合器系统有明显区别，磁铁与弹簧的不同导致与其配合的构件及其与这些构件的连接关系也不同。因此，在华方公司涉案产品的调节机构的组成构件以及各构件之间的连接关系均与涉案专利的传递力调节机构不同，即在两者的技术手段既不相同也不等同的情况下，华方公司的涉案产品不会落入权利要求 4 的保护范围，此点也已在原审判决中认定无误。

在与华方公司交换意见后，我们向二审法院提出了撤销原审判决并依法改判的请求。

完璧归赵

由于本案技术问题复杂，又是涉外案件，故二审法院也极为慎重，并未立即作出裁判。2018 年 6 月 7 日，在我们递交补充代理词后的第 6 个月，上海高院又组织了一次现场技术比对。

根据合议庭的要求，此次比对是从权利要求 1 开始进行全面比对，双方代理人可充分发表自己的意见，即相当于对案件进行了重新审理。整个技术比对持续了逾 4 个小时，中途并未休息。在此过程中，上海高院的法官及书记员们认真听取双方代理人的意见并作相应记录，又时时提出问题，了解技术事实，其间连水都未喝上几口，我不禁为他们的恪尽职守而点赞。

现场比对结束后，我们分析：虽然当天看似对所有的技术方案都进行了比对，但实际上还是有所针对，主要还是对与涉案专利权利要求 4 有关的技术方案进行比对。由此看来，我们之前的补充代理词已经发挥了作用。故在现场比对后我们又致函合议庭，请求二审法院支持我们的主张，即在专利复审委作出的专利无效决定的基础上，尽快作出二审裁判。

2019 年 1 月 8 日，我们终于收到了上海高院寄来的本案终审裁定书及判决书，裁定驳回了 CT 公司对于涉案专利权利要求 1—3、5—9 的起诉，并判决维持了原审判决中关于被控侵权产品不落入涉案专利权利要求 4 的保护范围这一认定。

上海高院在裁定书中认为："根据《专利法》第 47 条之规定，被宣告无效的专利权视为自始即不存在。另根据《专利法司法解释（二）》第 2 条之规定，权利人在专利侵权诉讼中主张的权利要求被专利复审委员会宣告无效的，审理侵犯专利权纠纷案件的人民法院可以裁定驳回权利人基于该无效权利要求的起诉。有证据证明宣告上述权利要求无效的决定被生效的行政判决撤销的，权利人可以另行起诉。本案中，上诉人 CT 公司主张的涉案专利权利要求 1—9 中，权利要求

1—3、5—9 业已被专利复审委员会宣告无效，即便其已就此提出专利行政诉讼且为相关法院受理，涉案专利部分权利要求亦处于不稳定状态，并可能因此自始无效。故本院根据《专利法司法解释（二）》第 2 条之规定，对上诉人 CT 公司基于涉案专利权利要求 1—3、5—9 的起诉予以驳回。”

关于被控侵权产品是否落入权利要求 4 的保护范围，上海高院在判决书中认为：“被控侵权产品调节机构因其组成构件以及构件之间连接关系与涉案专利传递力调节机构明显不同，系采用不同的技术手段，故二者的技术特征并不构成等同。因此，被控侵权产品未落入涉案专利权利要求 4 的保护范围。一审判决对相应认定阐释清晰，并无不当，应予维持。”

至此，上海高院的裁判标志着历时近四年的专利侵权诉讼，我方取得了完胜，圆满收官，华方公司最终完全摆脱桎梏，将继续展翅高飞。收到二审裁判文书后，我们第一时间联系了上海知识产权法院沟通解除保全事宜，希望能尽快取回设备。2019 年 2 月 25 日，华方公司领导、我和助手前往保全地点，在执行局法官的见证下，被保全了近 4 年之久的纺纱机终于完璧归赵。

感　　由

本案一审虽似败诉，但综观大局，实际上我们还是胜了，可谓是形负实胜。而通过对涉案专利的成功宣告无效，继而获得了二审的支持，撤销了一审判决中对我们不利的部分，并维持了有利的部分，我们最终获得了完胜。远离了白天的喧嚣，夜深人静，对于本案我不禁有以下三点感想：

一、专利侵权诉讼可用功能性技术特征进行抗辩

根据《专利法司法解释（二）》第 8 条第 1 款的规定，“功能性特征，是指对于结构、组分、步骤、条件或其之间的关系等，通过其在发明创造中所起的功能或者效果进行限定的技术特征，但本领域普通技术人员仅通过阅读权利要求即可直接、明确地确定实现上述功能或者效果的具体实施方式的除外”。功能性技术特征解决了某些技术特征无法用常规术语进行表述的缺陷，但也容易造成专利保护范围的不当扩大，因此《专利法司法解释（二）》第 8 条第 2 款规定：“与说明书及附图记载的实现前款所称功能或者效果不可缺少的技术特征相比，被诉侵权技术方案的相应技术特征是以基本相同的手段，实现相同的功能，达到相同的效果，且本领域普通技术人员在被诉侵权行为发生时无需经过创造性劳动就能

够联想到的，人民法院应当认定该相应技术特征与功能性特征相同或者等同。”该款规定将功能性技术特征的保护范围限定于实现该功能或者效果不可缺少的技术特征，这就大大缩小了专利的保护范围。在实践中，国外专利功能性技术特征使用较多，且保护范围严密。因此，当作为被告无法突破重围时，可考虑使用功能性技术特征进行抗辩。

二、涉案专利“松弛消除辊”也应为功能性技术特征，且与被告的技术特征既不相同也不等同

首先，根据《专利法司法解释（二）》第 8 条第 1 款的规定，涉案专利权利要求并未对“松弛消除辊”的具体结构进行描述，结合说明书的内容，可知其实现“松弛消除”功能不可缺少的技术特征，应为由“一中部圆柱体”及“两端两个圆锥体”组合而成，其并非纯粹的单一圆柱体。本领域普通技术人员虽知“辊”一词在机械领域专指机器上能旋转的圆柱体，但仅从“松弛消除辊”这一概念性定义显然无法直接、明确地确定松弛消除辊的上述具体结构，故其应属功能性技术特征。

其次，根据涉案专利说明书及相关附图的记载，“松弛消除辊”为一体式结构，中部为圆柱体，两端为直径大于中部圆柱体的圆锥体，这就保证了纱线在靠近基端的圆锥部分开始卷绕，在靠近前端的圆锥部分开始解卷绕，从而实现松弛消除的功能。而华方公司的“松弛消除辊”为分体式结构，通过设置储纱盘和拨纱筒轴心的偏心组合，在工作状态下通过拨纱筒的拨叉依次抬起和下降，使松弛纱线与储纱盘之间产生微小空隙，在解卷绕张力的牵引下，纱线可以借此从基端向前端滑动，以实现松弛消除的功能。故两者的结构存在较大差异，因而其实现纱线“松弛消除”功能的手段也不相同，故两者在技术特征上既不相同也不等同。

三、专利侵权诉讼中，对涉案专利提出无效宣告请求仍然是关键的抗辩手段

专利权稳定是专利侵权诉讼的基础，一旦其稳定性出现问题，就影响到原告主体是否适格。在专利侵权纠纷诉讼中的各个阶段，都会出现与之相关的情况，比如，法院在立案时，就会要求实用新型专利的专利权人在起诉时提供检索报告或评价报告，而发明专利则不需要。又如，在审理过程中，若涉案专利进入无效宣告请求的程序，则人民法院可以中止审理等。

在专利侵权纠纷的审理中，若涉案专利权被专利复审委宣告全部无效或部分

无效，则原告提起诉讼的权利依据不复存在。虽然专利权人有权在收到无效决定通知后的三个月内向人民法院提起行政诉讼，但此时若审理侵权案件的法院继续中止民事诉讼以等待无效宣告审查决定的司法审查结果，则无助于提高专利纠纷侵权诉讼的审理效率。为尽可能降低审理周期较长的影响，权利人在专利侵权诉讼中主张的权利要求被专利复审委宣告无效的，审理侵犯专利权纠纷案件的人民法院可以裁定驳回权利人基于该无效权利要求的起诉。在《专利法司法解释（二）》出台之前，法院裁定驳回的依据主要是《专利法》第 47 条第 1 款关于“宣告无效的专利权视为自始即不存在”以及《民事诉讼法》第 119 条第 1 项关于原告与本案具有直接利害关系是起诉的必要条件之一的规定。

2016 年 4 月 1 日起施行的《专利法司法解释（二）》，进一步确认了法院处理上述专利侵权纠纷案件的模式。《专利法司法解释（二）》第 2 条规定：“权利人在专利侵权诉讼中主张的权利要求被专利复审委员会宣告无效的，审理侵犯专利权纠纷案件的人民法院可以裁定驳回权利人基于该无效权利要求的起诉。有证据证明宣告上述权利要求无效的决定被生效的行政判决撤销的，权利人可以另行起诉。”

正如最高人民法院在其新闻发布会中所言，《专利法司法解释（二）》第 2 条设计了“先行裁驳、另行起诉”的制度，即在专利复审委作出宣告专利权无效的决定后，审理专利侵权纠纷案件的法院可以裁定“驳回起诉”，无需等待行政诉讼的最终结果，并通过“另行起诉”给予权利人司法救济的途径。这样既缩短了审理周期，又节约了司法资源。之所以采用从程序上裁定驳回起诉，而非实体上判决驳回诉讼请求，主要也是考虑到若专利无效决定被行政裁判推翻，权利人仍可另行起诉。上海高院对于本案的二审裁判就是遵循了上述司法解释的精神。

第三部分　附　录

01 娃哈哈与达能法律纠纷的十大焦点问题

一、事件简介

杭州娃哈哈集团创建于1987年，目前为中国最大的食品饮料生产企业，全球第五大饮料生产企业。为引进外资，加快企业发展的需要，1996年，娃哈哈与达能公司、香港百富勤公司共同出资建立5家合资公司，生产以“娃哈哈”为商标的包括纯净水、八宝粥等在内的产品。娃哈哈与达能公司各持股49%，百富勤持股2%。亚洲金融风暴之后，百富勤将股权卖给达能，达能跃升到持股51%的控股地位。1996年2月，达能与娃哈哈签订的《“娃哈哈”商标权转让合同》未得到商标局核准，双方便又签订两份内容不一致的《商标许可使用合同》，一份向国家商标局备案，一份未备案。备案的合同是一份简式合同，没有对商标的许可使用规定过多的限制。未备案的合同是一份详细的合同，规定了对商标使用的限制，并且约定以未备案的合同为准。

在合作的过程中，达能收购了乐百氏、正广和、益力，并参股光明、蒙牛、汇源等与娃哈哈有竞争关系的企业。而娃哈哈集团则建立了39家与达能没有产权关系的非合资企业，生产标有“娃哈哈”商标的产品，这些产品均通过合资公司对外销售。2005年10月，双方对《商标许可使用合同》进行了修订，修订后的合同约定“娃哈哈”商标可以在一定前提和条件下许可合资公司以外的娃哈哈集团设立的公司使用。从修订后的部分合同条款看，达能对娃哈哈集团的限制有所松动。

2007年4月8日，宗庆后做客新浪披露达能强购事件内幕，娃哈哈与达能之间的纠纷终于爆发。2007年4月11日，达能集团在上海举行新闻发布会，声称娃哈哈品牌属于合资公司。2007年5月9日达能启动相关程序，要求宗庆后代表合资公司起诉非合资公司，并设定了30天的期限。2007年5月10日，娃哈哈发表声明称将积极应诉，奉陪到底。

二、焦点问题

（一）“娃哈哈”商标转让没有经商标局核准，会产生什么法律后果

商标转让是指商标权人向国家商标注册机关即国家商标局申请，将其在商标局注册的在专用权有效期内的商标，有偿或无偿地转让给他人。转让形式包括合同转让和继承转让。商标转让是主体间的转让，也即主体的变更。通过商标转让，原商标权人不再享有商标权，该商标的一切权利义务均由受让方以继受取得方式承继。商标局将在核准转让后直接对商标名义人进行变更并予以公告。自商标局核准之日起，受让人享有商标权。

商标转让核准制度可以有效防止盗卖、非法转让他人商标行为，同时可对可能产生误认、混淆或者其他不良影响的转让注册商标行为加以更有力的监管。娃哈哈与达能的《“娃哈哈”商标权转让合同》最终未能被核准，是国家出于保护民族品牌的战略利益考虑。商标转让未经核准，则商标转让的协议不发生法律效力，商标权利人并不发生转移，即“娃哈哈”商标的权利人仍然是“娃哈哈”集团。

（二）娃哈哈与达能向商标局备案的《商标许可使用合同》属于何种许可

商标的许可使用是指商标注册人通过签订商标使用许可合同，许可他人使用其注册商标。商标许可的形式主要有三种：1. 一般使用许可。即许可人授权被许可人在一定期限、地域内，在指定的商品上使用其注册商标。与此同时，许可人还可以许可第三人使用该注册商标。2. 排他使用许可。即许可人授权被许可人在一定期限、地域内，在指定的商品上独家使用其注册商标，许可人承担在该期限和地域内，在相同的商品上不再许可第三人使用该注册商标的义务。3. 独占使用许可。即许可人授权被许可人在一定期限、地域内，在指定的商品上独家使用其注册商标，同时许可人承担在该期限和地域内，在相同的商品上不允许包括注册人自己在内的任何人使用该注册商标的义务。

根据商标使用许可合同，被许可人得到的只是一定条件下使用该注册商标的权利，注册商标的所有权仍然属于注册人。《商标法》（1993 年版）第 26 条，《中华人民共和国商标法实施细则》① 第 35 条都规定“商标使用许可合同应当报商标局备案”。

根据娃哈哈和达能向国家商标局备案的《商标许可使用合同》可以看出，

① 现已失效。

该许可属于一般使用许可，娃哈哈可以将其“娃哈哈”商标许可第三人使用。据此可以认为，娃哈哈集团将“娃哈哈”商标许可非合资企业使用不存在过错，并理应不承担任何法律责任。

（三）“娃哈哈”商标许可使用合同没有备案是否影响合同的生效

商标使用许可合同在商标局备案，是为了便利工商行政管理部门对注册商标使用许可的管理，以保护商标注册人以及被许可人的合法权利。同时，商标使用许可合同一经备案，即具有公信力，取得了法律上认可的对抗力。商标许可使用合同未备案，不得对抗善意第三人。按照达能和娃哈哈签订协议时生效的《商标法》（1993 年版）第 26 条规定，“商标使用许可合同应当报商标局备案”。商标使用许可是“应当”备案，应当就是“必须”，这是签订商标使用许可合同必须履行的法律步骤，也即必经程序。2001 年修正的《商标法》第 40 条亦规定“商标使用许可合同应当报商标局备案”。由此可以看出，国家对商标许可实施的是强制备案制度。虽然 2002 年公布施行的《最高人民法院关于审理商标民事纠纷案件适用法律若干问题的解释》第 19 条第 1 款规定：“商标使用许可合同未经备案的，不影响该许可合同的效力，但当事人另有约定的除外。”但是这一司法解释实施的时间晚于娃哈哈和达能之间签订合同的时间，不能适用此规定。

（四）2001 年修正的《商标法》及相关规定对娃哈哈与达能之间的商标许可协议是否有溯及力

法律的溯及力，指法溯及既往的效力，即法律颁布施行后，对其生效前所发生的事件和行为是否适用的问题。如果适用，该法就有溯及力；如果不适用，该法就不具有溯及力。不具有溯及力，是指行为人应当根据行为当时的法律规定来从事自己的行为。因此，2001 年修正的《商标法》不能适用在其实施前的法律行为上，应当按照行为当时的法律、法规来确定行为的性质。

（五）“备案的商标许可协议”与“未备案的商标许可协议”不一致，构成“阴阳合同”，两份合同是否均有效，如果合同内容不一致，则应以哪份合同为准

商标许可协议应当报商标局备案是法律的规定。为达到备案的目的，而使用简易的、内容不一致的合同取得商标局备案，而真正实施的却是另一份未经过商标局备案的合同，这是一种欺骗国家行政机关、漠视中国法律的行为，违背了法律的规定。

笔者认为，应当以备案的合同为准，至少两个合同相冲突的部分应该以备案的合同条款为准。因为，备案是国家行政机关对商标使用或转让行为进行的监督，而且具有公示作用，其合同效力应高于双方私下签订的合同。2002 年最高

人民法院公布的《最高人民法院关于审理商标民事纠纷案件适用法律若干问题的解释》规定，“商标使用许可合同未经备案的，不影响该合同的效力”。但该司法解释并没有明确备案的合同与未备案的合同并存时，何者有效，何者无效，或者何者效力更高。况且，娃哈哈与达能两个合同的签订、备案在2002年司法解释出台之前，故该司法解释并不适用于这两份合同。另外，国家商标局于1997年8月1日颁布的《商标使用许可合同备案办法》中规定，商标许可使用合同的备案为强制备案，也就是说，没有备案的合同应当认定无效。

（六）是否可通过司法、行政等程序认定“阴合同”无效？若“阴合同”无效，则娃哈哈许可非合营企业使用“娃哈哈”商标的行为是否构成违约

笔者认为，可以通过行政、司法等程序认定“阴合同”无效。如“阴合同”无效，那么在法律上来说，合同是自始无效。娃哈哈就可不必按照一个无效的合同来履行义务。娃哈哈作为商标的合法拥有者，许可非合营企业使用“娃哈哈”商标的行为显然是合法有效的，不存在违约情形。

（七）娃哈哈与达能签订的《合资企业合同》与《商标许可使用协议》是否为主从关系

笔者认为，娃哈哈与达能设立合资企业时签订的《合资企业合同》和之后签订的《商标许可使用协议》是两个不同的合同，二者之间不存在主从关系。因为《合资企业合同》中提到的是《商标转让合同》，但由于后来商标局未予批准商标转让，因此变通地转为商标许可协议，故而两者是独立的。另外，从两个合同各自约定了不同的争议解决方式，也可以认为两者是不相关联的合同。

（八）国家行政机关可否对非法或违法的娃哈哈合营企业采取监管、处罚、停业整顿乃至撤销的行政行为

国家行政机关可以对非法的娃哈哈合营企业采取相关行政监管或行政处罚。这是国家职能机关的职责所在。如果娃哈哈与达能的合营企业在成立的过程中，有非法违规等行为，则国家行政机关可以依据《中外合资企业法》① 等相关法律法规，行使行政监管职能，对合营企业进行监管、处罚、停业整顿乃至撤销该企业。

（九）达能方面要求宗庆后在30天内以合资公司董事长的身份代表合资公司起诉非合资公司，是否适当

达能通知宗庆后以合资公司董事长的身份代表合资公司起诉非合资公司，这

① 现已失效。

在程序上可以说得过去，但前提必须是合资公司拥有“娃哈哈”商标的专有权或独占许可使用权，即合资公司是商标的专有权人或独占许可使用权人。按照笔者前述分析，目前“娃哈哈”商标的专有权人仍然是娃哈哈集团而非合资公司，合资公司只享有对该商标的一般许可使用权而非独占许可使用权。因此，合资公司以非合资公司擅自使用“娃哈哈”商标为由提起诉讼是不合适的。

（十）对于本案，娃哈哈集团应该如何应对

本案是一场国际品牌与中国品牌在中国市场上的大碰撞，既是法律上的大冲突，也是实力上的大较量，其胜负意义深远。根据媒体的相关报道，达能方面启动了相关法律程序，笔者认为娃哈哈集团应该做好以下几方面的工作：

第一，树立必胜的信心。在战略上藐视对手，在战术上重视对手。达能虽是世界500强，但法律面前人人平等。面对达能，娃哈哈应当泰然处之，在心理上不必畏惧，而要积极应对，采取有效措施。

第二，组建专业律师团。本案涉及商标法、合同法、公司法、合资企业法等专业法律。娃哈哈集团应物色精通涉案专业的律师，并组成一支有机结合的团队，以便在各法律领域均有效应对，并在此基础上进行缜密的法律分析，对一系列法律问题进行研讨，制订行之有效的应对方案。

第三，争取学术界和媒体的支持。由于本案法律问题多、学术性强，必须要争取学术界的支持。另外，由于外界报道有诸多不明真相之处，故应通过媒体把事实的真相公之于众，以正视听，在舆论上占据主动。

第四，寻找突破口切入，主动出击，以免被动。即娃哈哈应在情、理、法方面站得住脚的问题上，如商标许可使用中“阴阳合同”的性质和效力问题等，通过行政或司法途径予以解决，而不必坐等对方出招。

（笔者注：本文成稿之后，2009年9月30日，在经历了近30起各类诉讼后，娃哈哈与达能最终达成和解。达能最终作出让步，作价30亿元出让其占合资公司的全部51%股权，退出娃哈哈。和解执行完毕后，双方也终止了有关的所有法律程序。）

02 “王老吉”商标纠纷之我见[①]

一、背景情况

1992年1月18日，广州羊城滋补品厂向国家商标局申请注册“王老吉”商标，并于1993年1月20日被核准注册，商标专用权自1993年1月20日至2003年1月19日。1993年9月1日，“王老吉”商标注册人变更为广州羊城药业股份王老吉食品饮料分公司（以下简称王老吉分公司）。

1995年3月28日，王老吉分公司与香港鸿道（集团）有限公司（以下简称鸿道集团）就626155号“王老吉”商标签订《商标使用许可合同》，约定许可鸿道集团使用红色纸包装清凉茶饮料，许可使用期限自1995年3月28日至2003年1月。

1995年12月18日，鸿道集团法定代表人陈鸿道向国家知识产权局专利局申请名为“饮料盒标贴”的外观设计专利，并于1997年1月4日获得授权，后因未缴纳年费，专利权于1998年12月18日终止。

1996年6月5日，陈鸿道向专利局申请名为“罐贴”的外观设计专利，并于1997年6月14日获得授权，后因该专利与“饮料盒标贴”专利相同，丧失新颖性，于2004年6月22日被宣告无效。

1997年2月13日，王老吉分公司与鸿道集团签订《商标许可使用合同》，该合同约定：鸿道集团自1997年取得了独家使用“王老吉”商标生产销售红色纸包装及红色铁罐装凉茶饮料的使用权，合同有效期至2011年12月31日。

1997年8月28日，王老吉分公司将626155号“王老吉”商标转让给广州医药集团有限公司（以下简称广药集团）。

2000年5月2日，广药集团与鸿道集团就626155号“王老吉”商标签订《商标许可协议》，许可鸿道集团及其投资企业在中国大陆生产及销售红色罐装及红色瓶装王老吉凉茶，许可使用期限至2010年5月1日。

---

① 本文写作于2012年。

2002年11月27日，广药集团与鸿道集团就626155号“王老吉”商标签订《“王老吉”商标许可补充协议》，将许可期限变更为20年。

2003年5月2日，广药集团与鸿道集团签订《商标许可协议》（以下简称备案协议），许可期限至2013年1月19日。2003年6月30日，广药集团将上述协议向国家商标局备案。国家商标局于2003年9月2日下发《商标使用许可合同备案通知书》。

2003年6月10日，广药集团与鸿道集团签订《关于“王老吉”商标使用许可合同的补充协议》，约定商标许可期限至2013年1月19日。

二、分歧由来

2008年，广药集团与鸿道集团交涉，称“王老吉”为国有资产，“王老吉”商标由广药集团总经理李益民低价租给鸿道集团涉嫌国有资产流失。

2011年4月，广药集团以李益民收受陈鸿道贿赂，致使广药集团与鸿道集团签署的两份补充协议无效为由，向中国国际经济贸易仲裁委员会（以下简称经贸仲裁委）提出仲裁申请，请求确认两份补充协议无效。

2012年5月9日，经贸仲裁委作出裁决：《“王老吉”商标许可补充协议》和《关于“王老吉”商标使用许可合同的补充协议》无效，鸿道集团停止使用“王老吉”商标。鸿道集团不服上述裁决，向北京市第一中级人民法院提出撤销仲裁申请。

2012年5月28日，广药集团在北京召开发布会，称其新包装产品上市。对此，加多宝公司认为广药集团的新产品包装侵犯其红色包装装潢权，并考虑提起诉讼。

2012年7月13日，北京一中院作出裁定，驳回鸿道集团撤销仲裁裁决的申请。同日，加多宝公司向媒体出示了2003年5月2日，广药集团与鸿道集团签订的《商标许可协议》，根据该协议约定，商标许可期限为2003年1月20日至2013年1月19日。对此，加多宝声称已于6月初向经贸仲裁委申请仲裁。

（笔者注：本文成稿之后，2013年起便开始了轰动全国的王老吉、加多宝红罐装潢案。）

三、争议焦点

本案法律关系错综复杂，争议时间年代久远，纠纷案由名目众多，双方实力旗鼓相当，归纳争议焦点主要如下：

（一）关于“红罐”王老吉包装装潢权属问题

加多宝公司认为：“红罐”王老吉罐贴由陈鸿道设计，并申请了外观设计专利，许可加多宝公司独占使用。加多宝公司在使用过程中，获得了系争包装装潢权。在外观设计专利被宣告无效后，该系争包装装潢权仍应由加多宝公司享有。

广药集团则认为：“红罐”包装装潢已成为王老吉知名商品特有的包装装潢，加多宝公司侵犯了王老吉知名商品装潢权。“红罐”王老吉凉茶由谁生产和经营，其包装装潢权就归谁所有，现在加多宝已无权生产王老吉凉茶，其包装装潢权就自然应该回到广药集团的怀抱。

（二）关于“王老吉”商标的使用期限问题

加多宝公司认为：虽然两份补充协议已被裁定无效，但2003年5月2日双方签订的备案协议与仲裁裁决书无关，仲裁裁决书并未认定2003年5月2日签订的协议无效。根据该协议约定，加多宝公司可使用“王老吉”商标至2013年1月19日。

广药集团则认为：两份补充协议已被裁决无效，加多宝公司使用“王老吉”商标的期限已于2010年5月2日到期。此份备案协议是上述两份补充协议的附属备案合同，只是用于工商备案，补充协议无效，则附属备案合同亦无效。

（三）关于损害商誉问题

加多宝公司认为：2012年6月9日，媒体报道“加多宝生产的王老吉凉茶被上海工商查封”的信息是失实的，该失实报道将对加多宝公司造成损失。若该信息的出处是广药集团，则广药集团就涉嫌损害商誉。对此，广药集团并未作出明确回应。

（四）关于著作权侵权问题

加多宝公司认为：“怕上火，喝王老吉”的广告语是由加多宝公司创作的，是加多宝公司的知识产权。广药集团官网上的“怕上火就喝王老吉”的广告语与加多宝公司广告语极为相似，显然侵犯了加多宝公司的著作权。

广药集团官网上的广告语依旧赫然。另广药集团在电视上的广告语是“凉茶就喝王老吉”。

四、我的看法

（一）关于“红罐”王老吉包装装潢的权属问题

这个问题涉及《反不正当竞争法》（1993年版）第5条关于“知名商品特有的名称、包装、装潢”的规定，与注册商标的专用权是两回事。知名商品特有名称、包装、装潢的权利主体是该商品的经营者，即生产者、销售者（包括营销者），该权利与商标专用权可以分离，即可以分别属于两个不同的主体。因此，“王老吉”注册商标虽然属于广药集团，但知名商品特有包装装潢属加多宝公司所有。“红罐”王老吉包装装潢的外观设计专利是否有效与知名商品特有包装装潢权之间并无必然联系。加多宝公司在经营过程中，将陈鸿道设计的罐贴使用于其产品王老吉凉茶上，使消费者一看到这种罐贴的饮料时，就知道是王老吉凉茶。因此，该包装装潢权应属加多宝公司享有。专利虽然已经无效，但由于加多宝公司最先使用，经过长期使用具有一定的知名度，而且仍在继续使用，所以该包装装潢权理应归加多宝公司所有。

对此，广东省高级人民法院也予以肯定。该院于 2004 年在对同类案件作出的（2003）粤高法民三终字第 212 号判决书中认为：知名商品特有的装潢权由知名商品的合法经营者享有，加多宝公司对其使用的“王老吉”罐装凉茶饮料的装潢享有知名商品特有装潢权。

（二）关于“王老吉”商标许可使用的期限问题

加多宝公司此前称鸿道集团一直按照双方约定的标准向广药集团支付商标使用费至 2012 年 5 月，广药集团虽收下此费，但认为是加多宝公司单方面的行为。对此，笔者认为如果广药集团不认可此笔费用，应该及时退还加多宝公司，以拒收明示合同终止，否则应视为默认合同继续有效。加多宝公司在商标许可使用的有效期内所生产的红罐王老吉产品，在许可使用期满后应停止生产，但对已生产的部分仍应有合理的销售期限。

关于 2003 年 5 月 2 日鸿道集团与广药集团签订并于当年 6 月 30 日在国家商标局备案的《商标许可协议》以及上文提到的两份补充协议，我认为，备案协议与仲裁所涉的两份补充协议无关，对双方于 2000 年签署的主协议来说，其与仲裁所涉的两份补充协议并列，且是众协议中唯一向国家商标局备案的协议。因此，该备案协议不是被裁定无效的两份补充协议的附属备案合同，其是否有效应由经贸仲裁委另行裁决认定。经贸仲裁委于 2012 年 5 月 9 日作出的裁决并未涉及该备案协议，因此对加多宝公司另行提起的仲裁申请应当予以立案。同时，若广药集团向法院申请执行仲裁裁决，则法院也应以该备案协议并未被裁定无效为由不予执行。

（三）关于损害商誉问题

2012 年 6 月 29 日，上海市工商局嘉定分局微博刊登：“近日，有媒体报道称‘上海市公安局嘉定分局经侦支队与上海市工商局嘉定分局经检支队，在上海市查封了上海市尤永商贸公司经营、由加多宝公司5月12日生产的带“王老吉”商标的凉茶480件’，经核实与事实不符。警方接举报后，两部门依法检查了该处相关货品，报道解读成‘查封’系误读。”

这个问题涉及《反不正当竞争法》（1993年版）第14条所规定的“损害商誉”问题。媒体将“检查”误报为“查封”显然是报道失实，损害了加多宝公司的商誉。对此，媒体是有过错的，理应承担相应的法律责任。若该失实信息来源于广药集团，则广药集团与媒体应共同承担损害加多宝公司商誉的责任。

（四）关于“怕上火，喝王老吉”广告语的著作权问题

“怕上火，喝王老吉”作为广告语，是否构成我国《著作权法》意义上的作品？如果该广告语有著作权，那么谁是该著作权的权利主体？

“怕上火，喝王老吉”虽然只有七个字，但它却能表达完整的思想，即“喝王吉能解火”。且该广告语具备文字作品的构成要件，之前也并无类似的表达文字，故显然具有独创性，属于我国《著作权法》所保护的文字作品，具有著作权，该著作权属于加多宝公司，即使加多宝公司失去“王老吉”商标的使用权，仍依法对该广告语享有著作权，未经加多宝公司同意，任何人不得擅自使用该广告语，包括广药集团。广药集团在其官网上发布的“怕上火就喝王老吉”的广告语，比加多宝公司享有著作权的广告语仅多一个“就”字，并无实质区别，显然侵犯加多宝公司的著作权。至于广药集团的“凉茶就喝王老吉”广告语虽然未必侵犯加多宝公司的广告语著作权，但有排斥其他凉茶之意，可能涉嫌不正当竞争。

（五）广药集团和加多宝公司均应弘扬“和为贵”理念

广药集团与加多宝公司关于“王老吉”商标许可使用自2008年产生纷争以来已有四个年头，似乎初见端倪，但此仅为第一回合，最终输赢未见分晓。不过，网络传媒已忙得不亦乐乎，纷争双方也呈疲惫不堪之态，这正应了我国成语“两虎相斗，必有一伤”。长此下去，不知何年何月才能了结？其结果必是“两伤”，即双输结局，这显然与社会和谐的主流理念相悖。

“王老吉”这样的民族品牌，应当由各方企业共同保护这一文化瑰宝，而不应激烈纷争恶意攻击，最后只会造成两败俱伤，令民族利益受损。今年3月我曾在上海举办的“IPAD”商标论坛上发表了自己的见解：“商标纠纷实际上是企业的经济纠纷、市场纠纷，旷日持久的诉讼只会拖累双方，因此和解双赢是最理想的结果。”目前，苹果公司与唯冠科技双方不是和解了吗？同理，王老吉品牌之争，我也希望双方均能秉承我国传统的“和为贵”理念，最终握手言和。广药

集团能在20年前就将“王老吉”注册为商标具有远见卓识，加多宝公司“十年磨剑”将“王老吉”凉茶打造成“中国第一品牌”显然功不可没。但愿双方在混战之后和解共赢，用更多的精力来共同打造更好、更响亮的，能与跨国公司抗衡的民族品牌。

近日，网上刊登了广药集团副总经理倪依东的观点，认为：“加多宝公司在国内长期生产和经营红罐王老吉凉茶，他们对这个品牌作出大量的贡献，我们相信加多宝肯定会对这个品牌有深厚的感情，因此我们欢迎包括加多宝在内的诚意伙伴前来洽谈，携手做强做大王老吉凉茶。”对此，广药集团若确有此意，那么我相信加多宝方面也会作出善意回应。但早知今日，何必当初？如果混战之前就有此意，那么双赢是能够如愿以偿的，混战之后再谈此事，毕竟伤痕累累，心里酸溜别扭也在所难免。当然，尽管如此，不论何方，首示和解诚意，总是好事，双方应该不计前嫌，握手言和。

（笔者注：可惜双方最终未能冰释前嫌。对于“王老吉”商标侵权一案，2019年7月1日，最高人民法院作出裁定，撤销了广东高院的一审判决并发回重审，该案目前仍在司法程序中。而对于包装装潢一案，双方却通过司法程序达成了“和解”，2017年8月16日，最高人民法院终审判决认为，广药集团与加多宝公司对涉案“红罐王老吉凉茶”包装装潢权益的形成均作出了重要贡献，双方可在不损害他人合法利益的前提下，共同享有“红罐王老吉凉茶”包装装潢的权益。2018年9月7日，最高人民法院驳回了广药集团的再审申请，红罐之争落下帷幕。）

03 企业并购合资过程中所涉及的知识产权法律问题

企业并购对优化资源配置、调整产业结构、有效利用规模经济效益、实现生产与资本的迅速扩张，起着重要作用。企业并购、合资过程中所涉及的知识产权法律问题也越来越突出。知识产权的价值评估、并购合资过程中风险的规避、并购中的知识产权尽职调查等问题都会对企业并购、合资的结果产生影响。

一、企业并购、合资前的知识产权评估

知识产权评估，就是对依法取得的专利权、商标权、版权等进行商业性使用的支配或控制权的价值进行评估。这种支配或控制权的价值有大有小，受多种因素的影响。不同的评估时日、不同的使用地域，以及不同的买卖者，这些因素均会对专利权、商标权、版权等知识产权的评估产生一定的影响。

1989 年，由四部委共同颁布的《关于企业兼并的暂行办法》确定了三种知识产权的评估方式，1991 年国务院出台的《国有资产评估管理办法》增加了一种评估方式，并且还预留了其他评估方法。我国知识产权的评估其实是符合国际惯例的，即采用国际通行的评估方法：成本法、市场法和收益法。知识产权的评估技术含量高、程序要求严格，知识产权的分类、评估对象和评估目的不同时，评估方法也不相同。

知识产权价值评估的常用方法有：

（一）专利权价值评估

有专利证书的技术属专利，包括发明专利、实用新型和工业品外观设计。要求评估的专利应尚在保护年限内。常用专利权评估方法有以下几种：

1. 成本法

（1）专利权价值构成。专利权在资产价值评估的实务中，需要了解的商品价格包括：开发研制成本、流通费用、各种税金、合理利润及机会成本。

（2）应用前提。投入提前，即资产完成了构建过程，处于运营之中或具有

运营可能性时，才能对资产的成本进行衡量。续用前提，即只有在资产已完成投入后，在未来肯定可以获得收益时，对资产进行重置成本计算才有意义。

（3）适用范围。重置成本法较为充分地考虑了资产的重置全价和应计损耗，对于一切与资产保全相关的业务都适用。在无形资产评估中，单独使用这一方法的多为以摊销为目的的无形资产评估及技术商品交易中最低价格的评估。在更多的时候，它是与收益现值法结合使用。

2. 收益现值法

（1）适用范围。此方法评估的是资产的产出价值，适用于以转让和投资为目的的资产评估。

（2）应用前提：被评估资产必须具有获得预期收益的能力，并且其收益可以以货币计量；在预计收益期内，被评估资产存在的风险可以明确，并可以以货币计量；统计资料提供的金额、比率一致。

3. “构成要素”评价法

这一方法由日本萼优美知识产权研究所提出，在国际上具有一定影响力。其基本思想是，一项专利技术实施后所创造的利润是由资金、经营能力和发明专利三方面作用的结果。可以通过这三个指标进行专利权价值的评估。

4. “盈利情况”评价法

这一方法与其他几种算法得出的结果稍有差别，大多在专利诉讼案件中使用，算法繁杂，但结果容易被双方接受。

（二）商标价值评估

其他营销类无形资产的价值评估，可参照商标（品牌）价值评估的理论及方法进行。

1. 成本法

成本法是基于替代经济原则，即一个投资者对某一项投资付出时，在投资后获得的效益一定的情况下，将只愿支付能得到此收益的最小支出。成本法的理论基础是：

（1）替换原理。任何一个精明的购买者不会支付超过产生相同价值商标的成本。

（2）供求关系。供求关系的变化，将导致成本的增减，以及对不同商标供给需求的改变。

（3）外部条件。外部因素的变化将影响商标价值，外部条件将引起建立一个新商标，这个待评商标的价值将随之变化。

2. 类比法

类比法是先将待评估商标的主要经济指标和商标状况参数与已有的“样本商标”同类参数进行比较对照。按照评估时间、地点、物价指数以及其他指标对“样本”的参数进行调整。再从相似的已成交“样本商标”中选择最接近待评估商标的市场价格。由于市场是变动的，应该选择一定的参照范围，这样做远比选择少数几个更科学。

3. 预测法

在投资还没有到位，商标所能带来的收益还不明确，没有确知的预期收益时，使用本方法比较适合。

4. 潜在利润法

当被评估的公司是以股票的形式计算利润时，可以用潜在利润法。

（三）技术商品价值评估

随着技术贸易的发展，技术价格受到多种因素的影响，由于技术本身的特殊性，其影响因素、影响途径和影响方式均有别于一般商品。在技术商品价值量化评估中，主要通过三个模型来确定技术商品的最终价格。

技术商品的供方价格模型。技术商品的供方是从技术商品生产者的角度出发，根据研制中的投入情况和预计的产出效益两方面确定价格。通过这一模型，可得出供方转让创新技术产品给各家受让单位时的供方价格和最低价格。

技术商品的需方价格模型。需方价格是技术商品使用者对技术商品愿意支付的价格。需方对价格的认定主要考虑：技术商品能给他们带来的累计利润和新技术投产所需的辅助投资，如购置设备、人员培训等因素。

技术商品的成交价格模型。技术商品成交前，供需双方根据各自的价格认定原则，分别提出各自价格。之后，根据模型进行协商，直到双方对价格的认定趋于一致时才能成交。

（四）专有技术和科研成果的价值评估

1. 专有技术价值评估

专有技术的价值评估可分为三种情况：批量生产销售产品的情况，产品全部自用的情况，产品产量无法统计的情况。在这三种情况下，都有其相对应的公式可用。

2. 发明及科研成果的等级评估

目前，我国实行的发明奖励制度，主要是由国家各部委、各省市申报，由国家科学技术部组织专家进行评审，根据其学术水平、经济效益和社会效益确定获奖等级。这种方法受人为因素影响较大。

在日本和德国已经广泛应用了一种发明等级综合评估方法。该评估方案是将构成发明等级的要素分为经济价值、技术价值、专利权价值、合同价值和竞争价值五个方面，将每一项又分为小、中、大和重大四个等级进行打分，然后进行加权平均。

（五）计算机软件价值评估

计算机软件的价值评估主要是使用成本法进行。软件的实际成本价格构成主要有材料费（7.6%）、资料费（7.6%）、人员工资费（10.41%）、折旧费（17.49%）、研究开发费（15.82%）以及技术转让费（17.67%）等。

具体的计算方法有：

1. 单件成本计算

所谓单件成本计算是指在开发软件过程中分别编制程序模块，然后将每个程序模块单件成本算出后自顶向下相加，汇总得出整个软件的成本。

2. 按费用分类计算软件成本

所谓按费用类别计算是指将构成成本的各种要素，按费用类别分别计算后相加。

目前的评估主要由会计师事务所来完成，而对知识产权的评估需要很深的技术背景和专业知识，会计师们仅仅依据会计准则评估出来的结果往往无法反映知识产权的真实价值。就拿专利的评估来说，专利的评估要考虑四个因素，即类别、作用、数量和期限。

专利包括发明、实用新型和外观设计三类。对此三类专利的审查要求、创造性要求是不一样的，故其相应的价值也不一样。发明专利经过国家知识产权局实质审查，且专利的创造性要求高，故其价值高；实用新型专利和外观设计专利由于只作形式审查，且创造性要求不高，存在垃圾专利的可能，故其价值低。因此，专利类别的不同就成为评价专利价值高低的因素之一。

专利技术在产品中所起的作用，也即专利技术在整体技术中的地位，一般分为三等：关键、重要和普通。不同的专利技术在产品中所起的作用相差很大，如医药领域、化工领域可能一件专利技术就决定一个产品的成败。而在机械领域专利的作用相对会低些。因此，技术作用的大小也就取决于技术关键与否，这也成为评价专利价值高低的因素之一。

数量是指专利数量的多少。一般来说，专利数量多，其整体价值必高，反之，则低。数量的多少决定是否能形成专利池，能否发挥专利的合力作用。如果是单一专利，其发挥的作用则往往是有限的，比如现在国外的很多专利壁垒，都是依靠专利池。故数量多少也就成为评价专利价值高低的因素之一。

期限是指专利的保护期，即专利的生命期。按我国现行专利法规定，发明专利生命期为20年，实用新型专利和外观设计专利生命期各为10年。专利价值是时间的函数，随着时间的推移、技术的进步，专利的法律生命与其价值成反比，犹如固定资产折旧一样，时间越久，价值越低。但对于不同的专利还要作具体分析，因为某些领域的发明专利价值是经久不衰的，如医药领域。故期限的长短也同样成为评价专利价值高低的因素之一。

另外，影响专利价值的因素还有很多，不具备专业技术以及专利专业知识是不可能理解的。比如某项专利的技术含量很高，具有非常广阔的市场前景，其价值当然会被评估得很高，但如果发现更先进的替代技术，那么该专利的价值就会立刻贬值到很低。是不是很快就有更先进的替代技术，这需要对专利文献进行非常专业的检索和分析。还有的专利从各方面看起来都非常不错，可以评估很高的价值，但是其专利文件却写得很糟糕，几乎使这个专利的关键技术点完全不受保护，那么这个专利的实际价值是零。还有的专利技术很容易被绕过，有的专利本身包含其他专利技术、权利关系复杂等都将影响专利的价值，而且不同行业的专利评估还需要不同的技术背景，这些技术背景是会计师事务所不可能具备的。

所以，在合资之前对知识产权的评估不能仅仅依靠会计师事务所，还需要专业知识产权律师和技术人员参与，这样才能反映真正的知识产权价值，为自己在合资中赢得主动，使知识产权的价值得到维护和最大的发挥。

二、企业并购合资中如何有效规避外资知识产权陷阱

外资企业并购国内企业的目的在于扩大自己在中国的市场份额，拓展企业经营领域和范围，而他们进入中国市场非常重要的一条途径就是通过对企业知识产权的并购达到“草船借箭”的效果。也就是说，外资企业对知识产权的并购，不仅能够获得相应的知识产权，还能够同时获得将这些知识产权迅速市场化的环境和条件。通过并购进行技术集成和市场整合，可以有选择地从外部取得所需的可用技术和战略方向技术，减少自主研发投入风险，提前占领市场优势。据报道，思科公司在最近20年里收购了大大小小100多家企业，微软和英特尔公司亦是通过频繁的收购，将许许多多的公司纳入自己的旗下。而广受媒体关注的达能强购娃哈哈一案，就是外资企业通过购买国内企业的商标来达到进军中国市场的目的。

诚然，我们需要外资的资金和技术，欢迎外资和我们进行合作。对于通过国内著名商标进入中国市场，外资企业深谙此道，但是有的外资并不愿意做大国内品牌，他们一心想着在中国推广他们自己的品牌，这当然是国内企业所不愿意的，于是外方在并购、合资过程中预设了知识产权陷阱。

总结起来，至少存在以下几个方面的陷阱：

（一）商标方面

1. 先礼后兵

即外方表面同意，合资企业在经营期限内对双方商标都可使用。但在实际经营中，外方却利用控股地位将中方商标闲置，使用自己的商标，并利用合资企业的资金为自己的商标大作宣传。合营期限一旦届满，原中方著名商标由于不使用而在市场上被人所淡忘，而中方对外方商标无权继续使用，外方在此时便会提出可继续使用其商标，但须支付高额许可使用费的要求。

在 1994 年上海牙膏厂与联合利华合资之前，“美加净”牙膏在中国已经是家喻户晓，年销量达到了 6000 万支，产品的出口量全国第一，但当它被折价 1200 万元投入合资企业后，立刻被打入冷宫，代之而起的是露美庄臣，到 1997 年，联合利华停止在各种媒体上投放美加净的广告，却同时在洁诺的广告上不遗余力地大量投入。

另外，还有外方在并购协议约定双方的商标都可使用，但同时限定主产品、新产品用外方的商标，老产品用中方原有的商标，然后外方通过产品的升级换代逐步将原中方的名牌淘汰出市场，达到在商标权上完全控制中国市场的目的。如在洗衣粉行业，上海的白猫、广东的高富力合资后，外方利用我国名牌厂家的生产能力和销售渠道，推销他们高价的碧浪、汰渍，而把我们的产品打入冷宫。又如广州肥皂厂的洁花牌香皂与美方合资后，很快被海飞丝、潘婷取而代之。

2. 草船借箭

即外资通过全面收购国内被国人所熟悉并有良好市场效应的品牌企业，达到迅速抢占中国市场的目的。2004 年 2 月德国汉高公司与上海轻工控股集团达成协议，全资收购“熊猫”品牌，成为熊猫品牌的新所有人，而原所有人上海轻工控股集团全资子公司上海海文集团将不得使用熊猫品牌标志。汉高收购在中国拥有较高知名度和市场占有率的熊猫牌黏胶，最终目的也是能够更快地抢占中国市场。

（二）专利方面

1. 关于专利权归属的陷阱

专利权归属的陷阱具体包括以下几个小类：

（1）所有权人不真实

比如，外资公司的专利已经转让，其已经不具有专利权；或者该项专利是通过转让而得到的，但是并没有进行官方登记等。

（2）未告知专利还存在其他共同申请人

如外资公司其实只是专利共同申请人之一，那么就意味着该专利未获得其他共同申请人的转让，该专利的排他性将可能受到威胁。因为如果没有特别协议，共同申请人无须其他申请人同意就能够自己实施专利，所获得的利益也没有义务和其他共同申请人分享。诉讼时，所有的申请人应该作为共同的原告或被告参加诉讼，如其中之一不参加或者给予被控侵权的人许可，目标公司就有可能没法阻止侵权。专利权排除第三方实施的独占性也将失去意义。

（3）未告知该专利技术资助人的权益

专利技术在研究开发阶段时，可能得到资助人的资助，这样资助人可能对该发明享有一些权益。

2. 专利权的有效性及专利价值陷阱

专利权的有效性及专利价值陷阱具体包括以下几个小类：

（1）专利已临近或已过保护期限

外资公司常常将过时的专利作价给国内企业，这样给民族企业造成了很大的损失。许多国家的法律都规定专利期限自申请之日起计算，对于已经收回研发成本的产品或者具有巨大商业前景的产品，专利保护期多一天，其价值都会十分巨大。

（2）专利权保护的范围较窄

专利的权利要求过窄，则不能有效阻止竞争对手进入专利技术涉及的市场。

（3）专利不够稳固

即该专利不能经受住专利无效程序的审查，很容易被宣告无效。

（4）专利不能有效实施

有时候，有的专利虽然被授予专利权，但是由于说明书的实施描述不够详尽，比如其应用范围、起始材料和实施条件等，这样所属技术领域技术人员就很难将其实施，该专利就不能产生价值。

3. 关于专利是否有侵权可能的陷阱

具体包括以下几个小类：

（1）第三方对该专利具有“在先使用权”

如果第三方在专利申请日期前已经制造相同产品、使用相同方法或已经做好制造、使用的必要准备，那么他可以在原有范围内继续制造、使用。

（2）专利协议

目标公司签署的专利协议可能涉及潜在的责任。

（3）专利许可协议

如果存在专利许可协议，将会导致相关责任。

（4）供销协议

如有的公司使用了整合他人拥有的专利或其他知识产权的商品或材料，如目标公司所卖的由第三方提供的核酸微阵列试剂盒的包装被其他人拥有专利。

（三）压低评估陷阱

外资公司在并购或者与中国企业进行合资时经常使用的一种手段就是在知识产权评估上做文章。有的外资企业凭借自己的经验、资金、技术优势以及国内企业在知识产权方面的不重视，故意压低知识产权的评估价值。而中国企业并未看到知识产权的重要性，草草签约，这些都会给将来的纠纷埋下伏笔。怎样规避外资知识产权陷阱成为当前我国企业与外资企业进行合作时亟待解决的重要问题。

（四）以合资、并购为名进行知识产权侵权调查

如有的外资企业并不是真正要与国内企业进行合资或合作，他们只是利用国内企业急于合作的心理进行其他方面的活动。比如：外资公司认为某些国内企业的产品涉嫌侵权而无法取得相关证据，此时，这些外资企业便以合资、并购为名进行知识产权侵权调查，包括以考察为名进厂参观、拍摄、记录并要求国内企业提交相关技术文件和财务资料等。一旦达到目的，这些外资企业即通过法律手段进行维权。

三、国内企业应该如何规避知识产权陷阱

面对外国企业在合资、并购中的知识产权陷阱，我们首先在心理上不能惧怕，企业要自强、自尊，在战略上要藐视对手，在战术上要重视对手。

我认为可以从以下几个方面来规避陷阱：

（一）聘请专业的知识产权律师把关

在合资、并购过程中，涉及专业的知识产权问题，需要知识产权律师进行参与。一个合格的知识产权律师会把这些风险降到最低，使企业少走弯路。

（二）在合资、并购过程中，要尽量保护自己的品牌

如果自己的商标在合资之前就有一定的知名度，那么完全可以在合资协议中约定继续使用原有商标，或者与外资公司提供的商标同时使用，而不应该一开始就舍弃辛辛苦苦经营多年的品牌，转做他人品牌。要尽量争取保留知识产权的所

有权，比如在并购中只出让商标的使用权，这样即使并购后在外方控制下的企业不用中方的商标，中方自己仍可继续使用原有商标，而不致造成商标因长期得不到使用而淡出市场的后果。另外，并购后所产生的新的技术、新的商标是在原有知识产权基础上不断产生的新的知识产权，国内企业应尽量争取对这些知识产权的权利。

（三）科学评估自己的知识产权

作为被并购方应当科学评估自己的知识产权，计算知识产权的回报，并合理地把它们体现在企业的财务状况上，这是使知识产权有序进入市场进行交易的基础。

（四）通过合同规避不合理的条款

为了防止对方利用合同条款来弄虚作假或利用合同来设置一些不合理的障碍，应该严格审查合同各项条款以使合同权利义务关系规范、明确，便于履行。对于合同的主要条款，特别是关于管辖、知识产权归属、知识产权作价方式、评估机构的选择等的约定更要力求表达得清晰、明确、完整，决不能含混不清或者模棱两可，给合同以后的履行埋下隐患。如果是技术转让，还要明确后期开发技术的归属等。

合同中的争议管辖权条款的约定应避免对方精心设计的法律陷阱。大多数外国企业都会约定到国外以仲裁的方式解决纠纷，这样对中国企业是十分不利的。一般应约定由自己所在地的法院管辖，双方实在无法达成一致意见时，应当约定双方所在地的法院都有管辖权，约定双方所在地的法院都有管辖权时，如果发生了争议，应当尽快向本地的法院提起诉讼，否则，如果对方先起诉的，对方的法院将首先立案，将不得不到对方所在地打官司，对财力与精力消耗都比较大。当然也可以选择一个公信力高的仲裁机构进行裁决。

四、企业并购中知识产权的尽职调查

目前，中国正成为跨国并购的新兴市场，未来数年可能迎来外资并购高潮。在并购的交易过程中，经常会涉及知识产权许可与转让问题，事实上，外资购买中国企业很多是以购买目标企业的商标、专利等无形资产为主要并购目的。并购是一个非常精细、烦琐的由一系列环节构成的投融资过程。由于目前并购在中国尚处于起步阶段，外资在并购中国企业的过程中，不但要了解有关市场规范和运作规则，还要面对并购中出现的知识产权问题，因此，也需要聘请熟悉中国的法律制度和国情的本土律师处理并购中的知识产权问题。代表收购方的知识产权律师在交易中的主要任务是进行知识产权尽职调查。

尽职调查是要确定：知识产权资产是否存在，所有权属于谁，拥有人的控制权有多大，知识产权的经济价值和战略价值，侵犯他人知识产权的潜在责任。知识产权的经济价值通常取决于知识产权的类型及其范围，包括知识产权有效期的长短、受保护地域的范围以及是否受到其他协议的限制等。知识产权的战略价值取决于其是否能很好地适合业务目标和其是否能够有效地实施。知识产权尽职调查的结果将会直接影响交易的价格，有时可能会导致交易结构的重新评估或改变，甚至决定并购的成败。

律师在企业并购中进行知识产权的尽职调查，需要做好以下几个方面的工作：

（一）了解客户的并购目的

知识产权律师首先要与并购方讨论并购在知识产权方面要达到的商业目的和未来的商业计划，必须清楚地了解客户期望从此次交易中获得何种资产和对这些资产的使用方式。当然，知识产权律师主要关注的是专利技术、商标和著作权等无形资产。律师应根据并购目的完成知识产权尽职调查，就该交易能否满足客户要求提交报告。

（二）审查知识产权的有效性

知识产权的有效性决定了它是否可以作为并购的客体，如果相关的权利已经不存在，那么需要进行及时查询。比如：对于专利，要注意审查企业是否按时缴纳专利年费以维持其专利权的有效性，必要时可通过查询专利登记簿来确定尽职调查时的法律状态，审查其是否被宣告无效，或因其他原因失去专有权。对于商标来说，特别要注意审查商标有效期及其是否在期限届满前申请续展并获批准。版权方面，要审查作品的创作日期以及该作品是否还在版权的保护期内。

（三）确定知识产权的真正归属

以专利为例，以目标公司作为申请人或专利权人申请的专利，可能是其员工发明的，需要审查员工与企业之间对此是否有约定：如果有约定，就根据约定来确定谁拥有专利；如果没有约定，就应根据《专利法》的相关规定来看其是否属于职务发明并确定其归属。对于合作开发和委托开发的专利技术，首先应审查是否有双方约定，有约定的从其约定，无约定的委托开发其专利权属于受托方，无约定的合作开发其专利权属于合作各方共有。对于共同拥有专利的情况，一定要审查各方的合作合同，审查相互之间的权利义务，尤其是对专利转让是否有限制性的规定。

（四）审查并购目的的可行性

以发明专利为例，做尽职调查时不仅要看目标公司是否拥有发明专利，有时还要研究发明专利的保护范围。由于专利的权利要求书写得不完备，而令收购企业放弃收购的事例也并不少见。权利要求书不完备会使专利保护范围过窄，令竞争者很容易绕过该项专利，在市场上形成激烈的竞争。遇到这种情况，该专利预期的长远经济价值和战略价值就并不会像并购时的市场表现那样好。一旦竞争对手通过研究已经公开的专利说明书，找到替代专利的方法，其竞争优势将不复存在。另外，对于并购中特别需要的专利或待颁专利，不但要研究其授权状态或授权后被宣告无效的可能性，还要弄清楚，即使拥有该项有效专利后，该专利的实施是否仍然需要从竞争企业获得其他核心专利的许可。如果存在这种可能性，就必须对收购价格乃至收购的必要性重新作出评估。

（五）考察目标公司是否存在侵权隐患

这项工作的目的是要避免在不知情的情况下，突然之间成为知识产权侵权方。为此，在进行知识产权尽职调查时，必须要审查目标公司与他人是否有知识产权的诉讼或纠纷，或其他可能存在的侵害他人知识产权的情形。在了解相关情况后再评估已有的诉讼对目标公司运营的影响和潜在纠纷可能的后果等。如果目标企业有侵犯他人知识产权的情形，就需要权衡并购目的和侵权后果的轻重。具体说来：应该调查公司的开发研究记录，目标公司首次商业性使用该技术的记录，审查有关协议，目标公司签署的所有涉及专利或其他产权信息的协议均在审查范围内。目的有二：全面清理公司的知识产权等无形资产，发现潜在责任等。

以上工作需要耐心、细致地进行，并要详细撰写尽职调查报告供并购企业决策，由此可见，律师在参与企业并购过程中所起的作用是不可替代的。

04 民营企业商标战略十大问题

企业商标战略，是指企业为其商标所制定的在一定阶段内的发展规划。这里的商标包括企业自身申请注册的商标、经过他人许可或者转让而取得的商标和虽未注册却在先使用的商标。

民营企业是我国社会主义市场经济中最为活跃的成分，许多民营企业家白手起家，通过自己的智慧和努力，让企业在市场中逐渐站稳脚跟，并发展壮大。然而不少善于经营的企业家在这过程中却忽略了企业至关重要的知识产权——商标。

随着经济全球化和知识化的发展趋势，世界各类产业的技术优势和知识优势正在逐步转化为商标优势、品牌优势和市场竞争优势。企业在市场竞争中，通过交易、广告宣传等行为，将企业的商誉注入商标中，商标就是企业商誉的载体，一旦商标出现问题，企业的商誉也会受到影响。

近年来，我们发现，民营企业在经营过程中，由于对商标战略问题不太理解和不够重视，出现了各种意想不到的不利后果，比如商标被他人抢注、商标权属不清、字号被他人注册商标等。作为律师，我们竭力帮助当事人通过诉讼或和解等手段，维护权利并挽回了部分损失，但是维权之路劳民伤财，即使企业维权成功也难以消除全部影响。因不重视商标品牌战略所带来的问题，有些甚至影响到了企业的生存。为此，笔者结合近年来所关注和参与的成功与失败的商标典型案例，归纳出企业商标战略的十大问题，既有正面的经验，也有反面的教训，希望对民营企业的商标战略能有些借鉴意义。

一、企业应当将商标作为自身发展的核心竞争力

1996 年，娃哈哈集团在香港百富勤集团的介绍下，与达能进行接触，并达成合作协议。达能以其与百富勤在新加坡的投资公司——金加投资有限公司为名出面合作，出资 4500 万美元，娃哈哈则以厂房设备和无形资产投入，并约定娃哈哈商标作价 1 亿元人民币，其中 5000 万元作为对合资公司注册资本的投入。三方共同出资建立的 5 家合资公司，生产以“娃哈哈”为商标的包括纯净水、八

宝粥等产品。虽然这份协议为后来2007年的达能与娃哈哈商标转让纠纷埋下了伏笔，但是1996年的4500万美元融资对于正在发展壮大的娃哈哈而言，无疑是注入了一剂振奋人心的强心剂。

在这份合资协议当中，娃哈哈的商标价值在1996年就达到了1亿元人民币，从而使娃哈哈领头人成为我国企业知识产权第一人。除企业自身经营积累的良好商誉外，这显然与娃哈哈把商标这一知识产权作为企业重要的无形资产，从而使之成为企业的核心竞争力不无关系。众所周知，娃哈哈当年除了注册“娃哈哈”商标之外，又在同类商品上注册了“娃娃哈”“哈娃娃”“哈哈娃”“娃哈娃”“小哈哈”等商标，“娃哈哈”为正商标，后面几个为防御商标。可见娃哈哈在最初申请注册商标的时候就有战略眼光，已经考虑到自己的商标未来驰名后被他人模仿和假冒的可能性。2007年，在政府的干预下，娃哈哈保住了“娃哈哈”商标这一民族品牌。与此相比，我们曾经所熟悉的民族品牌“美加净”和“小护士”等被国外企业兼并后弃用，失去了核心竞争力的企业也就一蹶不振，渐渐淡出人们的视线，之后“美加净”又以数倍于转让费的代价赎回商标，这种得不偿失的教训是非常沉痛的。

2008年6月，国务院印发的《国家知识产权战略纲要》中就提到：“支持企业实施商标战略，在经济活动中使用自主商标。引导企业丰富商标内涵，增加商标附加值，提高商标知名度，形成驰名商标。”可见，企业把商标作为自身的核心竞争力是大势所趋。

经过多年努力，“娃哈哈”的品牌价值在《2013年胡润品牌榜》中升至220亿元人民币，成为我国食品与饮料行业中的翘楚。这显然与娃哈哈视商标为企业核心竞争力，努力打造商标品牌价值的高瞻远瞩的商标战略是分不开的。

二、企业应当有自己的商标，切忌长期使用他人商标

1995年3月，广州羊城药业股份有限公司王老吉食品饮料分公司（以下简称王老吉分公司）与香港鸿道集团（以下简称鸿道集团）就“王老吉”商标签订了《商标使用许可合同》，约定许可鸿道集团使用“王老吉”商标和红色纸包装于清凉茶饮料上。此后，王老吉分公司将“王老吉”商标转让给广州药业集团（以下简称广药集团）。2000年5月，广药集团许可鸿道集团及其投资企业在中国大陆使用“王老吉”商标，生产及销售红色罐装及红色瓶装王老吉凉茶，许可使用期限至2010年5月。其后，鸿道集团又投资成立了香港加多宝（广东）股份公司（以下简称加多宝）。加多宝在合同约定的范围内，设计出自己的产

品——“红罐王老吉”，以保证不与广药集团的绿盒纸装王老吉产品发生混淆和冲突。在生产销售“红罐王老吉”的同时，加多宝按约定及时地向广药集团支付了商标许可使用费。

广药集团重视知识产权，早已成为“王老吉”注册商标的专用权利人。加多宝长年积极营销，对“王老吉”凉茶“预防上火”的独到营销定位以及捐赠汶川、玉树地震灾区逾亿元的义举，使这个曾经奄奄一息的“王老吉”老字号不但起死回生，而且还家喻户晓，一跃成为中国著名民族品牌。2009 年，“王老吉”更是创下单一产品中国市场销售额 160 亿元的商业奇迹，一举超过了“洋品牌”可口可乐等。对“王老吉”民族品牌的弘扬，加多宝可谓功不可没。

加多宝成立之初缺少品牌，但又有志于在中国的饮料市场做一番事业，于是便“借船出海”，选择了凉茶老字号“王老吉”商标，作为其打入市场的一种策略，并卧薪尝胆，恪守信誉，十年磨剑，果然一举成名。但直接成名的却是广药集团的“王老吉”，而并非自己的“加多宝”。当广药集团收回“王老吉”商标时，其评估价值高达 1600 亿元人民币。

一个企业需要有长远的商标战略眼光，贴牌生产可以为企业积累原始财富和经验，但终究不是企业的最终生存之道。企业必须要有自己的商标和品牌，要有战略眼光。正如上述案例中的加多宝，在企业成立之初，借助他人品牌使企业迅速发展，占据一定市场，此举在起步阶段是有积极意义的。但此时企业家应当明白，长期依赖他人的品牌并不可取，必须及时申请注册自己的商标，并且打造自己的品牌。否则，承载着良好商誉的商标一旦被商标权人收回，之前的苦心经营便会付诸东流。此时再亡羊补牢，重起炉灶，便会多走弯路，重付代价。好在加多宝营销有方，很快又将“加多宝”的商标和品牌打响了。

三、企业在先使用的未注册商标应当尽快注册，以防他人抢注

锦元实业公司（以下简称锦元公司）于 1993 年 5 月筹办，并于 1994 年 7 月正式注册成立。其经营范围是金属纪念品、金属材料、自动化仪表、电器、建筑装潢材料、汽车零配件、塑料制品、家用电器和节能产品等，但主营业务是普通金属纪念品、金属工艺品。由于锦元公司的总经理是设计和制造金属工艺品的专家，加上经营有方，又善于管理，在兢兢业业地打拼了几年后成为金属纪念品行业的领军者。2000 年国家放开金银管制之后，锦元公司便开始生产和销售贵金属纪念品和礼品，是国内最早进入贵金属纪念品领域的民营企业之一。之后锦元公司业务发展很快，渐渐也有了商标和品牌意识。1999 年 9 月，锦元公司在国际

分类第 6 类商品上注册了“锦元 JINYUAN 及图”商标。类似群为 0614、0622，商品类别为“金属纪念章；金属纪念牌；金属标志牌；普通金属艺术品；普通金属塑像”。可是却没有在第 14 类贵金属领域再注册“锦元”商标。结果在时隔 12 年后的 2011 年，被一家经营贵金属纪念品的竞争对手抢注了“锦元”商标，致使锦元公司不能在第 14 类贵金属纪念品等商品上再注册锦元商标，而且还在业内和消费者群体中产生了混淆和误导，导致锦元公司市场流失，并在生产、经营中产生不少麻烦。

从此案我们可以看到，锦元公司虽然很早就生产、经营贵金属纪念品，但却一直未在贵金属纪念品上申请注册锦元商标，结果被他人通过一定程序在贵金属纪念品上申请注册了近似的商标。按照我国现有商标法第 59 条第 3 款的规定，锦元公司将只能在原有范围内使用其未注册商标。如果锦元公司扩大生产经营范围生产贵金属纪念品，就将侵犯他人的商标专用权，这显然对企业的生存和发展是很不利的。为此，锦元公司在生产、经营中陷入被动。当然，锦元公司可以亡羊补牢，以他人恶意抢注其在先使用的未注册商标为由指控对方不正当竞争，请求有关部门宣告商标无效或不予注册。

四、企业在异议或撤销他人抢注的自己的商标时应当及时申请注册

科麦股份有限公司于 1993 年在台湾成立（以下简称台湾科麦）。1998 年上海科麦食品有限公司（以下简称上海科麦）成立，经过多年的努力，科麦品牌旗下已有“欧贝拉烘焙示范饼屋”“奉贤食品机械厂”“奉贤调料厂”“吐鲁番葡萄干生产基地”和“联旭糕点专业代工工厂”等子公司，并在上海、南京、成都、武汉、西安、沈阳和青岛等市均设立了办事处。

1996 年 4 月，台湾科麦设计了“科麦英文及图”商标。上海科麦成立以后，台湾科麦即将其设计的“科麦英文及图”商标转让给了上海科麦，上海科麦在“科麦英文及图”商标左右两侧加上“科麦”中文两字后当作其商标在产品的包装和企业宣传中使用，并先后在第 2、7、11、17、21、31、39 类商品上注册了该商标，但却没有在第 30 类商品上注册该商标。2004 年，上海科麦的前员工发现了这一漏洞，便悄悄地将上海科麦一直使用的“科麦中、英文及图”商标稍作修改后在第 30 类商品上申请注册了该商标。第 30 类商品是食品，正属于上海科麦的经营范围。直到 2007 年，上海科麦前员工注册的“科麦中、英文及图”商标初审通过并公告时，上海科麦才意识到自己已经错失良机，陷入了被动局面。但上海科麦并不气馁，一边向国家商标局提出异议，一边将“科麦中、英文

及图”商标在第30类商品上重新向国家商标局申请注册。在之后的五年里，上海科麦先后奔波于山东、北京等地，先是通过法院确认上海科麦对“科麦英文及图”享有著作权。接着又先后向国家商标局和商评委提出上海科麦前员工申请注册的“科麦中、英文及图”商标，侵犯了上海科麦的“科麦英文及图”著作权，要求不予注册，并请求核准上海科麦申请的“科麦中、英文及图”商标。最终，商评委于2013年10月28日裁定对上海科麦前员工申请的“科麦中、英文及图”商标不予注册。排除了这一障碍后不久，商评委又于2013年11月12日决定对上海科麦申请的“科麦中、英文及图”商标核准注册。2014年5月7日，上海科麦终于拿到了其在第30类商品上申请的“科麦中、英文及图”商标注册证。

由此案可见，企业在维权时要讲究策略、统筹兼顾、前后呼应、相互衔接。特别要注意的是，撤销他人侵权注册商标或阻止他人申请注册商标，只是企业战略的第一步，更为重要的是自己申请注册要尽快跟上，切忌错失申请注册商标的时机。即使因对方在先申请或注册而导致我方的商标申请被驳回，也仍应立即申请复审，以便在对方的商标被撤销或不予注册时，我方申请注册的商标可在第一时间被核准注册。否则，会被善意或非善意第三人乘机插队而上，而自己却错失良机，无可奈何，即使撤销成功，也意义不大。

五、企业应当将自己的字号尽快注册为商标

中国标准缝纫机公司上海惠工缝纫机三厂（以下简称惠工厂）成立于1992年2月，是中国缝纫机行业协会的理事单位。该厂引进日本技术，其“海菱”牌GC系列工业用缝纫机远销欧美等地区，深受客户青睐，年出口创汇额达千万美元，被评为上海市高新技术企业，为上海500强企业之一。其“海菱”文字及图商标于1998年10月获准注册，2002年1月被评为上海市著名商标，具有较高的知名度。但惠工厂却一直未将其惠工字号注册为商标。

从2000年5月起，惠工厂在沪、苏、皖、滇等地发现了标有“上海海菱缝纫设备制造有限公司（以下简称海菱公司）制造”字样的“惠工”牌工业缝纫机。该缝纫机还使用了惠工厂申报注册的“GC0318”“GC6—28”产品型号，宣传资料及说明书内容也与惠工厂雷同，而其价格则比惠工厂低廉，当然其质量也相当低劣。惠工厂产品受其影响，销量直线下降。经了解，原来是浙江一家公司将“惠工”两字注册为商标，并使用惠工厂的注册商标“海菱”在上海成立海菱公司，擅自制造、销售“惠工”牌工业缝纫机，导致惠工厂产品受其影响，销量直线下降。后经诉讼，惠工厂维权成功，法院判决该侵权公司不得在机器、

包装和宣传时同时使用“惠工”和“海菱”文字。但毕竟劳民伤财折腾一番，才使竞争者停止侵权。

商业标识的种类很多，获取权利的途径也不同，如商标、字号、商品名称和包装装潢等。如果这些商业标识与不同类型的知识产权相同或近似，那么就有可能因相互混淆而产生矛盾，这就是商业标识的权利冲突，其中最常见的就是字号和商标的冲突问题。一般情况下，企业的字号与商标、商品名称是同一的，比如可口可乐、柯达、海尔等。但也有些企业的字号和商标并不相同，如通用汽车公司使用别克商标等。

相对于字号而言，商标的法律保护更为直接一些，范围更广一些，因而保护强度也更大些。因为商标权是通过国家商标局法定程序授予相关权利人的，其权利范围是全国性的，而字号权则是在企业依法成立后自动产生的，而且有地域性，通常只在省、市、县内有效，很少有行政和司法机关以字号权为由来维护企业权益的案例。由于字号权利的地域性，有些不法企业垂涎于一些知名企业字号所蕴含的巨大商机，暗中将他人字号用作自己的商品名称，甚至注册为商标，以“搭便车”。有的企业更是采取了“包抄”战术，不仅将其他企业的享有一定知名度的字号注册为商标，而且还将他人的注册商标登记为本企业的字号，如同本案。这些在后权利均经过市场监督管理部门审查，享有形式上的合法来源和身份，令人困惑不解，混淆真伪。

由此案可见，企业应当防患于未然，对于字号的权利人而言，特别是对字号有知名度的企业来说，如果字号尚未申请注册为商标的话，则应该主动积极地将自己的特有字号注册为商标，以避免他人搭自己知名字号的便车，这也是防止将来产生权利冲突的必要防范措施。

六、企业应当将其特有的名称或包装装潢注册为商标

上海帕弗洛文化用品有限公司（以下简称帕弗洛公司）成立于 2003 年 6 月。2003 年 7 月，台湾帕弗洛股份公司和毕加索国际企业股份有限公司与帕弗洛公司签订《授权契约书》，将 PICASSO 著作权及商标权授权给帕弗洛公司使用，期限为 2003 年至 2013 年。同年 10 月，帕弗洛公司开始销售“毕加索”品牌系列书写工具（金笔、钢笔和圆珠笔）及相关的笔芯和墨水等。经过四年多的苦心经营和积极有效的品牌推广，“毕加索”系列书写工具依靠其上乘的质量和极富艺术感的红黄黑色块外观设计，在赢得市场的同时，更是获得了较高的行业知名度。

令人遗憾的是，在巨大利益的诱惑下，有些公司铤而走险进行假冒仿造。一时间市场上打着“毕加索”品牌的产品鱼龙混杂，消费者深受其害。帕弗洛公司经调查发现，XY 文化用品有限公司（以下简称 XY 公司）就是上述侵权公司之一。XY 公司成立于帕弗洛公司之后，在看到帕弗洛公司“毕加索”系列书写工具巨大的品牌影响力和良好的市场潜力后，从 2008 年 9 月起开始生产和销售与帕弗洛公司“毕加索”系列书写工具名称相同、包装装潢近似的侵权商品。

帕弗洛公司便先后在上海、成都等地以“侵犯知名商品的特有名称和包装装潢”为由将 XY 公司告上法庭，并连连胜诉。出乎意料的是，XY 公司竟然于 2011 年 9 月将帕弗洛公司红黄黑色块的特有包装装潢在第 16 类书写工具上申请注册商标，初审通过公告时，帕弗洛公司因疏忽而未提出异议，致使 XY 公司红黄黑色块商标被核准注册。之后，XY 公司反将一军，发函给帕弗洛公司全国各地的销售商，称帕弗洛公司的产品侵犯其商标专用权，并向有关工商机关和法院举报、起诉。一些不明真相的工商机关闻风而动，责令下架，部分法院则纷纷立案，频频开庭，致使帕弗洛公司忙于应付，焦头烂额，十分被动，后几经周折，才予平息。虽然帕弗洛公司以 XY 公司恶意抢注为由提出商标争议，请求国家商评委撤销该红黄黑色块商标，并初步成功。然而企业却仍然遭受了惨痛损失，几乎破产关门。

此案提醒我们，企业应当意识到产品的特有名称和包装装潢经过设计构思，具有一定的特色和美感，也属知识产权。当产品具有一定知名度之后，就应当尽快把产品的特有名称和包装装潢注册为商标，或申请外观设计专利，或商标和专利两者同步进行，用知识产权来加以保护。否则便会被他人抢先注册，倒打一耙。而且商标权和专利权属工业产权，是强权，举证相对方便，维权也比较容易。企业知名商品特有名称和包装装潢是弱权，要对抗商标权则比较困难，且要证明侵权人的行为是“不正当竞争”则难度更大，其维权成本更高。

七、发现企业商标与他人的商标相似应当及时修正

上海福克斯实业有限公司（以下简称福克斯公司）成立于 2003 年 10 月，主要从事国内 FOXTOWN FACTORY STORY 的零售业务拓展，是我国引进世界品牌服饰折扣连锁店的开拓者之一。该公司秉承 FOXTOWN（中文为狐狸城）“大品牌、小价格”的一贯经营理念，以“期待更多，花费更少”的经营宗旨，在短短 2 年多时间内，就在上海、深圳和济南等地成功开设了八家折扣店，并以其首创的“市区商圈边缘地址”“品牌形象装修”和“年度开仓日”等独特营销手

段，在业界及消费市场中获得了很高的知名度和美誉度。2005 年 2 月，经权威机构评估，“FOXTOWN” 品牌资产市场价值已逾亿元。

2003 年 7 月和 10 月，福克斯公司分别将 “FOXTOWN” 和 “FOXTOWN 及特定狐狸图形（瘦）” 向国家工商行政管理局提出商标注册申请。然而正当福克斯公司蒸蒸日上之际，瑞士人 C 先后于 2005 年 3 月和 2006 年 3 月，分别以福克斯公司使用的 “FOXTOWN 及特定狐狸图形（瘦）” 商标侵犯其著作权和构成不正当竞争为由，向上海市第一中级人民法院提起诉讼，2005 年 4 月 6 日，瑞士人 C 还向国家工商行政管理总局对福克斯公司的商标申请提出异议。

福克斯公司慕名找到我们，寻求法律帮助。我们分析对比了瑞士人 C 享有著作权的图案和福克斯公司使用的 “FOXTOWN 及特定狐狸图形（瘦）” 商标，发现两者非常相似。我们仔细询问之后，福克斯公司说他们的商标来源于美国的一个小镇，但又难以举证。我们经过短暂的思考后，便劝其赶紧放弃之前的商标，把 “瘦狐狸” 图形修正成与其明显区别的 “胖狐狸” 图形，然后再申请注册商标。后来，等到 “瘦狐狸” 图形停止使用时，“胖狐狸” 图形已使用多时，且也注册成功，顺利地完成了福克斯商标使用的过渡，对企业来说并未造成很大的影响。

企业可以借鉴此案福克斯公司的做法。人类的任何创作都不可能是在封闭环境下完成的。专利发明需要借鉴现有技术，作品创作要在大量阅读的基础上才能产生灵感，商标也是如此。企业可以借鉴他人的商标图形后结合自己的构思，付出一定的劳动成果，进而创造出一个新的商标图形。

企业应该有长远的商标战略眼光，模仿他人的商标图形可能会给企业带来短暂的利益，但从长远看，企业在发展的过程中，把商誉都积累在别人的商标上则是不明智的。一旦权利人主张其权利后商标就会被禁止使用，企业之前的经营和宣传努力就会付诸东流。当然，“亡羊补牢，为时未晚”，在权利人主张权利前企业就应当立即修正商标，而不需要另起炉灶，以使损失最小化。

八、企业字号若与他人在先注册的商标相同，则应当尽早收购

上海避风塘美食有限公司（以下简称避风塘公司）创立于 1998 年。由于独特的经营理念和风格，避风塘公司很快在上海接二连三地开了十来家连锁店，成为沪上知名的中华小吃。于是总经理就有了雄心壮志，计划在全国范围内形成品牌连锁店。因此，早在避风塘公司成立之初，总经理就意识到商标和品牌的重要性，打算将公司字号 “避风塘” 三个字申请注册商标，以使字号与商标统一起

来，防止品牌打响后，竞争者投机取巧搭便车。为避免重名，避风塘公司开始检索，结果发现“避风塘”餐饮服务商标早已名花有主。原来1997年7月14日，成都武侯区避风塘海鲜大排档（以下简称成都避风塘）已在餐饮业服务项目上合法注册了“避风塘BFT”服务商标，这使避风塘总经理有些犯难。他人注册在先，若自己重新注册，则肯定会被驳回。若直接使用自己字号，不但受拘束，而且对企业发展不利，一不小心还涉嫌商标侵权。于是避风塘公司考虑是否将“避风塘”商标购买过来，即通过合法转让取得。好在成都避风塘还不成规模，对商标要价不高，双方一谈即成。1999年成都避风塘同意将“避风塘BFT”商标转让给避风塘公司，于是避风塘公司便成为“避风塘BFT”商标权利人。此后，避风塘公司一帆风顺，越做越大。迄今为止，避风塘公司已拥有直营连锁餐馆近百家，专业化速冻食品公司一家，从业人员近万人。

由此案可见，由于避风塘公司成熟的商标战略，保持了商标和企业字号的一致性，从而避免了惠工厂那样的尴尬。避风塘公司也没有像加多宝那样只要求商标许可使用，而是直接收购，花小钱轻松获得了“避风塘BFT”商标的专用权，避免了日后商标权属争议。而且避风塘公司更没有等待，早期及时地收购商标，费用较低。如果不果断地收购，而是等到对方和己方品牌打响之后再行收购，其价格必定水涨船高，这样便会增加成本，甚至得不偿失。

九、企业的商标在转让或许可他人使用时，应当了解受让人或使用人的背景情况

2000年，唯冠国际控股有限公司（以下简称唯冠国际）旗下台湾唯冠电子股份有限公司（以下简称唯冠台湾）在多个国家和地区申请注册了iPad商标。2001年，同是唯冠国际旗下的唯冠科技（深圳）有限公司（以下检测唯冠深圳）又在中国大陆地区注册两项iPad商标，并借此推出过iPad电脑。2006年，当苹果公司计划推出平板电脑时，发现“iPad”相关商标已被唯冠台湾和唯冠深圳共同注册。

2009年12月，英国IP申请发展有限公司（以下简称“IP公司”）与唯冠台湾达成协议，以3.5万英镑从唯冠台湾手中获得iPad全球商标权，在协议中转让的商标也包括唯冠深圳的两个商标。2010年2月，IP公司与苹果公司签订了一份商标转让协议，以10英镑的价格向苹果公司转让了iPad商标有关的所有权利。2010年4月，苹果公司的iPad平板电脑开始在美国向公众销售。

此时，唯冠国际的总经理才知道，IP公司是受苹果公司之托与自己签订商

标转让协议。如果是苹果公司直接收购，其要价必定远远超过3.5万英镑。可以参考的先例就是2004年汉王科技股份有限公司曾在中国大陆地区注册过“i-phone”的商标，并在一款智能电话机产品中使用了该商标。为取得“i-phone”的商标，苹果公司向汉王科技支付了365万美元的和解费用，获得了该商标的专用权。由此推测，唯冠台湾要将全球多个国家和地区范围的iPad商标转让给苹果公司，要价必然远远高于365万美元这个数字。为此，唯冠国际的总经理觉得自己吃亏了。果然，在苹果公司与唯冠深圳在大陆范围内的iPad商标权转让纠纷中，苹果公司支付给唯冠深圳的和解费用高达6000万美元。不过苹果公司仍不吃亏，2013年苹果公司的品牌价值已经达到惊人的1043亿美元，超越可口可乐成为世界第一。作为苹果公司重要产品的平板电脑的商标iPad，其价值之高显然是不言而喻的。

苹果公司利用IP公司与唯冠台湾谈判转让商标是合法的商业行为，对此无可厚非。但是站在唯冠台湾的角度上看，如果其能够早了解到IP公司背后是苹果公司，就能获得高昂的商标转让费。因此，企业在商标转让或许可的过程中，一定要了解对方的底细，不可轻易转让或者许可，以免错失商机，对企业造成巨大损失。本案中如果唯冠台湾能够及早了解IP公司的背景，就能获得公平合理、等价有偿的商标转让费。

十、企业商标被侵权之后应当及时维权

上海韦创贸易发展有限公司（以下简称韦创公司）成立于2000年9月，系一家专业生产、经销喜糖及提供综合性婚庆服务的公司。为体现婚庆服务的特点，韦创公司对其“诗蒂中国情”和“花嫁故事”系列喜糖的包装进行了独具匠心的设计。该公司在产品和服务上下功夫的同时，还投入大量的广告费用，在专业杂志、电视以及巴士的车身上发布商品及服务广告，以提高“诗蒂”“花嫁喜铺”两大商标和品牌的知名度。多年的市场推广和广告投入带来了回报，公司的产品和服务赢得了市场的认可，获得了公众的青睐。韦创公司抓住时机，于2004年10月将“花嫁喜铺”文字、拼音及图的组合分别在第30类、41类、44类商品和服务上注册了商标，并将喜糖的包装申请了外观设计专利。

上海花轿婚庆服务有限公司（以下简称花轿公司）成立于2003年5月，也是一家婚庆服务公司。花轿公司在《申江服务导报》上的广告、营业地点户外广告以及服务名片、喜糖包装上均突出使用“花轿喜铺”字样。花轿公司的“花轿喜铺”喜糖的包装盒形状、标志性图案、文字和色彩都与韦创公司的“诗

蒂中国情”“花嫁故事”系列喜糖的包装、装潢极其相似，并将韦创公司的“花嫁故事”小块喜糖包装上的卡通图案用于其喜糖包装上。

韦创公司认为，其为建立“花嫁喜铺”的市场品牌，投入了大量的资金和时间，花轿公司使用与“花嫁喜铺”商标相近的文字、标志和广告，并使用与韦创公司产品包装、装潢相似的包装装潢，侵犯了韦创公司的合法权益。为此，韦创公司于2004年4月2日分别以商标侵权和不正当竞争为由向上海市黄浦区人民法院起诉，请求法院判令被告立即停止侵权和不正当竞争行为，并赔偿原告经济损失和调查费共人民币10万元。原告还同时申请法院对被告产品的样品、销售合同、发票、财务账册及宣传资料等予以证据保全。

黄浦法院受理此案后，裁定准予原告的证据保全申请。2004年6月3日，黄浦法院公开开庭审理了此案。2004年9月20日，黄浦法院依法作出判决，认定被告的行为侵犯了原告的商标专用权，并构成对原告的不正当竞争。对此判决结果，被告没有上诉。之后，韦创公司又乘胜追击，先后在上海、北京、浙江等地继续维权。韦创公司在维权的同时，其知名度也越来越高，市场也越来越大，从而成为长三角婚庆行业的领军者，“花嫁喜铺”和“诗蒂”商标也被评为沪上著名商标。

此案说明企业商标一旦被侵权，就应理直气壮地进行维权，不能胆小怕事，患得患失，任其自流，甚至害怕诉讼，否则就难以使市场失而复得，侵权者也得不到应有的惩罚，企业也就难以正常发展壮大。

05　我难忘的“4·26”情结

今年（笔者注：本文作于2014年）4月26日是第14个世界知识产权日。每当4月26日来临之前，我都会有一种莫名的冲动，脑海里总会涌动着一个想法，那就是“‘4·26’我该做什么?”今年也不例外。我刚应陕西省律协知识产权委员会的邀请，于3月底前往西安与陕西省同仁就商业秘密诉讼实务进行交流，又于4月21日至浙江省台州市与知识产权界的领导、专家和企业家对知识产权实务进行座谈和互动，还将于4月25日与上海市集成电路协会和浦东新区知识产权协会合办“IP企业涉外风险的管控和应对”研讨会，同时还将参加4月24日至26日由商务部、国家知识产权局与上海市政府合办的“第二届上海国际技术交易会”。在“上交会”期间，还要参加长三角知识产权维权联盟会议。

2000年10月，在世界知识产权组织（WIPO）第35届成员大会上通过了中国和阿尔及利亚关于建立“世界知识产权日”的提案，自此，就将世界知识产权组织成立之日——4月26日，定为“世界知识产权日”。

设立“世界知识产权日”的目的旨在促进世界各国“尊重知识、崇尚科学”，树立保护知识产权的意识，以及营造一个鼓励知识创新和保护知识产权的法律环境。于是每年4月26日及前后，全世界包括世界知识产权组织各成员国都要举行各种宣传活动，以在全球普及知识创新，提升人们的维权意识。

我对“4·26”情有独钟是因为每当“4·26”世界知识产权日，以及“4·26”前后的“知识产权周”“知识产权月”都会举办门类众多的宣传活动，包括展示、演讲和论坛等各种形式。而律师参与这种宣传活动，不仅对他人来说是一种普及知识产权的行动，对自己和律师事务所来说，也是一种形象和能力的展示，更是提升律师专业水准的难得机遇。为此，对“4·26”的各种宣传活动我都乐此不疲。自2001年第一个世界知识产权日以来，每年我都会与高校、法院、知识产权协会和企业共同举办一至二次与知识产权理论和实务有关的论坛或研讨会，邀请专家、学者、法官、律师和企业家共商知识产权疑难问题以及应对之道。十多年来，我举办或合办了不下20次的论坛和研讨会。如：2002年的WTO与反不正当竞争研讨会，2003年的商业秘密法律保护研讨会，2004年的卡拉OK

的版权问题研讨会，2005年的中医药产业发展和知识产权战略论坛，2006年的“FOXTOWN”商标、版权学术研讨会，2007年的上海化工企业知识产权论坛，2008年的上海静安外资企业保护论坛，2009年的金融危机与企业知识产权论坛，2010年的迎世博、创品牌知识产权论坛，2011年的浦东知识产权纠纷和司法保护论坛，2012年的长三角知识产权调解之道论坛（上海），2013年的长三角知识产权维权论坛（南京）等。

上述活动不仅涉及商标、专利、版权、商业秘密和不正当竞争等知识产权各领域，还涉及化工、医药、金融、出版和音乐等各类行业；不仅涉及民族企业的知识产权战略，也涉及外资企业的知识产权保护。通过上述针对性较强的论坛和研讨会，不但提升了律师的学者形象，也提高了律师自身的理论水平和实务能力，并且还拓展了律师的业务范围。例如2002年的“WTO与反不正当竞争研讨会”与2003年的“商业秘密法律保护研讨会”就结合TRIPS协议关于商业秘密的“控制人”可为权利主体的规定，解决了技术引进方也可成为商业秘密权利人的问题，从而在司法实践上有所突破。又如，在2005年的“中医药产业发展和知识产权战略论坛”上，专家们针对我国中医药在国际市场上的困境，就提出了应加强中医药专利的战略。再如，2006年的“‘FOXTOWN’商标、版权学术研讨会”，与会专家学者为我国民族企业的商标和版权诉讼献上了一剂良方。

其实，我与“4·26”的不解之缘主要源于我的办案风格，那就是“弄清事实，理顺法律，谦虚谨慎，不耻下问”。这还得追溯到1989年5月的鲁迅稿酬案研讨会。当时，周海婴先生一审败诉，二审正处艰难之际，相关法律问题均在争议之中，诉讼前景不容乐观。于是我与周海婴先生就借座上海鲁迅纪念馆召开了“鲁迅稿酬案法律问题研讨会”，邀请了上海法律界和版权界的专家、学者就该案的几个争议焦点，如鲁迅作品的保护期、鲁迅家族的捐赠有效性、涉外合作作品的版税分配和国有出版社能否代表国家等问题进行了研讨，与会专家、学者大多认为法院应当支持周海婴先生的诉求。我便将各位大家的高见整理后融入我的代理意见中，最后法院充分考虑了专家、学者的意见，突破了一些司法上的障碍，支持了我们主要的诉求，并以调解形式结案。之后，我又通过研讨会的形式，先后解决了“加筋强力包装纸袋和加工装置”专利案，《围城汇较本》《点值法在护理工作中的应用》《眼病图谱》《职业安全卫士百科全书》等版权案，“金华火腿”商标案以及“汇丽”地板反不正当竞争案等疑难知识产权案的困惑。

通过“4·26”活动，我结识了不少良师益友，使我受益匪浅，难以忘怀，时时激励我做事要认认真真，学习要孜孜不倦。我虽年近七旬，但仍感学无止境，愿我国的青年知识产权律师积极投身于“4·26”世界知识产权日的活动中，以加深对世界知识产权日重大意义的认识和提升知识产权专业水平，为中国的知识产权事业做出应有的贡献。

06 浅谈专利相同侵权的认定
——立体雕刻机专利侵权案例分析

原告是“立体雕刻机”发明专利的专利权人，其在上海某展览会上发现北方某公司展出的立体雕刻机结构与其专利记载的内容几乎完全相同，遂以该公司侵犯其专利权为由起诉到法院。在法院的主持下，原、被告双方就被控侵权产品与专利文献中记载的技术特征进行了现场比对。在比对过程中，被告提出了其机器与涉案专利的不同之处。涉案专利的权利要求中记载：“一种立体雕刻机……所述的工作平台中固定有两根沿水平纵向平行设置的圆柱导轨，在每个圆柱导轨上套有滑块，在两个滑块上固定有板条……”而被控侵权产品的工作平台中固定的圆柱导轨是四根，也是每个圆柱导轨上套有滑块，在两个滑块上固定有板条，因此被控侵权产品上滑块为四个，板条为两根。原告认为“四根导轨”只是在“两根导轨”上进行的简单重复，两者的技术特征应属相同，至少也应该是等同。而被告则认为两者的技术特征是既不相同也不等同。

该案在审理过程中，法院要求原告明确被告是相同侵权还是等同侵权，且两者只能择一。最后该案以法庭调解形式结案，并未判决，所以双方的上述分歧最终也没能有所公论。笔者认为该案的焦点问题很有代表性，因此撰文与诸位共同探讨。该案的焦点问题在于，上述涉嫌侵权立体雕刻机的“四根导轨”与涉案专利的“两根导轨”究竟是属于相同、等同还是完全不同的技术特征。对此，有如下三种观点：

第一种观点认为上述“四根导轨”与“两根导轨”既不相同也不等同。持此种观点的人认为：（1）权利要求中限定了两根圆柱导轨上只能固定一根板条，而被控侵权产品的四根圆柱导轨上共固定了两根板条，且两根板条之间是相互分离的，该两根板条可以分别夹持不同长度的工件进行加工，导轨支撑的夹持机构加倍，工效翻番，因此比立体雕刻机专利更具创造性。（2）立体雕刻机专利权利要求中已限定了保护范围为“两根导轨”，如果对“四根导轨”也进行保护的话，则显然扩大了专利权的保护范围。据此，被控侵权产品中的“四根导轨”

与权利要求中的“两根导轨”是既不相同也不等同的技术特征，被控侵权产品相同侵权和等同侵权均不成立。

第二种观点认为上述“四根导轨”与“两根导轨”是等同的技术特征。《最高人民法院关于审理专利纠纷案件适用法律问题的若干规定》第17条第2款规定：“等同特征，是指与所记载的技术特征以基本相同的手段，实现基本相同的功能，达到基本相同的效果，并且本领域普通技术人员在被诉侵权行为发生时无需经过创造性劳动就能够联想到的特征。”因此构成等同技术特征需要满足四要件，即三个“基本相同”加一个“显而易见性”。持这种观点的人认为：“四根导轨”就是“两根导轨”的等同特征，因其满足构成等同技术特征的四个要件，故构成等同侵权。

第三种观点认为上述“四根导轨”与“两根导轨”是相同的技术特征。持这种观点的人认为：“四根导轨”是“两根导轨”的简单复制和延伸，“四根导轨”包含“两根导轨”。所以被控侵权产品完全包含权利要求中的“所述的工作平台中固定有两根沿水平纵向平行设置的圆柱导轨，在每个圆柱导轨上套有滑块，在两个滑块上固定有板条”这一系列技术特征和其他全部技术特征。即权利要求中的每一个技术特征都可以在被控侵权产品中找到，根据专利侵权判定的全面覆盖原则，被控侵权产品构成相同侵权。

笔者对上述三种观点进行了整理、分析和研究，同意第三种观点，即被控侵权产品中的“四根导轨”包含权利要求中的“两根导轨”这一技术特征，故构成相同侵权，具体理由如下：

一、专利侵权判断须分两步走

《最高人民法院关于审理侵犯专利权纠纷案件应用法律若干问题的解释》第7条第2款规定：“被诉侵权技术方案包含与权利要求记载的全部技术特征相同或者等同的技术特征的，人民法院应当认定其落入专利权的保护范围；被诉侵权技术方案的技术特征与权利要求记载的全部技术特征相比，缺少权利要求记载的一个以上的技术特征，或者有一个以上技术特征不相同也不等同的，人民法院应当认定其没有落入专利权的保护范围。”该条规定确定了专利侵权判断的基本原则，即学理上所称的“全面覆盖原则”。根据该原则，只要被控侵权产品包含权利要求记载的全部技术特征，就落入了专利权的保护范围。反过来说，如果被控侵权产品侵权成立，那么该产品就应该具备专利权利要求中所描述的每一项技术特征，缺一不可。实践中，通常在下述几种情况下，视为被控侵权产品全面覆盖了专利的权利要求。

第一，字面侵权。即从字面上分析比较就可以认定被控侵权产品的技术特征与专利的技术特征相同。比如，一项专利，其权利要求为：一种相框……其特征在于背部设置有橡胶吸盘。如果被控侵权相框在背部就设置有橡胶吸盘，那么被控侵权产品的结构与权利要求所描述的结构相同，则被控侵权产品侵权。

第二，专利权利要求中使用的是上位概念，被控侵权产品公开的结构属于下位概念。比如，一项专利，其权利要求为：一种搅拌机……其特征在于搅拌刀头是金属的。被控侵权产品的搅拌刀头是不锈钢的。由于不锈钢属于金属，是金属的下位概念，因此，被控侵权产品属于侵权。

第三，被控侵权产品的技术特征多于专利的技术特征，也就是说被控侵权产品的技术特征与专利权利要求相比，不仅包含专利权利要求的全部技术特征，而且还增加了特征。此种情况仍属侵权，因为适用全面覆盖原则就是只要求被控侵权产品具备专利权利要求的全部技术特征，而不问被控侵权产品的技术特征是否多于权利要求。

专利侵权判断一般来说要分两步，其顺序是先用全面覆盖原则判断是否相同，再用等同原则判断是否等同。具体来说，第一步先判断是否相同，即把被控侵权产品与专利的权利要求进行比对，如果符合上述全面覆盖原则，就构成相同侵权；如果被控侵权产品缺少权利要求书中的某一个或者某几个技术特征，就不构成相同侵权，则再进行第二步分析，判断是否等同。如果被控侵权产品上存在与上述所缺少的技术特征相等同的技术特征，此时就构成等同侵权。如果经过第一步已经确定了属于相同侵权，那就无需再进行第二步是否等同的判断了。[①]

本案经过第一步就可确定被控侵权产品全面覆盖了立体雕刻机专利的全部技术特征，即在被控侵权产品中已经找到权利要求中包括“两根导轨”在内的全部技术特征，因此被控侵权产品属于相同侵权，而此时也就没有必要再进行第二步来判断是否等同了。

二、“四根导轨”不是一个整体不可分的技术特征

本案中，是否可以在被控侵权产品中找到权利要求中的全部技术特征的关键在于对“技术特征”如何划分。即被控侵权产品中的“四根导轨”是两个技术特征的组合，还是一个整体的不可分的技术特征？如果“四根导轨”是两个技

① 《北京市高级人民法院专利侵权判定指南》（京高法发〔2013〕301号）第二章“发明、实用新型专利权的侵权判定”第35条、第41条。

术特征的组合，即“四根导轨”可以分为两组“两根导轨”，并可分别各自进行工作，则“四根导轨”就包含“两根导轨”这一技术特征，应当认定构成相同侵权；如果“四根导轨”是一个整体的不可分的技术特征，则“四根导轨”与“两根导轨”当然是不相同技术特征，根据上述全面覆盖原则的两步走规则，这时就要进入第二步即判断是否构成等同侵权。上述第二种观点认为“四根导轨”与“两根导轨”构成等同技术特征，正是以被控侵权产品的“四根导轨”是一个整体不可分的技术特征为前提的。因此该前提成立与否，就成了判断“四根导轨”与“两根导轨”是相同还是等同的关键。

然而对于技术特征该如何划分，现有法律、法规、司法解释和部门规章均没有作出明确规定，甚至对技术特征这一概念也无确切的定义。我国目前的《专利法》及《专利审查指南》中与技术特征概念有关的规定仅有如下几条：

(1)《专利法》第 2 条规定，“本法所称的发明创造是指发明、实用新型和外观设计。发明，是指对产品、方法或者其改进所提出的新的技术方案。实用新型，是指对产品的形状、构造或者其结合所提出的适于实用的新的技术方案”。

(2)《专利审查指南》在第一部分第二章第 6.3 节“技术方案”中进一步指出：“专利法第二条第三款所述的技术方案，是指对要解决的技术问题所采取的利用了自然规律的技术手段的集合。技术手段通常是由技术特征来体现的……”

以上叙述仅说明了技术方案、技术手段和技术特征的关系，却未能明确具体地表述技术特征的概念，也未说清界定技术特征的原则，因而在司法实践中因技术特征划分不明而引起的争议也不断发生。

据悉，最高法院对这一问题曾计划出台相应的司法解释予以明确，其在《最高人民法院关于审理侵犯专利权纠纷案件应用法律若干问题的解释（二）》（公开征求意见稿）第 7 条第 2 款中曾提出：“技术特征，是指技术方案中能够相对独立地实现一定的技术功能，并产生相对独立的技术效果的最小技术单元”，首次明确了“技术特征”的定义。虽然该款在正式稿中被删去，但仍然可作为“技术特征”的一种解释。

关于技术特征应该如何划分的问题，《最高人民法院知识产权案件年度报告（2012）》第一部分中对张强与大易工贸公司等侵犯专利权纠纷案[①]进行分析时具体地指出：“划分权利要求的技术特征时，一般应把能够实现一种相对独立的技术功能的技术单元作为一个技术特征，不宜把实现不同技术功能的多个技术单

① 见最高人民法院（2012）民申字第 137 号民事裁定书。

元划定为一个技术特征。”在该案中，涉案专利权利要求记载“该训练器包含五个靶标”，说明书记载“在面板上有按头、胸、腹部位排列的五个靶位，在每个靶位内装有靶标”。被控侵权产品对应的技术特征为九个靶标，依照其产品说明书记载分为“左头击打部位、右头击打部位、左臂击打部位、右臂击打部位、左肋击打部位、右肋击打部位、腹部击打部位、左胯击打部位、右胯击打部位”。最高人民法院在判决时指出：“涉案专利和被诉侵权产品的靶标数量虽然不同，但是由于涉案专利的每一个靶标在击打时单独发挥作用，因此不能将五个靶标作为一个技术特征来考虑，应当将其分解为头部靶标、腹部靶标和腰部靶标来考虑。被诉侵权产品包含头部靶标和腹部靶标……因此应当认定被诉侵权技术方案包含涉案专利五个靶标的相同技术特征。”

最高人民法院认定侵权的上述裁定书虽有笔误瑕疵（如将专利说明书中的“头、胸、腹五个靶位”技术特征在进行分析时误写成“头部靶标、腹部靶标和腰部靶标”），但该裁定书对技术特征的分析和定义还是准确的，即不能将头部、胸部和腹部五个靶标作为一个技术特征来考虑，而应当将其分解成各自独立的、单独发挥作用的五个技术单元来考虑，据此可以认定被诉侵权技术方案覆盖了涉案专利的五个靶标相同技术特征。由此可得出以下结论，技术特征的划分必须满足以下两个要件：（1）一个技术特征必须是“一个独立的功能性技术单元”；（2）该独立的功能性技术单元只“实现一种技术功能”。

本案中，圆柱导轨的功能是为工件夹持机构提供支撑和导向作用。其工作手段是在每个圆柱导轨上套有滑块，在两个滑块上固定有板条，工件夹持机构中的顶尖固定在板条上。立体雕刻机工作时，顶尖在板条的支撑下固定住工件，以便刻刀在稳定的工件上雕刻。由于一根导轨无法实现支撑功能，一根板条至少需要两根圆柱导轨来支撑，所以“两根导轨”为一个最小的独立的功能性技术单元。四根、六根或两根导轨的倍数，由于其是基本单元“两根导轨”的重复，都可以实现支撑功能，但均不是最小的功能性技术单元。所以本案中“两根导轨”是一个技术特征，而“四根导轨”是两个技术特征的叠加，不属于一个整体不可分的技术特征。因此可以认定被控侵权产品中的“四根导轨”包含权利要求中的“两根导轨”，被控侵权产品相同侵权成立。

三、认定“四根导轨”侵权并未扩大专利权的保护范围

持既不相同也不等同观点的人认为，权利要求中既已限定为“两根导轨”，那么再对“四根导轨”也进行保护，就是扩大了专利权的保护范围，这个观点

显然是对“落入专利权保护范围”这一概念的误解。

关于“落入专利权保护范围”这一概念，笔者在前文第一点“专利侵权判断须分两步走”中已经提到，《最高人民法院关于审理侵犯专利权纠纷案件应用法律若干问题的解释》第7条第2款规定，“被诉侵权技术方案包含与权利要求记载的全部技术特征相同或者等同的技术特征的，人民法院应当认定其落入专利权的保护范围”。如前所述，“四根导轨”是两组“两根导轨”的简单重复，由于“四根导轨”覆盖了“两根导轨”这一最小功能性技术单元，从而落入专利的保护范围，所以专利权保护的还是“两根导轨”的立体雕刻机，并没有将专利权的保护范围扩大到“四根导轨”的立体雕刻机，也就是说权利要求的保护范围本身并未发生变化。因此，“认定‘四根导轨’的立体雕刻机构成侵权就是扩大了专利权的保护范围”这种说法本身是没有事实和法律依据的。假如该被控侵权产品不仅具有“四根导轨”，而且还有其他多余的技术特征，例如还具有刻刀清洗装置、磨刀装置或自动换刀装置等，该被控侵权产品依然落入了立体雕刻机专利的保护范围，此时同样不能认为立体雕刻机专利对刻刀清洗装置、磨刀装置或自动换刀装置等进行了保护。否则，就会得出被控侵权产品只要比权利要求有多余技术特征就不构成侵权的结论，这就否定了全面覆盖原则，显然是错误的。

例如，一种保温杯专利，其权利要求为：一种保温杯……其特征在于具有密封杯盖。即该专利是在普通无密封盖保温杯的基础上加了一个密封杯盖。被控侵权产品的结构也具有密封杯盖，而且还多加了一个杯盖锁定机构。显然保温杯的杯盖对保温杯专利来说是一个最小的功能性技术单元，而杯盖锁定机构是另一个最小的功能性技术单元。此时被控侵权产品无疑落入了专利权的保护范围，因此构成侵权。对此，不能扩大理解成该专利对杯盖锁定机构这一最小功能性技术单元也进行了保护，该专利保护的只是具有密封杯盖的保温杯。

由此可见，认定“四根导轨”侵权，并未扩大立体雕刻机专利权的保护范围。

四、有创造性不等于不侵权

持既不相同也不等同观点的人所认为的“被控侵权产品工作效率高、更有创造性”等理由归根结底是由多余的“两根导轨”所引起的，即认为被控侵权产品的技术特征多于专利权利要求的技术特征，并且该多余的技术特征具有创造性。

上述全面覆盖原则第三种情况说的就是这类情形，即被控侵权产品的技术特征与专利权利要求相比时，被控侵权产品不仅包含专利权利要求的全部技术特征，而且还增加了技术特征，但由于被控侵权产品的技术特征落入了专利权的保护范围，故仍属侵权。[①] 因这种情况在实践中碰到较多，本案属典型案例，因此有必要再进行具体分析。

专利权保护的是智力成果，在先申请的专利通常可称为基础专利。而之后的产品如果是在该基础专利上进行了改进，尽管其性能要优于基础专利，但是由于使用了他人专利，利用了他人的智力成果，就必须获得他人的许可，否则就是侵权行为。即使在后产品与在先基础专利相比多出了具有创造性的技术特征并获得了专利权，也仍然不能因此而改变其侵犯基础专利权的性质。在专利法学理论界，这种对基础专利技术进行改进而获得的专利通常可称为从属专利。虽然我国现行立法中并未对从属专利进行定义，但在司法实践中，这种情况却屡见不鲜。

《专利法》第51条第1款规定："一项取得专利权的发明或者实用新型比前已经取得专利权的发明或者实用新型具有显著经济意义的重大技术进步，其实施又有赖于前一发明或者实用新型的实施的，国务院专利行政部门根据后一专利权人的申请，可以给予实施前一发明或者实用新型的强制许可。"此条规定中虽未出现从属专利这一概念，但由此规定也可看出，其就是一项如何实施从属专利的规定。即便是有"重大技术进步"的从属专利，其实施也需要基础专利的权利人授权或国家强制许可，否则也属侵权。

《最高人民法院关于在专利侵权诉讼中当事人均拥有专利权应如何处理问题的批复》中也指出："……在后的专利技术是对在先的专利技术的改进或者改良，它比在先的专利技术更先进，但实施该技术有赖于实施前一项专利技术，因而它属于从属专利……被告为了实施其从属专利而未经在先专利权人的许可，实施了在先的专利技术……构成对原告专利权的侵犯"。最高人民法院的该条批复以司法解释的形式对从属专利的定义及其实施进行了解释。

北京高院也曾对从属专利进行过定义，《北京市高级人民法院专利侵权判定指南》第40条规定，"在后获得专利权的发明或实用新型是对在先发明或实用新型专利的改进，在后专利的某项权利要求记载了在先专利某项权利要求中记载的全部技术特征，又增加了另外的技术特征的，在后专利属于从属专利。实施从属专利落入在先专利的保护范围"。

---

① 见《最高人民法院关于审理侵犯专利权纠纷案件应用法律若干问题的解释》（法释〔2009〕21号）第7条第2款。

由此可见，本案被控侵权产品中多出的“两根导轨”，是被控侵权产品多于专利的另外的技术特征，其不影响被控侵权产品对专利技术特征的覆盖，不违反全面覆盖原则，因此不能否定其相同侵权的结论。如多余的“两根导轨”这一技术特征确实构成了对立体雕刻机专利技术的重大改进，且具有创造性，则该技术可另行申请专利。然而即便该技术被授予专利权，其也只能是立体雕刻机专利的从属专利，该从属专利的实施仍需取得基础专利即立体雕刻机专利权人的授权，否则依然是侵权行为。故上述认为“被控侵权产品工作效率高，更有创造性，因此不侵权”的观点显然是不能成立的。

本文原意是探讨专利侵权的构成以及相同侵权与等同侵权两种形式等实体问题，但因本案同时也涉及原告起诉时是否需要说明被告是相同侵权还是等同侵权这一程序问题，且该程序问题在司法实践中也经常遇到，故本文一并加以讨论。

如前文所述，原告认为本案是相同侵权，退一步讲，至少也是等同侵权，总之被告应是侵权的。然而在案件的审理过程中，法庭曾要求原告明确诉请到底是相同侵权还是等同侵权，并且只能选取其一。这令原告很是为难，因为原告自己也尚未厘清“四根导轨”与“两根导轨”到底是否相同。若自己主张相同，但法院认为等同，则会因此而驳回诉讼请求；若自己主张等同，但法院却认为是相同，则也会因不能支持原告诉请而被驳回起诉。笔者认为，在这一问题上法院的做法是值得商榷的。

首先，原告最基本的诉请是确认被告的产品落入原告专利的保护范围从而构成侵权，至于相同还是等同只是侵权的理由不同，理由不等同于诉请。法院应当允许当事人罗列其认为对方构成侵权的各种理由，而不应限定当事人只能选择一种理由来起诉。

其次，如果原告选择以被告构成相同侵权为由起诉，而法院认为是等同侵权，也不宜直接驳回原告的诉讼请求。因为原告最基本的主张是被告侵权，那么法院就有义务查清是否存在侵权的事实，而不管相同侵权还是等同侵权均属于侵权的事实，既然有侵权的事实，又怎么能因原告没有说对侵权的理由就驳回原告的诉请呢？最高人民法院知识产权庭的李剑法官曾发表如下观点：“在审理专利侵权案件时，是不是只有当事人主张等同原则我们才能用等同呢？当然不是这样的，因为专利权的保护范围既包括字面范围也包括等同范围，确定专利权的保护范围是审理侵权案件的应有之义。”① 广东省高级人民法院知识产权庭的陈国进

① 2013 年 12 月 7—8 日中国知识产权法学研究会法律应用专业委员会在知识产权法律应用高层论坛上的讲话。

庭长也曾指出："关于法院能否主动适用等同原则的问题，我们看下最高法院的司法解释就会很清楚了，因为最高法院的司法解释明确规定等同范围属于专利权的保护范围，既然它是专利权的保护范围，那我们法官就应当适用。"①

由此可以看出，法院在审理专利侵权案件时，即使原告认为对方是相同侵权从而没有提出要适用等同原则，但法院审理后认为是等同侵权的，就应主动适用等同原则来判决对方侵权。只有这样才能使"专利权的保护范围"得到法律的切实保护，更有效地维护专利权。

综上所述，笔者认为本案被控侵权产品是侵权的，并且是相同侵权。但笔者同时认为"'四根导轨'与'两根导轨'是相同的技术特征"这种说法却是不准确的。笔者在分析本案时曾被"'四根导轨'明明数量上就不同于'两根导轨'，怎么会是相同的技术特征"这一说法误导，误以为是等同的技术特征，从而陷入了本案是等同侵权的误区。本案准确的说法应该是：被控侵权产品中的"四根导轨"为两组"两根导轨"的组合，其中每一组的"两根导轨"均与权利要求中的"两根导轨"这一技术特征相同，所以在被控侵权产品与权利要求书的其他技术特征均相同的前提下，被控侵权产品覆盖了立体雕刻机专利所有的技术特征，构成相同侵权。同时，原告在起诉时，只需诉请被告专利侵权，至于是何种形式侵权，原告并无义务讲清，理应由法院来判断是否构成侵权。当原告提出被告的侵权形式时，法院更不应以原告指控侵权的理由不当为由来驳回原告的起诉。

① 2013年12月7—8日中国知识产权法学研究会法律应用专业委员会在知识产权法律应用高层论坛上的讲话。

07 谈谈外观设计专利侵权判定的“整体观察和综合判断”

——油烟净化机外观设计专利侵权案例分析

上海A油烟净化设备有限公司（以下简称A公司）是名称为“油烟净化机（13）”的外观设计专利的专利权人，该外观专利于2010年7月7日被授权。自授权之日起，A公司便发现其竞争对手上海B有限公司（以下简称B公司）生产销售的某种型号吸油烟机（以下简称被控侵权产品）与其上述专利的设计极其相似，显然落入其专利的保护范围，遂以B公司侵犯其外观设计专利权为由诉至法院。

在起诉之前，A公司为了确认上述专利权的稳定性，特向国家知识产权局专利局申请了专利检索。专利局作出的《外观设计专利权评价报告》的结论是涉案专利“未发现存在不符合授予专利权条件的缺陷”。其后，在本案的审理过程中，B公司曾向国家知识产权局专利复审委员会（以下简称复审委）申请涉案专利无效，复审委经审理后维持该专利有效，B公司未就此结果提起行政诉讼。

笔者认为本案的焦点问题有一定的代表性，遂撰文与大家探讨。本案的争议焦点是被诉侵权设计是否落入涉案专利的保护范围。

对此，A公司认为B公司的产品落入涉案专利的保护范围，理由是涉案专利公开了油烟净化机的主视图、后视图、左视图、右视图、俯视图、仰视图和立体图七幅照片。根据这些照片，可以看出涉案专利设计的11个特点，其分别为：

1. 整体风格为顶吸式斜平面斜向吸气腔吸油烟机；

2. 整体形状是由上、下机箱组成，上机箱为矩形体，下机箱为大部分被斜切的矩形体，上机箱立于下机箱顶面中线处，上下机箱的相应各面均平行，上机箱前、左、右各面与下机箱前、左、右各面之间均构成阶梯；

3. 下机箱左、右侧面均呈直角三角形，其两直角边的水平边长于竖直边；

4. 吸气腔与下机箱斜切面之间的夹角为较小锐角；吸气腔与下机箱斜切面不平行，前面凹进深，后面凹进浅，整体呈簸箕形；

5. 具有三块矩形吸风过滤网罩，三块矩形吸风过滤网罩横向排列并组合成一个整体进风过滤网，嵌入吸气腔中；吸风过滤网均具有相互平行的纵条形格栅；

6. 下机箱最下端水平切割面下接有一与下机箱等长的条形油槽；

7. 形成吸气腔腔体的四边（指连接处）皆为圆角边；

8. 吸风过滤网罩的把手为矩形；

9. 油槽的侧面形状为梯形；

10. 下机箱前端面中部横向设置深色长条形操纵面板；

11. 下机箱前端面后的吸气腔内前壁上设置有左右横向两只长方形的照明灯。

A 公司认为，B 公司的被控侵权产品与涉案专利在设计上，包括上下机箱形状、簸箕形吸气腔、过滤网罩、操纵面板、照明灯和油槽等部位，形状几乎都完全相同，所以一般消费者从整体上观察时会认为两者形状极其相似，即两者在整体视觉效果上并无实质性差异，为近似设计，因此被控侵权产品落入 A 公司涉案专利的保护范围。

B 公司则认为其被控侵权产品并未落入 A 公司上述外观设计专利的保护范围，为此其列举了被控侵权产品与涉案专利的多处不同点，分别为：

1. 涉案专利下机箱侧面水平边与竖直边（即两个直角边）的比例接近 5∶3，而 B 公司产品下机箱侧面水平边与竖直边（即两个直角边）的比例接近 5∶2；

2. 涉案专利上机箱的宽度大于下机箱宽度的 1/2，高度没有达到下机箱的 2 倍，而 B 公司产品上机箱的宽度小于下机箱宽度的 1/2，高度大于下机箱长度的 2 倍；

3. 涉案专利簸箕形吸气腔的四边的夹角是圆弧角，而 B 公司产品吸气腔的四边的夹角不是圆弧角；

4. 涉案专利吸风过滤网罩的把手是矩形的，而 B 公司产品的把手是圆形的；

5. 涉案专利操纵面板位于下机箱前端面上、下方向的中间，而 B 公司产品操纵面板位于下机箱前端面上、下方向的上侧。

由于存在上述区别点，B 公司认为其产品与涉案专利既不相同也不近似，并未落入专利的保护范围。

笔者同意 A 公司的观点，即被控侵权产品落入了涉案专利的保护范围，侵权成立。因为判断外观设计是否相同或者近似，应从该外观设计专利产品的一般消费者的立场去分析，并且应从外观设计的整体视觉效果上进行考虑。

《最高人民法院关于审理侵犯专利权纠纷案件应用法律若干问题的解释》第11条规定："人民法院认定外观设计是否相同或者近似时，应当根据授权外观设计、被诉侵权设计的设计特征，以外观设计的整体视觉效果进行综合判断；对于主要由技术功能决定的设计特征以及对整体视觉效果不产生影响的产品的材料、内部结构等特征，应当不予考虑。下列情形，通常对外观设计的整体视觉效果更具有影响：（一）产品正常使用时容易被直接观察到的部位相对于其他部位；（二）授权外观设计区别于现有设计的设计特征相对于授权外观设计的其他设计特征。被诉侵权设计与授权外观设计在整体视觉效果上无差异的，人民法院应当认定两者相同；在整体视觉效果上无实质性差异的，应当认定两者近似。"这一规定实际上确定了外观设计专利侵权判定的基本原则，即整体观察、综合判断原则。同时也明确了对外观设计的整体视觉效果更具有影响的两种情况：易见的直观部位和区别的设计特征。

整体观察、综合判断是指以外观设计的整体视觉效果来进行综合判断，二者应是相辅相成的。从整体观察，不过分注重细微的局部差别，才有可能综合作出判断。整体观察、综合判断的另一个含义是，不能以某个局部的差异作为整体产品异同的判断依据，而应从一件外观设计的整体或其主要部位的形状、图案或色彩来确定是否相同或近似。整体观察强调对产品外观全局的观察，当局部的变化不能影响整体的基本形状、图案或色彩时，就应当作出相似的判定。

关于整体观察、综合判断原则的适用，《北京市高级人民法院专利侵权判定指南》（2013年版）第80条中也有规定："被诉侵权设计与授权外观设计在整体视觉效果上无差异的，应当认定两者相同；在整体视觉效果上无实质性差异的，应当认定两者构成相近似。"

以整体观察、综合判断原则来分析本案，可以按对一般消费者视觉影响的大小，将A公司外观设计专利的设计特征分为三个层次：第一层次（或称"全局"）是指整体视觉效果；第二层次（或称"大局"）是指局部视觉效果；第三层次（或称"小局"）是局部的局部视觉效果。对此具体分析如下：

第一层次是吸油烟机的整体风格，上、下机箱的整体形状等，这是对吸油烟机的整体外观影响最大的部分，属全局视觉效果。

在本案中，被控侵权产品与A公司专利整体风格均为顶吸式，上、下机箱的整体形状与A公司专利几乎完全相同。因此从整体上讲，被控侵权产品与A公司专利是基本相同的。如果被控侵权产品为侧吸式，而A公司专利为顶吸式，那么两者在整体风格和下机箱的整体形状上就均存在明显差异，一般消费者能轻易观察到两者的不同之处，如此则两者就既不相同也不近似。

然而B公司却提出，被控侵权产品下机箱三角形侧面的两条直角边即水平边与竖直边的比例5：2小于A公司专利设计的5：3，即被控侵权产品下机箱侧面水平边相对于竖直边来说要更长一些，因此两者不相同。

笔者不同意B公司的观点。每一件外观设计产品总有一个基本形状，如圆形、三角形、方形、梯形等。本案从侧视图整体来看，其下机箱侧面水平边与竖直边的比例是5：2还是5：3，并不影响其均为水平边长于竖直边的直角三角形形状，因此，也并不影响吸油烟机的整体视觉均为顶吸式的风格，即不影响全局的视觉效果。本案中该侧边比例上的差异只能算是局部的、微小的差异，以一般消费者的知识水平和认知能力，难以辨识两者在整体视觉效果上的实质性差异，故应当认定被控侵权产品与A公司专利构成近似。

第二层次是相对于整体来说属于局部的吸气腔、吸风过滤网罩和油槽等，其属于对吸油烟机整体设计影响较大的部分，属大局视觉效果。

一般消费者在第一眼观察吸油烟机整体的形状后，其视线便会被吸气腔、吸风过滤网罩和油槽等重要局部设计所吸引，这些重要局部设计对整体视觉效果也会起到一定的影响。被控侵权产品与A公司专利的吸气腔均为“簸箕形”，吸风过滤网罩均是由三块横向排列组成，且具有平行纵条形格栅，油槽均与下机箱等长。这些相同之处足以使一般消费者将两者的外观认定为相同或近似。

然而B公司却提出，吸气腔为吸油烟机产品的主要功能区域，一般消费者在购买吸油烟机时会主动关注吸气腔的形状，而被控侵权产品的吸气腔四边的夹角形状与涉案专利的吸气腔四边的夹角形状不同，因此被控侵权产品与涉案专利既不相同也不近似。

笔者不同意B公司的观点。首先，应该将吸气腔作为吸油烟机一个比较重要的局部来看，虽然它对吸油烟机来说不属于整体形状，但它对吸油烟机整体的视觉效果会产生一定的影响。其次，强调整体观察、综合判断的原则，并非将产品外观设计的七面视图或照片都作为设计的主要部位平等对待，而应有主次之分，即上述司法解释中所说的“产品正常使用时容易被直接观察到的部位相对于其他部位”通常对外观设计的整体视觉效果更具有影响，这些“更有影响”的部位就是主要部位。

本案中，涉案产品为吸油烟机，一般消费者在购买和使用时，很少会站在吸油烟机的下方抬头向上仰视，仔细观察其底面设计。而涉案专利及B公司产品中的簸箕形吸气腔四边的夹角正是位于吸油烟机的底面。在正面观察时只能看到该四边夹角存在，但难以分清夹角的形状，因此吸气腔四边夹角的差异是不易被一般消费者所见到的部位，故其对吸油烟机整体形状影响不大。其对于簸箕形吸气腔来说属于辅助的次要设计，为第三层次的形状，即小局视觉效果。我们不能将小局差异无限放大，甚至上升为整体形状的差异，否则就有悖于整体观察、综合判断的原则。

第三层次指局部的局部，如吸气腔四边夹角的圆弧大小、吸风过滤网罩的把手形状、操纵面板在下机箱前端面的位置和油槽的侧面形状，以及照明灯的位置与形状等细节部位，是对一般消费者视觉影响力最小的部分，属小局视觉效果。

上述第三层次的细节部位，属于外观设计产品局部形状的微小变化。这些微小变化通常不易引起一般消费者的关注，即使被注意到也不会因此而对吸油烟机的整体视觉效果带来影响。对此，《北京市高级人民法院专利侵权判定指南》（2013 年版）第 77 条规定也指出，根据一般消费者的认知能力，通常“不会注意到产品的形状、图案以及色彩的微小变化”。

由此可见，第三层次所涉的几点均为对视觉效果影响不大的部件形状和部位，且又都相同或近似，属于“小局”，即使有些许不同，也属微小变化和差异，相对于第一、第二层次来说几乎可以忽略不计。

综上所述，被控侵权产品与 A 公司专利设计，在形状上整体为顶吸式斜平面斜向吸气腔吸油烟机，上、下机箱整体形状和下机箱侧面形状等最能影响视觉效果的第一层次以及簸箕形吸气腔、油槽和过滤网罩等对整体视觉效果有较大影响的第二层次均几乎完全相同。只有在对视觉效果影响没有那么显著的吸气腔的边角、过滤网罩的把手、操纵面板和照明灯等第三层次的细节部位上略有不同，但其形状也仍构成相同或近似。一般消费者在购买和正常使用该吸油烟机时，这些细节部位是非易见的，并且这些微小差别即使被一般消费者观察到，也不会对整体视觉效果产生较大影响，至多是导致被控侵权产品与 A 公司专利设计整体上不属相同而属近似而已。然而即使近似，根据外观设计专利侵权的整体观察、综合判断原则，被控侵权产品也仍然落入了 A 公司专利的保护范围，构成专利侵权。

08 纪念中国商标法律制度百年暨天宏首届知识产权（商标）国际论坛会议纪要

2004年11月28日上午，由上海市商标协会和上海知识产权园主办，上海天宏律师事务所总策划的“纪念中国商标法律制度百年暨天宏首届知识产权（商标）国际论坛”在上海知识产权园顺利开幕。会议由上海市工商行政管理局商标处刑冬生处长主持召开。上海市知识产权局陈志兴局长和上海市工商行政管理局顾仁达副局长为会议致辞。与会的领导和专家还有：北京市高级人民法院知识产权庭程永顺副庭长、上海市第二中级人民法院吕国强副院长、《中国律师》杂志社刘桂明总编、中国人民大学刘春田教授等。来自上海法院系统、检察院系统、知识产权行政主管部门、各大高校及企业的一百多名人员参加本次论坛。

会上，商标博物馆馆长左旭初先生、上海韦创贸易发展有限公司总经理邓伟华先生、上海弘奇食品有限公司总经理林建雄先生、上海天宏律师事务所主任律师朱妙春先生及主任助理许峰先生、著名书画家张敏耀先生、美国高特兄弟律师事务所律师秦红旭先生、日本株式会社技术经营创研首席执行官张辉先生、上海鲁迅文化发展中心主任周令飞先生等分别作了主题发言。

上海韦创贸易发展有限公司总经理邓伟华先生，在会上作了题为《论商标和品牌》的演讲，并以本企业为例，充分阐释了企业商标和品牌战略的规划、实施、发展的理论和实践经历。

上海弘奇食品有限公司林建雄先生，在会上讲述了“永和豆浆”从台湾到大陆并走向世界的发展历程、企业打造“永和”品牌的策略和实践中遇到的侵权行为等几个方面的问题。

上海天宏律师所主任律师朱妙春先生及主任助理许峰先生，在会上发表了主题为“坚持走专业化道路，打造知识产权品牌律师事务所”的演讲，阐述了天宏律师事务所打造知识产权品牌所的方针、策略以及成功经验。

其他发言者也围绕商标制度的相关法律和经济问题作了精彩的发言。

会间，与会领导、专家还饶有兴致地参观了中国商标百年史料展。

下午，商标法律制度研讨会由《中国律师》杂志社主编刘桂明先生主持召开。与会的人员有：最高人民法院知识产权庭副庭长孔祥俊先生、北京市高级人民法院知识产权庭副庭长程永顺先生、中国人民大学教授刘春田先生、国家商标局异议处汪泽先生、上海市人民检察院研究室主任龚培华先生、上海浦东新区人民法院知识产权庭庭长刘惠珍女士、上海市公安局经济侦察大队第四分队队长姚建达先生和副队长李公敬先生、上海黄浦区人民法院知识产权庭法官陈红女士、上海天宏律师事务所主任律师朱妙春先生、商标博物馆馆长左旭初先生、上海韦创贸易发展有限公司总经理邓伟华先生、上海弘奇食品有限公司总经理林建雄先生。

会议围绕商标与字号的法律冲突、名人的姓名与商标等商标法律制度中的热点、难点问题展开了讨论。

朱妙春：相关制度的不完善是商标和字号发生冲突的重要诱因。商标和企业名称除由《民法通则》作了原则性规定之外，前者主要由《商标法》调整，由国家商标局统一审核管理，而后者则主要由《公司登记管理条例》《企业名称登记管理规定》等法规来调整，由县级以上各级工商行政管理部门审核管理。主管部门的错位、具体调整规范的层级不同，导致信息资源无法共享，这是商标、字号权利冲突的制度性根源。

商标和企业字号作为区分商品、服务来源以及市场主体的标识，其权利经法定程序确认，受商标法和企业名称登记管理法律法规的保护。近年来，随着这两种标识市场效应的趋同，加之有关制度尚不够完善和协调，在经济利益的驱动下，因两者权利冲突而引发的纠纷逐渐增多。

我曾办理过三个非常典型的此类案件。第一个是“花轿喜铺”冒充“花嫁喜铺”不正当竞争和商标侵权；第二个是“惠工”字号和“海菱”商标被人交叉使用；第三个是“永和”商标被人滥用。这三个案子都是非常值得研讨的。

关于名人的姓名和商标问题，最典型的要数“鲁迅”申请注册酒类商标被驳回的案例。国家商标局以“鲁迅是我国杰出的思想家、革命家，禁止将其名字用于商业活动”为由驳回了鲁迅后人的申请。我认为，鲁迅的社会地位的确不容否定，但注册鲁迅商标并不必然会损害伟人形象和社会公众的感情，对鲁迅商标的监管不应当在注册阶段，而应当在使用阶段。只要商标使用者始终保证鲁迅商标所标识的商品或服务的优秀品质，不但不会造成负面影响，反而更有利于鲁迅精神的弘扬。

陈红："花嫁喜铺"案是我院审理的。按一案一由的原则，原告以商标侵权和不正当竞争为由，分成了两个案子起诉。被告的商品的外观与原告的较为近似，搭便车故意比较明显，构成不正当竞争应该没有问题，是否构成商标侵权才是合议庭讨论的重点。"花嫁喜铺"及图是原告的注册商标，由图案和文字三部分构成，文字部分只占整个商标的三分之一。被告上海"花轿喜铺"婚庆有限公司在名称中只用了原告商标的汉字部分，而且没有完整地使用，也没有突出使用。审理此案时，合议庭从大众的角度来认识这个商标。在原告的商标中，其商标的核心部分应该是文字部分"花嫁喜铺"，而被告"花轿喜铺"的标识与原告商标主体部分相似程度很高，"轿"与"嫁"含义相近，读音也非常相似，容易引起公众的误认，就连被告的代理人在庭审中也把两者搞错了！最后，我们就以被告使用"花轿喜铺"与原告商标核心部分相近似为由，判决被告侵权！

汪泽：商标近似判断方面，最高法院已有解释。有整体比较和主要部分比较方式。文字、图形都可以成为商标的主要部分。商标和字号冲突的事先防范是不现实的，由于制度上的原因，现在不可能实现交叉审查。其解决方式有法律途径和工商处罚两种。

名人的姓名和一般人的姓名没有什么区别，名人的含义主要有以下三种：1. 政治性的；2. 民族精神的象征，不属私权范畴；3. 商业性的。鲁迅商标之所以没有被授予商标专用权，主要是从社会公德的角度来考虑，不是考虑私权的问题。

程永顺：商标注册很容易，但保护一个商标很难。在现实中的个案问题还比较容易解决，不是所谓的难题，但要抽象出普遍适用的规则就比较难了。商标、字号的冲突，像"花嫁喜铺"案件这样的很多，这个商标是一个有一定名气的商标，但不是驰名商标。由于商标有地域性，很多企业到香港等地注册所谓的"影子"公司，把别人的商标注册为字号，然后到内地搞不正当竞争。

法院在处理上看法不一：有的比较保守，认为其都有合法来源，应当受到保护；有的比较激进，直接判决让工商局撤销。但也存在共同的观点：1. 将他人注册商标作为字号突出使用，企图误导公众，产生混淆，那就是商标侵权；2. 不突出使用，一般不构成不正当竞争。我们的地方法院可以在个案上向上级法院请示，实践中可以做一些探索，但应遵循诚信原则、在先原则和公平原则。

刘春田：字号和商标都是商业标记，都是为了区分商品的来源。计划经济的体制造成商标和字号的注册机构分立。这种制度适应当时的经济体制，但在现在的市场经济体制下已出现很多弊端。体制变了，思维模式还没有改变，管理方式也没有改变，现在的条文都是为原来的体制制定的。法律的稳定性有它的好处，但同时也造成了一定的缺陷。法官不能死用法律的条文，应该理解法律条文的精神，适应社会的不同情况。法官在实践中应有所突破，为新法律的颁布铺路。

人对基本的公平正义的判断是一样的，没有位置高低的差别。在我们法律管辖的范围内，就要使用我们的法律，就要遵守我们的东西，不管你的权利来自何处。法律没有空子，在香港注册的公司，如果按内地的法律构成侵权，那就是侵权。

涉及鲁迅姓名的问题，鲁迅和李宁等人的姓名是有区别的。活着的人有姓名权，可以注册自己的姓名。但是鲁迅的姓名属于鲁迅，鲁迅现在已经去世了，其姓名权也就不存在了。作为姓名权，已经没有了。作为商标财产权，根本没有发生过。姓名不是财产，不能继承，不存在继承的问题。而且鲁迅的姓名作为一个符号，是一个民族精神的象征。是特定的时代、特定的社会造就了“鲁迅”这一精神象征。因此“鲁迅”严格来说不属于鲁迅，也不属于鲁迅后人，如果可以注册，那么任何人都能注册。

陈惠珍：程庭长的原则是我们判断的依据，没有具体规定的情况下，我们使用法律原则进行判断。刘老师所说的法律没有空子，我很赞同。

对于商标和字号的冲突，《反不正当竞争法》中有所涉及，但规定得不是很详细，很多时候找不到具体的依据。我们一般从三个方面判断：1. 是不是在同一个行业或者竞争性的行业内；2. 主观方面，是不是有“搭便车”的故意；3. 冲突的情况，是否造成消费者的误认。在名人姓名和商标方面，我完全同意刘老师的观点。

左旭初：在使用商标时，有以下建议：1. 尽量使商标和字号一致；2. 商品上应当尽量突出商标，商标应尽量占整个产品包装的三分之一以上。

孔祥俊：法律落后于现实，法律实践中应该保持探索精神。商标、字号都是作为商业标志，都是为了区分商品、服务的来源。在字号、商标冲突问题的处理上，法院经历了三个阶段：1. 两者都是合法的，不进行处理；2. 先找行政机关解决，行政机关不解决，或者限期不解决，法院再进行判决；3. 法院依据《不正当竞争法》进行判决。

商标和商标之争，现在已被公认为是民事争议，权利产生于行政机关，但产生之后就成为民事权利。最高法院正在关注各地法院的判决，时机已基本成熟，准备出台司法解释。

专家发言完毕后，与会者还对会上提出的一些实践中的疑难问题展开了讨论。最后，会议在热烈的气氛中落下了帷幕。

09 庆祝第五个世界知识产权日暨中医药产业发展和知识产权战略论坛会议纪要

主办单位：上海市知识产权局
上海市浦东新区知识产权局
上海市张江高科技园区领导小组办公室
上海中医药大学

承办单位：上海市天宏律师事务所
上海市中医药知识产权研究中心
上海市中医医院

协办单位：上海科技咨询有限公司
上海杏灵科技药业股份有限公司
上海市天宏知识产权服务有限公司

时　间：2005年4月22日（周五）　9：00—17：30

地　点：上海市张江集电港·会展中心（龙东大道3000号）

会议开幕式由上海市知识产权局新闻发言人、规划发展处处长顾勇华先生主持，上海市知识产权局党组书记、局长陈志兴先生，上海市浦东新区副区长、张江高科技园区领导小组办公室常务副主任尚玉英女士和上海中医药大学校长陈凯先先生为会议致辞。

原上海中医药大学校长严世芸先生和原上海市律师协会会长王文正先生联合向大会提交了《上海中医药界和法律界就中医药知识产权战略联合发出倡议书》，并由上海市天宏律师事务所代表于会上宣读。

开幕式结束后，会议进入正式议题：中医药产业发展和知识产权战略、中医药企业技术创新与中医药知识产权保护、中医药知识产权司法实践和案例剖析。各议题依次由上海市中医药知识产权研究中心主任宋晓亭先生、上海市中药研究所所长谢德隆先生和《中国律师》杂志总编刘桂明先生主持。

张清奎（国家知识产权局医药生物发明审查部部长，专利审查研究员）：

目前，中医药专利申请存在着一些问题，主要包括：创新能力低、申请量小、非职务申请比例高、申请国外专利少、中药出口困难。之所以会出现这些问题，可能是因为：第一，企业只重视销售和商标，不重视研发和专利；第二，认为行政保护可以代替专利保护；第三，认为技术秘密保护可以代替专利保护（事实上，药品关系公众健康，生产需要公开处方及工艺，难以保密。而且一旦他人申请专利，商业秘密拥有人虽有先用权，但生产规模受限制，不能再扩大）；第四，认为专利保护不适合中药（事实上，化学结构不清楚可以采用方法定义产品的方式申请保护，药味加减可以通过等同代换的判断免除变相侵权）；第五，科技人员只重视发表论文，不重视申请专利。

目前中医药专利保护领域出现了一些明显的发展趋势。第一，重视科研和创新。第二，科研创新突出重点，包括天然药物研究，提取活性成分，如青蒿素；突击复方研究，发扬中医药理论；采用现代化制备方法及测试手段。第三，重视知识产权保护。第四，注重在专利保护与公众利益之间寻求平衡。第五，行政保护作用逐渐弱化。第六，专利连接日益加强。第七，专利保护期延长的呼声日益高涨。

吕国强（上海市第二中级人民法院副院长）：

国际层面，对于人类共同遗产，应当在世界知识产权组织（WIPO）体系内建立专门制度，本着公平合理的原则进行全球整体开发利用，特别应该照顾遗产所在地的落后国家，防止发达国家利用资金和技术的优势，以及知识产权法律制度损害原产地国利益。

国内层面，鉴于中医药这一传统财富的特殊性，建议建立一套完整的、与现行专利制度平行的特殊保护制度。

须建楚（上海市高级人民法院知识产权庭庭长）：

关于中医药产业的知识产权保护，我提以下三点建议：第一，宏观、整体地建立知识产权战略，并且相应地建立微观具体的战术。知识产权的创造、应用、保护、中介等是一个整体的系统，每一个步骤都应当确定具体的战术。第二，中医药知识产权需要有关各方通力协作。第三，掌握国内外有关信息，理顺开发与保护的关系。

郑永锋（天津天士力集团有限公司总裁助理、法务总监）：

从中医药企业角度谈知识产权战略问题，主要包括中医药企业的知识产权管理、诉讼、贸易以及如何获得和利用知识产权。

第一，中医药企业应当拥有相当数量的知识产权，这是企业发展的必备要素，也是与竞争或合作对手谈判的筹码。知识产权工作是企业经营的重中之重，这就要求企业一方面要培养引进知识产权人才，另一方面也要积极与专利代理机构合作，利用中介服务机构的资源。

第二，专利申请不能停留在眼前的、肤浅的、单一的层面上，应当注重战略申请，从基础专利到外围专利，再到竞争专利，形成严密的专利保护网。

第三，注重竞争情报的收集与利用。竞争情报的收集对象包括竞争产品的专利信息、竞争企业的市场信息与专利信息以及发明人的专利信息等。这是制定企业知识产权战略的基础条件。

第四，企业应当从多方面来获取知识产权。离开了实实在在的知识产权，所谓的知识产权战略只是无本之木。如何获得知识产权？首先，企业应当建立和完善科研、管理制度，理顺融资渠道，自主研发。其次，企业也应当积极地进行知识产权许可证贸易，减少成本，优化配置。

谢德隆（上海中药研究所所长、上海杏灵科技药业股份有限公司执行董事长）：

国际植物药市场每年约在400亿美元，中药出口只占5%。跨国公司依仗其专利和品牌，不仅把握国际市场，而且直驱国内市场，“洋中药”的进口额几乎已与中药出口额持平。中药是我国特有的民族瑰宝，我们决心使中药从传统中脱颖而出，不以传统称首，走现代中药专利之路是现代中药和植物药市场竞争中的有效手段，是中药行业标准起草的基础，谁拥有标准，谁执行业未来之牛耳。杏灵药业实施的银杏叶药物组分比例申报发明专利战略，历时十年。到今天初步形成一个缜密的专利保护网，至今已有4项美国发明专利授权。去年和前年PCT专利送达英国和澳大利亚，也相继获得授权。杏灵药业通过衍生和发展，计划在全球近十个国家和地区形成10个以上的授权专利，建立起一个严密、完整的银杏叶组分比例专利等50余项权利保护系统，使侵权者不得越雷池一步。世界上20余家媒体惊呼：“中国重新夺回银杏的皇冠。”

专利要与标准结合，杏灵药业已起草了三个中国银杏药品标准。银杏是世界植物药市场之首，标准和专利都是德国企业拥有，全世界都在使用他们的知识产权，德国仅靠这个品种就已获利几亿美元。银杏是我国特有的树种，1505年的古书《本草精汇》首次记载其药用，但这并不等于我们拥有了现代知识产权。我们于1992年立项，提出赶超德国、法国同类产品，以新成分组合、工艺、质量、制剂、适应症的特征的方案，率先在国际会议上提出“用复合成分开发单一植物原”和“溶剂提取原理的修正”的理论，并按此理论开发了新一代高含量银杏药用原料和制剂——“银杏酮酯”（GBE-50），经I-IV期临床试验，结果证实GBE-50含量比德国GBE-30还要高。我们独立自主起草了中国三个银杏药品标准，已由国家食品药品监督管理总局颁布并正式执行。该标准随着我们的产品获得美国、德国、泰国等国政府的临床批准，正逐渐被世界植物药界接受。

杏灵药业迄今为止，已荣获国内和海外多个科技奖项，具有较高的国际知名度。杏灵药业坚定不移地走专利之路，不断开拓国际市场，任重而道远！

虞坚尔（上海市中医医院院长）：

中医药凝聚了中华民族几千年的聪明才智和智慧，是中国传统文化以及世界文明的重要组成部分。中医药有发挥人体整体阴阳调节、动态平衡的优势，它独特的天人合一的自然观与世界卫生组织提出的“健康”的定义——健康是身体、精神和社会生活的完美状态不谋而合，因此近年来受到越来越多国家的重视和青睐。中医药是我国的“国粹”与“瑰宝”，如何在发展中医药的同时保护其知识产权是当前的一个重要课题。第一，中医药知识产权保护意识淡薄，应强化知识产权保护意识；第二，中药复方（中医方剂）是新型中药的重要源泉，但相当一部分被外国人或出国的中国人以种种理由窃为已有，或到外国申请专利，再利用国际申请的优先权回到国内申请专利，损害国家和民族利益；第三，要通过现代科学方法保护传统医学文化。

根据中医药开发中常用技术的特点，中医药的知识产权保护范围至少应包括以下内容：（1）处方与配方：包括中成药处方、单味药处方、单体药物处方、复方组分处方和单味药组分处方。这其中对复方与古方的知识产权问题尤其难以界定，有必要加强研究。（2）中药炮制技术：包括传统炮制方法、新型饮片及保鲜技术。其中，在继承基础上进行创新性研究的成果尤其应注意保护。（3）中药制药工程技术：包括工艺技术、制药机械设备、制剂辅料、自动化技术、药渣的综合利用及污染处理技术等。（4）中药质量控制与保障技术：包括标准品、检测方法、检测仪器及试剂等。（5）中医药基础研究：包括与病、证、症相对应的实验动物模型研究、中药作用原理研究、复方配伍规律研究、药性理论研究及活性成分研究等。

中医药知识产权保护可采取不同形式：用专利保护捍卫中医药核心技术；用商标保护树立中医药的知名品牌；用商业秘密保护中医药技术诀窍；用著作权保护中医药的文化和信息；以复合保护形成中医药知识产权保护体系，开展综合保护策略研究，提出具体措施，使中医药智力成果得到充分保护。

玄振玉（上海玉森新药开发有限公司总经理）：

新药开发行业是国内目前一个新兴行业，主要服务于药品生产、销售行业。目前国内有上千家专业新药开发公司，其产品的特殊性决定其必须采取合适的保护策略。中药研发企业产品的特殊性包括：周期长，投入大；产品的智力投入高；产品易复制；技术秘密的多重性、复杂性（配方、工艺、功用）。中药新药专利申请应注意以下几点：（1）全面查新，避免侵犯他人产权；（2）合理掌握申请的时间；（3）保护“核心创意”，不可面大而无重点；（4）根据不同类新药，侧重申请不同的权利要求（有效成分、有效部位、有效部位群、一般复方制剂、已有标准药品）；（5）尽量不透露最佳参数；（6）注意排斥可替代组分；（7）多项专利共同保护；（8）及时申请多区域专利（国际、PCT 申请）。

目前在中药新药专利申请中还存在一些问题，例如组分的替换、参数的修订可以产生一个“新的专利”，损害专利权人的合法权益；新药批准和专利纠纷解决分家；多而不精，可转化专利少。针对这些主要问题，提出三点意见：第一，全方位保护一个新产品，探讨采用指纹图谱等手段进行保护；第二，新药审批部门应加大对专利的重视，和国家专利管理部门紧密合作；第三，专利管理部门应重视新药专利的可转化性。

杨明（汇仁集团研发部常务副总监，上海汇仁医药科技有限公司总经理）：

汇仁集团在成立的短短十年中，获得了持续、快速的发展，与集团一直以来重视创新与知识产权工作的理念关系密切。集团一贯对技术开发和专利的申请、实施并重，十分重视持续创新工作，已初步形成了知识产权创造—实施—再创造的良性循环，为知识产权文化的形成奠定了坚实的基础。汇仁集团在知识产权工作中努力做到：第一，思想上高度重视；第二，研发工作与专利申报并举；第三，重视知识产权的可持续发展。

汇仁集团已经确定了发展知识产权战略，并提出要发展百年不倒的汇仁。集团投入巨资成立研发事业部，在注重现代中医药技术创新的同时继续加强知识产权工作，并形成有效的知识产权文化循环，实现裂变式的快速与可持续发展，为建设现代中医药大型企业奠定坚实的基础，使现代中医药的创新工作和知识产权工作共同为全人类提供更好的健康服务。

左旭初（商标博物馆馆长）：

我成立了中国第一家商标博物馆，收集了历史上大量的商标及资料。为了参加本次论坛，我对中药产业的商标做了一个详细的统计。1933 年全国共有 539 件药品商标，其中有125件中药商标，占23.19%。注册最多的产品是虎标万金油，注册25个商标。另外如六合堂牌、佛手牌、鹿鹤寿星牌等都是当时中药产品中的著名品牌。现在企业商标意识已经比较强，但我们的法制还存在一些漏洞和矛盾，最明显的就是商标和企业名称的冲突。我建议，中医药企业应当尽量将产品品牌和企业名称保持一致，防止无形资产的流失。

李顺德（中国社会科学院法学研究所研究员、教授、博士生导师）：

中国许多中医药老字号，例如同仁堂，在国外被抢注，令人痛心。还有很多老字号面临困境甚至破产。国际市场上，产品价值的30%来自生产，70%来自营销和品牌。因此国家正在着手开展出口品牌战略。中医药也要开展品牌战略。所谓品牌战略，实际上是商标、商号和商誉的建设和保护。

中医药产业知识产权保护应当特别注意药品特有名称的商标保护。化学药品一般就有两种名称，一种是化学名称，另一种是专用名称。中医药没有化学名称，很多中医药将专用名称注册为商标，但这些名称进了药典，最后被淡化为通用名称，失去了商标的专用权。因此对于自己独创的药品，不要拿主要成分或功能作为名称或注册商标，而应当自己为产品取一个特殊名称进行商标注册进而推广，然后另外取一个通用名称进行上报、审批，进入药典。对专有名称要注意及时采取保护措施，防止被淡化为通用名称。

朱妙春（上海市天宏律师事务所主任）：

中医药产业中，商业秘密保护的客体主要包括处方与配方，以及中药的生产工艺、设备等。几千年来，我们的祖先就热衷于用商业秘密对中医药“技术”进行保护，我们熟知的“传男不传女”等家族作坊式经营模式可以说是用商业秘密进行中医药保护的原始状态和缩影。1992年10月14日国务院出台《中药品种保护条例》，表面上看，该条例保护的是中药品种，但对其条文仔细分析，即可发现，该条例实际上是用类似登记的手段对中医药的商业秘密进行保护。《反不正当竞争法》关于商业秘密的规定也适用于中医药的商业秘密保护。

从目前中医药的商业秘密保护的现状来看，主要存在如下三个问题：第一，权利人缺乏商业秘密保护意识；第二，权利人对于自己的商业秘密没有采取合理的保密措施；第三，权利人不能准确对自己的技术进行分类，分别适用不同的知识产权制度（对技术分别利用专利和商业秘密）加以保护。

解决商业秘密保护中存在的以上问题，我们应当：第一，增强保密意识。第二，采取保密措施：（1）与有接触秘密可能的人员签订保密协议；（2）采取物理保密措施；（3）要求研发人员撰写工作日志，记录研发过程。第三，对企业技术进行分类，适用不同的知识产权形式加以保护，构建完善的法律体系。

另外在专利申请前的科研论文中，应当防止核心技术的公开，在技术转让或许可合同中应当有明确的保密条款及责任承担条款。

陈冠洲（美国大卫雷文专利集团高级合伙人）：

知识产权和智慧财产权是否有分别？专利权实际上是利用公权力的交换，将一人的智慧公开，变成公众的知识。中药领域实际上是中国人的智慧，不仅变成了外国人的知识，而且在国外的法律制度下，公权力也被外国人享有。

天然药物有不同种类，包括有中药、巴西民族药、藏药等。我认为中药应当定义为：来源于用动植物的不同化学成分经提炼加工而成的药物制剂。其中，天然药物化学成分的分离、纯化和鉴定是很重要的一环。在美国，FDA 对药品审批可能要花上十年时间和十亿美元，而且西方专利审批的要求亦和中医药格格不入，因此要找投资人去投入资金时就会遇到困难，这时应该怎样去处理？我认为，提炼天然药物中的化学成分，进而形成化学合成药物，才是发展之道。自然资源总是存在灭绝的可能，只有提炼其化学成分，确定化学配方才能保证药物的延续性。

北美市场对中药需求很广，包括抗感染药物（艾滋病、流感等），治疗牛皮癣、癣疥药物，抗癌药物，治疗糖尿病、心血管疾病药物等。中国不能因为目前的困难而放弃这么大的机遇。我们应该好好利用国外的技术资金，开发保护利用中药资源。

程永顺（原北京市高级人民法院知识产权庭副庭长）：

中药的知识产权保护应当特别注意以下问题：（1）药品专利中的方法专利问题。由于新旧专利法规的差异，使得方法专利诉讼中举证责任不同，会造成法律适用的困难。（2）用途发明，即在原专利产品的基础上发现新的用途，是否构成侵权，如何制止？这些问题都是需要大家关注的。（3）应当重视产品的知识产权立体保护。（4）对技术后续改进的权利应当在许可或转让合同中约定，否则归开发人所有。（5）我国对职务发明和非职务发明的法律规定比较宽泛，实践中容易产生纠纷，应当引起重视。

10 “FOXTOWN及特定狐狸图形”商标研讨会会议纪要

上海福克斯实业有限公司（下称福克斯公司），成立于2003年10月，主要从事国内FOXTOWN FACTORY STORY的零售业务拓展，是我国最早进行世界品牌服饰折扣连锁店的开拓者之一。该公司秉承FOXTOWN（中文为“狐狸城”）“大品牌、小价格”的一贯经营理念，以“期待更多，花费更少”的经营宗旨，在短短2年多时间内，就在上海、深圳、济南等地成功地开设了多家折扣店，并以其首创的“市区商圈边缘选址”“品牌形象装修”“年度开仓日”等独特营销手段，在业界及消费市场中，取得了很高的知名度和美誉度。

2003年7月和10月，福克斯公司总裁陆强分别将“FOXTOWN”和“FOXTOWN及特定狐狸图形”向国家商标局提出商标注册申请。2003年7月21日，上海雨苏贸易有限公司成功注册域名“foxtown.com.cn”。由于宣传得力，管理有方，2005年2月，经权威机构评估，“FOXTOWN”品牌资产市场公允价值已达1.6亿元。

然而正当福克斯公司蒸蒸日上之际，2005年上海FOXTOWN品牌折扣店遭瑞士FOXTOWN起诉，同时上海FOXTOWN商标注册在公告期内被瑞士FOXTOWN提出异议。

本案各种情形与此前沸沸扬扬的“鳄鱼商标案”如出一辙。对本案应该如何评价？本案隐射的法律现状为何？民族企业如何打造国际品牌？针对问题种种，2006年2月24日下午2时许，“FOXTOWN及特定狐狸图形”商标研讨会在上海市科学会堂举行。

会议由上海市天宏律师事务所主办，特邀天宏律师事务所原主任、上海朱妙春律师事务所主任朱妙春律师主持。会上复旦大学知识产权研究中心主任张乃根教授、FOXTOWN商标注册代理人北京中北商标专利事务所有限公司王玮先生、上海商标事务所原所长柯晓军先生、华东政法学院徐士英教授、上海市浦东新区知识产权庭陈惠珍庭长、上海市科学技术协会鉴定部部长戴敬辉、浙江人大杂志特邀记者胡喜盈先生、FOXTOWN 商标纠纷代理律师天宏律师事务所詹锐律师、FOXTOWN 公司总裁陆强先生、上海市人大研究室主任周梅燕处长、中国电声网总经理张建松、嘉兴工商局经侦大队庄劲松先生和商标代理公司陈先生出席参加了会议并先后作了发言。FOXTOWN 商标纠纷引起了何种法律问题和社会问题？各位专家、律师纷纷就本案从不同角度发表了意见。

“FOXTOWN”商标案中的法律程序值得一提

上海某资深法官到会并发表专家意见分析认为，关于程序上著作权和商标权是否共存的问题：商标的表现形式如果是文字，则依据其文字是否有独创性进行判定；如果是图形商标或者组合商标，若图形也有独创性，则构成著作权，因此著作权和商标权共存，程序上有这个权利。

研讨会主持人朱妙春律师也是“FOXTOWN 商标案”的被告代理人，朱律师称，目前诉讼案件处于中止状态，法院此举是非常正确、值得肯定的。朱律师认为本案争议的实质就是注册商标专用权权利冲突纠纷，依据最高人民法院 2005 年 3 月 11 日发布的关于“涉及注册商标授权争议的注册商标专用权利冲突纠纷”的函复，“根据民事诉讼法第一百一十一条第（三）项、商标法第三十条、第四十一条的规定，对涉及注册商标授权争议的注册商标专用权权利冲突纠纷，告知原告向有关行政主管机关申请处理，人民法院不予受理”。故对于本案原告的诉讼请求，人民法院应当不予受理，已经受理的，应当予以驳回或者中止审理。朱律师表示考虑到最近《最高人民法院关于审理涉及知识产权权利冲突民事纠纷案件适用法律若干问题的解释》（征求意见稿）中也加入了上述内容，但是该司法解释尚未生效，因此目前法院的采取中止审理的做法是适宜的，是值得称赞的。

上海复旦大学知识产权研究中心主任张乃根教授对本案中的程序问题作了简明扼要的分析。一方面，张教授称本案应认定为商标异议案件。被告方在商标局注册了商标及图文，根据商标法的相关规定，经过商标局初步审查进入公告期并受理他人对商标的异议，而通过异议程序可从根本上解决在中国谁能注册商标的问题。另一方面，张教授表示在中国注册商标还能通过司法审查决定，通过诉讼认定。这是在 TRIPS 协议后，更完善的解决方式。张教授进一步分析：法定异议程序已被启动。而异议有两种结果：一是通过司法审查确认商标不被异议；二是根据商标法第 13 条第 2 款，在中国未注册的商标构成驰名商标的，判定异议成立。同时，张教授就个案认为，就我国商标局历来的操作实务看来，本案能通过商标争议认定原告主张的驰名商标的可能性很小。

上海市商标事务所原所长柯晓军先生曾从事行政实务工作多年，针对法律程序中行政机关的姿态和操作发表专家意见。柯先生表示，商标局通常撤销审定公告的法律依据在于他人的注册商标构成驰名或被异议的商标侵犯了他人的在先权利。若主张驰名商标，必须要举证在中国驰名的依据，包括何时开始使用，使用了多久，相关宣传和服务内容以及区域范围，相关公众广泛知晓等情况。若商标并未使用或宣传，那么在中国主张驰名商标则很困难，最后能否成立当由官方裁决。柯先生由此认为，原告未提供相关依据，则主张权利相对困难。

权利归属何方？原告以商标权主张著作权的依据何在？

几乎每一位与会专家都谈到了本案的一个争议焦点：原告以商标主张著作权的法律或事实依据何在？商标权和著作权如何共存？原告瑞士公司千里迢迢来到中国打“一元钱”官司目的何在？

朱妙春律师作为诉讼代理人表示，“FOXTOWN”文字作为一个外国的城镇地名，无疑是属于公有领域，因此文字商标属于国内商标注册人陆强没有异议。至于图文作品：首先，朱律师认为两者的确存在一定的相似性，但不能认为相似就是剽窃，就是恶意的抄袭。其次，陆强的商标图样是有合法来源的，就目前所掌握的部分证据，FOXTOWN 文字与图像的组合同样也是来自共有领域，而非原告所主张的拥有著作权的作品。

来自北京中北商标代理有限公司的王维女士是 FOXTOWN 国内注册商标的代理人。王代理表示，自己作为 FOXTOWN 的代理人，目睹了 FOXTOWN 的起步和发展——该商标完全是由陆强先生倾注了大量心血并经过精心培育的结果。3 年来，被告已对该商标在多个类别进行了注册，包括外观设计专利和版权，由此进行了立体保护。但为何 3 年后重新讨论权利归属的问题，王代理表示疑惑不解。

上海市商标事务所原所长柯先生认为 FOXTOWN 是城市地名，无论从商标的角度还是从著作权的角度都很难对其进行认定，特别是这样一个文字，谈不上构思和创作。另外，柯先生称狐狸是个通常的图形，而通常图形很难构成著作权。柯先生特别举例称，奥运为何不用孙悟空的形象，因为孙悟空是个通常的形象，已进入公有领域，围绕这个形象产生具有特殊性的图形可能就比较难。因此，柯先生认为原告主张著作权很难成立，且过去并未接触过这样的案例。

针对本案中原告以著作权主张撤销被告的商标，打“一元钱”官司，复旦大学的张乃根教授直言原告方完全是在拖时间。图文作为作品存在完全可能，但任何商标都会设计图文，并不是任何图文都应认定为作品受著作权法保护。商标和著作权法保护的范围和期限都不同，如果所有的图文都是作品的说法成立，那么商标法则失去意义，商标就没有必要存在了。

华东政法学院徐士英教授对此认为，原告打一元钱诉讼的意义在于声势问题。徐教授称在商标注册过程中会侵犯其他权利和利益，采用利益说是因为有些利益并未申请或注册任何事项、构成任何权利。徐教授认为著作权更应注重实质内容给人的享受，而商标在于形式上的东西，是为了区别商品而存在。本案中当然原告的注册商标可能是种创新和策略，其对文字图形可能享有著作权，但本案是商标，已在中国注册，若大量的类似案件能够成立，会导致谬误——商标权的时间性和地域性都会灭失，那么商标和著作权的区别将不复存在。

上海市科协技术鉴定部部长戴敬辉表示同意张乃根教授的观点，认为瑞士注册商标以所谓的狐狸图案的美术作品的著作权，对抗中国注册在先的商标理论上不能成立。从时间上看，被告商标注册早于对方在中国申请著作权，原告没有对抗权利。戴部长一针见血地提出：根据对方瑞士FOXTOWN对中国方经营情况的了解，按主观心态来分析，对方并非到中国维权而是“摘果子”。

直击本案和“鳄鱼商标案”之异同

本案的另一位诉讼代理人，上海市天宏律师事务所的詹锐律师向我们道破此案玄机——此案与沸沸扬扬的“鳄鱼商标案”有异曲同工之妙。两者有很多相似点及相同处：都是以著作权为由要求赔偿一欧元、两者的权利来源都关于商标权、两者都是把图文作品作为商标进行申请、两者都通过行政和司法双管齐下打击被告商标，更为人称趣的是两案原告的代理人都是上海华诚律师事务所的陶鑫良律师。不同点在于：“鳄鱼商标案”是原告认为被告的侵权集中在被告申请商标的过程中，本案原告还认为被告在使用中构成侵权。

上海市人大研究室的周梅燕处长对詹律师作的两起案件的比较非常感兴趣，周处长认为FOXTOWN商标案和鳄鱼商标案的相同点多于不同点，而且不同点其实对案件的影响并不大。鉴于两个案子的相互比较，周处长表示“FOXTOWN商标案”和“鳄鱼商标案”一样处于行政异议程序阶段，因此案件走程序路线解决没有问题。周处长同时指出，两个案子的相似点比较正说明了2005年最高人民法院的司法解释指导司法程序，在我国立法还未修订、完善的情况下，司法解释是对立法滞后的一种补充和纠正，程序公正能保证司法公正。

民族企业如何对抗国外企业的知识产权打压

在会议材料中的讨论议题内，提请专家就“民族企业如何打造国际品牌”

的问题发表意见。“瑞士 FOXTOWN”是维权还是“摘果子”？如何看待此类商标纠纷案？

主持人朱妙春律师首先提出，跳出案件本身，本案还涉及民族企业对抗国外企业的知识产权打压问题。朱律师指出上海 FOXTOWN 无形资产已达到 1.6 亿元，仅两年内就在中国开设 6 家门店，因此陆强先生这样眼光独到的年轻企业家就应被标榜，引领中国企业冲出中国国界，作为国际品牌站立在国际市场，对于这样的中国企业，我们应当鼓励扶持。

上海 FOXTOWN 总裁陆强先生表示，公司是靠企业的内涵和服务打造品牌，并非靠对方瑞士公司的名声，且对方的经营情况并不良好。

上海科技咨询有限公司陈士浩教授直言此案令人非常气愤，外国企业对国内商标的抢注事件令人痛心。当民族企业投入巨大产生一定成效时，外国公司往往就会来“摘果子”。现在就个案看来，对方提出的图案类似的情况确实存在，但对方仅以注册商标提出版权的依据并不充分。商标本身投入了大量的财力和精力，而民营企业力量大多非常薄弱，此刻遭到诉讼对民营企业是一个启示。

中国电声网总经理张健松先生作为民族企业的代表，其发言则更为直观地表达了国内企业家的呼声。张健松先生称，目前对于市场经营，所有的游戏规则都是国外制定，而政府为了招商引资，倾向于照顾外国企业，在这样的现状中，我们民族品牌往往得不到权利的维护。张健松先生最后提出，我们一方面要呼吁立法机关积极主动地立法以维护国内企业的权利，重视国内民营企业。另一方面要强调爱国心，要注重保护本土的知识产权。

嘉兴市工商局经检大队庄劲松队长表示，行政机关应该将更多的目光投向商标的申请在先和使用在先来保护商标的权利。庄队长同时指出对于工商行政机关和部门，一方面，从中央、省市到基层，法制并不健全且干部对于知识经济或者法律的认识不够。若各个部门共同围剿违法违规现象，则法律实施效率将大幅度提高。另一方面，庄队长认为民族企业的知识产权战略必须进一步规划和完善。

周梅燕处长谈到，这个案子引发的更深层问题在于：加入世界贸易组织带来的另一个困惑就是法律机制如何和国外接轨，如何公平公正地解决商业和市场经济带来的矛盾和纠纷。周处长称，原有的商标法暴露了很多矛盾，法律若不能公正解决纠纷就将导致落后挨打的局面。周处长提出，希望从事知识产权业务的专家、律师、代理人等能从个案到整体，从微观到宏观提出立法建议。另外，周处长认为，国有和民营企业的知识产权法制意识是非常重要的问题，除了知晓国内的法律制度，还要知道国外的状况，合法利用法律给予的空间保护权利，而非规避法律，规避法律只能处于相对消极的层面，应积极地防止今后不正当竞争的冲击。

主持人朱妙春律师最后提出，我国是知识产权弱国，因此应当充分提倡维护自身权利。今天会议的预期目标基本实现，但无论是我们的民族企业，还是我国的行政机关和司法部门，都需要在各方面继续努力，对实体问题当方方面面、各条战线进行完善。当然，对于民族企业要尽可能维护，以发扬我国的爱国主义民族教育。

11 2009年上海知识产权如何产业化
——华东理工大学第九个世界知识产权日论坛

在当前应对金融危机形势下，保护知识产权是“保增长、促发展、调结构”的重要举措。我们在扩大基础建设、扩大内需的同时，不能须臾放松对知识产权的保护、对社会公共利益和安全的关注。知识产权已经成为世界各国积极参与世界竞争的国家战略的重要组成部分，成为现代企业发展必不可少的经营资源和战略资源。目前，我国专利成果转化率很低，约为20%，产业化率更低，仅为5%左右，而发达国家却高达80%，造成如此差距的原因是多方面的：既有企业普遍缺乏知识产权意识、知识产权本身的质量不高的原因，也有市场实施机制、技术法律中介服务以及金融保险等市场投融资机制不健全、不完善的原因。因此，知识产权产业化涉及社会各方的通力协作，不仅需要政府的宏观调控，更需要科研机构、产业界、中介服务机构以及金融保险界的积极参与和实践。

2009年4月25日，在第九个世界知识产权日到来之际，华东理工大学法学院、上海华谊（集团）公司、上海化工行业协会和上海朱妙春律师事务所联合主办的题为“知识产权如何产业化”论坛在华东理工大学逸夫报告厅如期举行。本次论坛邀请了上海市知识产权局、上海华谊（集团）公司、上海化工行业协会、无形资产评估机构、高校知识产权专家学者以及知识产权产业化成功的企业，在金融危机的大背景下以“知识产权产业化”为主题，结合华东理工大学开展技术转移工作的成功经验，探讨知识产权产业化过程中极为重要的转化、质押和评估等问题，为企业的知识产权产业化出谋划策。参加本次论坛的领导有上海市知识产权局吕国强副局长、上海市化工行业协会许秋塘会长、华东理工大学陈英南副校长等。

第一阶段：会议开幕式

肖国兴（华东理工大学法学院院长）：实施知识产权战略是党中央在十七大作出的重大举措，是国家战略的重要组成部分。中国已经加入世界贸易组织，在全球知识经济不断升级的背景下，为适应中国经济再发展的要求以及应对当前的国际金融危机，实施国家知识产权战略已经迫在眉睫。在第九个世界知识产权日到来之际，我们华东理工大学法学院与上海华谊（集团）公司、上海化工协会和上海朱妙春律师事务所联合主办了本次论坛，主题为“知识产权如何产业化”。受邀的专家学者以及企业界人士将就知识产权产业化过程中最为重要的转化、质押以及评估等问题，在金融危机的大背景下，为企业知识产权的成功产业化出谋划策。

吕国强（上海市知识产权局党组副书记、副局长）：随着国家知识产权战略的不断延伸发展，全国知识产权的保护工作也取得了不少成就。上海作为全国经济发展的前头兵，政府大力支持和扶持企业走知识产权的发展之路，并积极参与学习国际知识产权的最新活动和技术成果，在知识产权创新道路上不断探索，做出新的尝试。在全国各省市的专利申请总量上，上海排名第4位。

为了更好地为企业做好知识产权的服务，上海市政府当前有两大举措正在筹划实施：

第一，政府筹建的专利信息平台将开通，到时可为企业提供免费的专利信息检索服务。在此基础上，还将根据企业所属的不同行业及规模大小，为企业提供个性化服务。

第二，为更好地满足企业知识产权产业化的需求，上海市知识产权局将联合各大银行和保险行业做好知识产权产业化过程中的质押和融资工作。

许秋塘（上海市化工行业协会会长）：中国的企业在知识产权方面经过了一段时间的被动挨打之后，现在开始敢于主动向国外的企业提起诉讼，积极应对国外的知识产权诉讼，维护自己的合法权益，自我保护的意识在不断加强，在知识产权上的投资也在不断增加，比重不断提高。

第二阶段：主题发言一

张晓都（最高人民法院知识产权庭法官、博士）发言题目：专利技术产业化过程中应注意的几个法律问题。

一、企业实施自己研发的专利技术时应注意的问题

（一）注意与职务发明创造的发明人或者设计人约定实施专利的奖金与报酬。专利法规定，被授予专利权的单位应当对职务发明创造的发明人或者设计人给予奖励；发明创造专利实施后，根据其推广应用的范围和取得的经济效益，对发明人或者设计人给予合理的报酬。实施发明或者实用新型专利，将不低于2%

的税后利润作为发明人的报酬；实施外观设计专利，将不低于0.2%的税后利润作为设计人的报酬。其他单位可以参照执行。

（二）注意对产业化开发过程中新产生的技术成果进行法律保护，可以通过申请专利、作为商业秘密来进行保护。

二、企业许可他人实施自己研发的专利技术时应注意的问题

（一）注意与职务发明创造的发明人或者设计人约定许可他人实施专利给发明人或者设计人的报酬，主要是基于专利法的已有规定。

（二）企业作为许可人利益的保障。注意各种不同专利许可方式应该注意的问题，将专利法与合同法结合起来，在签订合同的时候要注意邀请知识产权方面的专家参与合同的制定，特别注意那些构成“非法垄断技术、妨碍技术进步”的行为在合同中的应用。

三、企业实施他人研发的专利技术时应注意的问题

（一）受让获得他人专利技术的专利权时，在合同中应约定实施专利技术侵犯第三人权利的法律责任的承担。

（二）被许可实施他人专利技术时，注意对产业化开发过程中新产生的技术成果进行法律保护，尽量避免与专利权人约定共享产业化过程中新产生技术成果的权利。

张武平：（华东理工大学技术转移中心主任）发言题目：技术转移与平台构建的探索、实践与展望。

国家创新体系包括知识创新体系、技术创新体系以及连接二者的技术转移体系。实施自主创新战略和建设创新型国家急需构建以企业创新需求为导向，以大学和科研院所为源头，以技术转移服务机构为纽带，产学研相结合的新型技术转移体系。华东理工大学技术转移中心是全国6所首批国家技术转移中心之一。

当前我国高校和企业技术转移现状与困境：高校方面的表现有，过程研究与工程研究脱节；成果与市场需求脱节；单元、阶段性成果多，成套技术少以及技术转移推动力不够。企业方面的表现有，二次开发能力不足以及校企（工程公司）技术集成互动不足。

技术转移核心理念为：面向行业、区域经济发展；注重集成创新；完善技术转移全过程服务体系。

我们的理念是建设技术转移创新服务体系。具体内容包括：密切过程研究与工程研究协作开发；中试平台建设；成套化能力建设；技术推广服务体系建设；技术经营能力建设；技术转移平台建设。

我们的做法包括技术推广、技术经营、联盟互动。具体内容有：政府园区交流互动，信息共享网站互联，共建分中心、工作站，共建技术（研发）中心，共建产业技术联盟，共建行业、区域技术转移联盟，风投融资联合进驻以及政府支持共建平台高地。

陈宏（上海市节能减排技术转让中心）发言题目：节能减排技术成果化。

目前上海市节能减排技术转让中心的会员约有600家企业，涉及化工、包装、房地产、运输以及能源等各行各业。科学技术实力特别是专利技术是现代企业的市场核心竞争力，专利技术在企业节能减排方面大有作为，企业能不能做到，做得好不好是事关企业能否进入市场门槛甚至是能否生存的关键因素。我们中心的主旨就是要为企业在节能减排相关专利技术上的转让环节做好服务工作。

张丹（东华大学旭日工商管理学院教授）发言题目：知识产权产业化环节中的无形资产价值形成与评估方法研究。

在对无形资产的内涵与构成阐述的基础上，重点探析了无形资产价值的形成机理，系统地说明了无形资产价值的评估类别与方法，并就知识产权转化过程中评估方法的应用进行了分析。

无形资产的特点有价值的不确定性、积累性、共享性和附着性。其形成机理和阶段包括：企业知识的积累，企业智力资本价值的表现以及企业智力资本价值的再提升。无形资产的评估方法包括单向评估法和系统评估法，知识产权的评估涉及商标评估、著作权评估和专有技术评估，评估的重点涉及作者的效益价值、生命周期、使用年限以及有效系数，同时由于价值的不确定性，需运用智力资本方法综合计量。

戴敬辉（上海市科技咨询中心鉴定部部长）发言题目：如何通过技术鉴定来实现专利价值的评估。

上海市科技咨询中心是接受司法指定的鉴定中心。对于如何通过鉴定来实现专利价值的评估，比如在职务发明人的职务发明报酬纠纷问题上，职务发明人到底应该从中分享多少利益，就涉及对该项职务发明技术成熟性以及实用性的鉴定，鉴定的结论一定程度上可以为后来的评估提供基本数据。而在考虑一项革新技术在技术比重贡献率的时候，就要对基础技术、后期群体技术的含量比重进行鉴定。

陈旭华（上海市科华资产评估有限公司总评估师）发言题目：知识产权转化过程中知识产权评估的实务问题。

上海市科华资产评估有限公司于1994年由上海市人民政府科学技术委员会

创导成立（原名上海科华无形资产评估事务所，是上海第一家以“无形”命名的资产评估事务所）。知识产权评估比例中专有技术占49%，专利占38%，商标占3%，著作权占4%，其他占6%，其中93%作价入股。知识产权转化主要方式包括：作价投资，转让、许可他人使用。

知识产权作价入股（增资或新设立公司）操作步骤包括：1. 各股东方同意知识产权入股；2. 价值评估（通过评估机构评估）；3. 办理知识产权转移（新设立公司，注册资金可以分批到位，货币资金可以先注册新公司）；4. 相关当事方将评估报告、产权转移文件提交会计师事务所完成验资；5. 进行工商注册登记。

知识产权转让操作步骤：1. 确认转让方和受让方性质；2. 价值认定，如有一方为国有企业，按国有资产管理有关规定需进行评估，如双方为非国有企业则可进行评估也可双方协商；3. 签署知识产权转让、许可协议书；4. 如为转让，需在相关机构办理知识产权转移文件。

评估过程包括：1. 评估机构接受业务委托。2. 评估前需确定事项：（1）知识产权的性质和权属；（2）评估目的；（3）评估基准日；（4）评估范围。3. 评估时需了解并收集资料。4. 评估方法：（1）成本法；（2）市场法；（3）收益法。5. 评定估算。6. 出具评估报告。7. 提交委托方，完成知识产权价值评估。另外，还涉及知识产权入账和知识产权税收问题。

第三阶段：主题发言二

钱治华（沪港国际咨询集团）发言题目：知识产权质押的估值风险与对策。

一、知识产权质押评估的现状和问题。建立一个能防范质押风险的、适应中小科技型企业贷款需要的、市场化的运作机制。

二、知识产权质押估值的主要风险：1. 评估机构的专业胜任能力风险；2. 知识产权，特别是专利、软件等技术类无形资产，存在技术风险和法律风险；3. 知识产权质押对象设定的风险；4. 知识产权自身价值变化的风险；5. 知识产权质押的估值风险。

三、防范知识产权质押估值风险的对策和建议：1. 建立知识产权评估的市场准入制度和行业的风险管理机制；2. 明确知识产权质押的对象、范围和条件；3. 建立法律咨询、技术咨询、估价咨询相结合的中介服务与风险保障体系；4. 明确委托关系，建立配套的制度规范；5. 激励知识产权价值跟踪评估制度；6. 积极培育和推动知识产权质押评估业务的开展；7. 进一步完善知识产权质押评估的行业规范；8. 其他配套制度与措施。

张晓东（华东理工大学副教授）发言题目：专利证券化。

专利融资传统途径包括专利实施许可、专利转让、专利质押。专利融资新途径——专利证券化。

专利证券化基本理论：无形资产知识产权证券化衍生于资产证券化。实践中被证券化的知识产权资产类型仅限于最常见且为法律所承认的著作权、专利权、商标权及相关权利，即分为著作权证券化、专利权证券化和商标权证券化。知识产权证券化记载最早的是1979年美国的鲍伊债券，该案例使得证券化的对象从有形的资产形态拓展到无形的知识产权，当时被誉为证券化的革命，鲍伊债券也一度成为知识产权证券化的代名词。

目前，美国专利证券化主要在药品专利领域；日本证券化的模式有以游戏、动漫的著作权为基础资产的文化产业基金等准证券化方式，也有将企业保有专利权等作为基础资产建立起的融资框架。

就目前实践而言，可证券化的专利权是指专利权相关债权，包括：既存债权，即已经存在的授权许可协议所产生的合同权利；未来债权，即资产移转给特殊目的机构后，资产池未来所产生的现金流量。

专利证券化的难点和风险包括：1. 专利未来许可费评估的困难性；2. 面临专利侵权、诉讼或无效的法律风险；3. 不可预料的技术进步可能降低专利价值；4. 产品责任可能产生高额赔偿。

避免以上风险的对策有：构建资产池，谨慎选择药品专利；信用增级和信用评级。

中国的专利信托实践：2000年10月25日，武汉国际信托投资公司在全国创新性地推出专利信托业务。其《专利信托业务章程》和《专利信托业务简介》将专利信托过程分为三个环节：受托—经营—收益。首先，信托投资公司对受托专利的技术特性和市场价值进行适度包装和深度发掘，并通过多种手段向社会推出。其次，向社会投资人出售受托专利收益期权，或者吸纳风险投资，构建专利转化资本市场平台，从而获取资金流。再次，受托专利许可或转让产生的收益，由专利权人、信托投资公司、社会投资者按约定的比例分成。

导致我国首例专利信托和专利资产证券化案例不成功的原因有许多，最主要的是制度的缺位和管理设计的欠缺。制度上，当时没有支持专利信托和发行受益权凭证的任何法律和政策。管理设计上，由于没有先例可循，其最大失误是将专利权本身进行信托，并以专利权作为支撑发行证券。

专利证券化在我国的可行性和困难性：经济环境已比较成熟；法律框架尚待完善；专利技术选择有难度；信用评级机构和专利评估机构能力尚待加强；尚无专利权证券化试点案例。

缪利明（专利代理公司合伙人、专利代理人）发言主题：知识产权保护中存在的问题及应对策略。

首先从当前的专利申请量占整个知识产权的比重不高，以及专利来源、申请专利的行业质量不高等方面介绍了我国专利当前的发展状况，提出对我国的专利发展需要加强引导和扶持。

缺乏自主知识产权所引发的问题：在世界贸易中遭遇反倾销、被征收专利费、门槛设限等贸易壁垒。

家电行业：DVD 产业是受害最深重的产业，提起专利费，中国的 DVD 生产企业至今仍有着“深入骨髓的痛”。不仅如此，从 MP3、手机、电脑到空调、冰箱、洗衣机等产业无不深受其害。

应对策略：自主创新，把更多的资金投入到创新上，尽可能多地申请专利，特别是发明专利，这才是长远发展之计。

企业应当做好以下几项工作：增强知识产权保护意识；增加在创新上的投入，多申请专利，特别是发明专利；加强管理，维护好专利。

需要注意的几个问题：忌发明人自己写专利申请文件；发明人应做好文件检索工作，尽可能全面地找出可能影响专利的现有技术文件；如果可能的话，预先设计好实验，为日后的专利申请做好准备。

林衍华（上海市知识产权发展研究中心副主任、博士）发言题目：科技型中小企业知识产权质押融资的探索。

首先介绍了上海市中小型科技企业的发展现状，以及他们当前在知识产权质押融资方面存在的困惑。企业生存的出路在于实行知识产权的质押贷款，所谓知识产权的质押贷款是指知识产权权利人以知识产权作为抵押物向银行贷款的行为，包括直接贷款与间接质押贷款等形式。

直接贷款是指知识产权人通过知识产权质押，直接与银行签订知识产权质押贷款合同并获得银行贷款，其实质就是市场化运作，其代表是浙江模式，但是在全国最先尝试的是湖南湘潭（2004 年 5 月，湘潭市知识产权局联合中国人民银行湘潭市中心支行、湘潭市科技局出台了《湘潭市专利质押贷款管理办法（试行）》，湘潭市三家企业通过专利质押从银行获得了 1600 万元的贷款）。这种模式的主要特点是政府只作推荐，银行自主决定。其问题是未见质押贷款单额统计，星星之火多处在点，但是首单频传未见常态。另一种是北京模式——市场化运作，政府贴息，企业经纪人操作。主要特点有：贷款门槛高，对象是大企业，并关注经营团队和第一还款能力，贷款额一般在1000万元以上。资产评估公司和律师事务所共同评估、共同担保，贷款风险由银行、资产评估公司和律师事务所共同分担，承担坏账发生后的相应赔偿责任。在这种模式中政府部门的作用是：1. 搭建知识产权质押贷款平台，不承担任何风险；2. 依靠对企业熟悉的优势向银行推荐申贷企业；3. 出台贴息政策，为知识产权质押贷款企业提供利息补贴，贴息比例高达50%，每年每项贷款的贴息不超过20万元。该模式的效果是：主要集中的领域是环保节能、生物医药、IT技术、新材料以及影视文化等行业，至今未出现坏账。

间接质押贷款是指知识产权权利人将知识产权质押给第三人，由第三人担保，以知识产权出质作为反担保，获得银行贷款，包括市场化运作和政策性主导等形式。市场化运作的间接质押贷款，已有政策性担保机构"特事特办"，个案处理，不愿外传。政策性主导的间接质押贷款，其代表是浦东模式——企业自主，银行积极，机构运作，政府托底。即企业将自己的专利权质押给政策性担保机构（如有政府背景的浦东生产力促进中心），由担保机构为企业提供信用担保，银行给予企业短期贷款。该模式的主要特点是：政府部门在浦东生产力促进中心设立知识产权担保专项资金来扶持科技型中小企业，每年近2000万元。贷款门槛低，贷款对象是科技型中小企业，浦东生产力促进中心对这些企业知根知底，全面掌握其经营、知识产权等状况；贷款一般不超过100万元，贷款期限不超过一年；企业负责人必须提供个人保证；但是在贷款风险上，政府背景的事业单位承担很大风险，坏账发生后银行只承担1%—5%，而绝大部分的风险和损失由浦东生产力促进中心承担。

该模式的效果是明显的：放款的对象全部是科技型中小企业，知识产权的质押融资对他们来说可谓雪中送炭，这些企业主要分布在集成电路、电子、先进制造、新材料、软件等行业，至今尚未出现逾期还贷情况或者坏账。

另外还存在分类质押贷款市场化运作的天津模式和银行自愿质押贷款、政府事后贴息的武汉模式。

知识产权质押贷款国外实践探索：知识产权质押贷款是世界性难题，发达国家积极探索了不少做法，在当前经济危机背景下，这成为全球关注中小企业和科技创新的焦点。德国经过50年的实践和发展形成了较为完善的小企业融资的风险分担与补偿机制，取得了一些经验。目前，世界知识产权组织正在参与起草有关中小企业知识产权融资的指南，近日又举行了“利用知识产权融资”的研讨会，主要议题是讨论如何完善法律和金融政策，帮助知识产权价值作为一种新型资产得到认可。而知识产权质押款的用途只限于生产经营所需的流动资金贷款，不得从事股本权益项、有价证券、股票、期货等高风险的投资、投机经营活动。

知识产权间接质押贷款的法律关系：1. 借款关系——承贷银行和借款人签订借款合同；2. 担保关系——担保人和承贷银行签订信用担保合同；3. 反担保关系——质权人和出质人签订专利权质押反担保合同，质权人和出质人及其负责人签订负责人个人保证反担保协议。

法律依据：《中华人民共和国物权法》第223条、第227条以及《中华人民共和国担保法》第2条、第4条①以及《最高人民法院关于适用<中华人民共和国担保法>若干问题的解释》第2条、第19条、第20条、第105条的规定。同时还有《中华人民共和国专利法》《中华人民共和国专利法实施细则》《专利权质押合同登记管理暂行办法》②《国家知识产权战略纲要》《国家中长期科学和技术发展规划纲要（2006—2020）》。

政策依据：国家发展改革委等十二个部门联合发布《关于印发关于支持中小企业技术创新的若干政策的通知》（2007年10月23日，发改企业［2007］2797号）

知识产权的特征决定了其质押贷款所特有的风险，那么专利评估就很关键。知识产权的评估是与知识产权转让、许可、出质、质押、拍卖以及侵权赔偿等密切相关的。专利评估涉及的主要范围有：1. 法律问题；2. 技术问题（替代技术、第二技术、专利池）；3. 价值问题；4. 经营问题；5. 处置问题（市场成熟度等）。目前主要的评估方法有：1. 收益法（包括减省使用费用法、利润损失法和超额收益法）；2. 成本计算法；3. 市场分析法。

专利评估辅助软件：专利评估的主要影响因素包括技术因素、产业因素、法律因素，通过预先选择适用评估方法，包括成本法、收益法、市场比较法。

自己的看法：1. 知识产权质押贷款存在着风险，风险控制很关键；2. 知识产权质押贷款亟需出台政策，应对措施很重要。

建议：1. 四方合作与博弈——企业、银行、中介（担保、评估、交易）、政府；2. 明确责任，各负其责；3. 通力合作，力量聚集；4. 入门严审，过程监

① 《中华人民共和国民法典》生效后，《中华人民共和国物权法》和《中华人民共和国担保法》相关内容将统一并入民法典中。

② 现已被《专利权质押登记办法》所取代。

管；5. 风险分担，利益共享。

朱妙春（上海市朱妙春律师事务所主任）发言题目：知识产权转让、评估和质押的关系（主要谈谈三个问题和一点建议）。

问题1：知识产权产业化的概念。产业化是指某种产业在市场经济条件下，以行业需求为导向，以实现效益（包括社会效益和经济效益）为目标，依靠专业服务和质量管理，形成系列化和品牌化的经营方式和组织形式，是一种在市场经济规律支配下所形成的规模经营的机制。知识产权产业化，简而言之，就是知识产权（版权、商标、专利等）在市场经济条件下形成规模，实现效益的系列化和品牌化的经营方式和组织形式。对该问题主要用了三个例子来说明，即长沙巨星轻质建材股份有限公司专利产业化的成功案例、恒源祥的品牌产业化实践以及三面向的版权产业化。这些都客观上启蒙了知识产权的维权意识。

问题2：知识产权评估、质押融资及与知识产权产业化的关系。知识产权的评估就是对知识产权价值的评估，这个价值不是在取得过程中形成的价值，而是它们为受让者带来的使用价值。知识产权评估不仅是知识产权转让、质押过程中必不可少的环节，而且在知识产权的诉讼中也常常会碰到。知识产权质押是指知识产权人以其所拥有的知识产权为债权提供担保，当债务人（知识产权人）不能履行债务时，债权人有权依照法定程序将该知识产权折价或转让、拍卖并以所得价款优先清偿债务。知识产权的评估是知识产权质押融资的前提和基础，是知识产权价值量化的一种手段。没有知识产权的评估，银行就无法量化质押物（知识产权）的价值，也就无法完成知识产权的质押融资。知识产权质押融资是知识产权产业化的保证，为企业特别是为创新型中小企业解决资金紧张问题、加速知识产权市场转化、提升企业核心竞争力起到了积极的推动作用，有力地促进了科技成果的知识产权化、商品化、产业化，是企业发展的助推剂。

问题3：制约知识产权产业化发展的关键是知识产权质押融资的发展。1. 担保质押的法律制度不完善。我国已有专利法、商标法和著作权法等知识产权法律制度，各部法律虽然有着共性的内容，但是由于各部法律实施的时间不同，对于共性的内容，在司法和行政保护的范围和力度上存在差异，对于专利、商标、著作权之间的交叉问题应适用何种法律也没有完整的规定，质押融资实践中面对复杂问题更加无所适从。2. 知识产权质押评估不规范，由于各类知识产权的融资特性有着显著不同，我国虽然对无形资产评估制定了总体标准，但可操作性不强，对于专利技术、专有技术、商标和版权等各类的知识产权没有制订独立的操作规则，很难对商标专用权、专利权、著作权中的财产权进行准确的价值评估。

实践中和理论上缺少统一、规范、可供借鉴的知识产权质押评估制度，结果不是企业的融资需求不能得到满足或融资成本过高，就是金融机构遭受巨大损失。3. 知识产权质押经验不足。在知识产权质押融资试点地区，部分金融机构普遍表现出对知识产权质押的评估和管理缺乏足够经验和手段，知识和人才储备不足，缺乏相关的操作技能和实践经验，除加强贷前审查及提取准备金等消极防范措施外，并没有采取积极的防范风险措施。知识产权质押权利品一旦出现违约风险，质权的实现就容易悬空，金融机构往往束手无策。4. 知识产权质押物处置困难。知识产权质押物的流动性相对较差，处置起来相当困难。目前国内知识产权意识还比较薄弱，知识产权转让市场狭窄，评估和转让程序复杂严格，需要耗费银行相当多的人力、物力和财力成本，处置成本相当高。同时，知识产权融资抵押品的权利关系更加复杂，更难确定，加上知识产权市场小，由于执行时间拖延而降低质押价值的可能性更大，因此，银行发放知识产权质押贷款的积极性就更低。

一点建议：作为长期从事知识产权维权的律师，本所与华东理工大学法学院联合主办的本次论坛邀请了不少专家学者以及政府官员。知识产权产业化，需要政府、律师事务所等服务中介的帮助和合作，尤其是在质押融资过程中，像刚才林博士所讲，可以引入保险机制，通过保险机构帮助银行、企业分担风险，在此也想提请上海市知识产权局的林博士传达一个老律师的心声，希望更多的好政策能够出台，使得知识产权产业化中的质押融资能够得到政府更多更好的服务和支持。

第四阶段：闭幕式

王文正（原上海市司法局副局长、原上海市律师协会会长）：在金融危机的大背景下，这次论坛的举办很有意义也很成功，希望以后多举办这样的论坛。现代是知识经济时代，科技是第一生产力，科学技术特别是知识产权是现代企业生存和发展的核心经营资源。知识就是力量，促进知识产权产业化也将给企业在现代激烈的市场竞争中带来更多的力量和信心。

历时四个多小时的论坛圆满结束，与会的各位专家、学者、企业家都表示受益匪浅，论坛的内容给了他们很多启发，对知识产权产业化有了更深入的认识，参会者均希望类似的主题论坛能够越多越好。

12 “IP 涉外风险的管控与企业应对”研讨会会议纪要

主办单位：上海市浦东新区知识产权保护协会
　　　　　上海市集成电路行业协会
协办单位：上海朱妙春律师事务所
　　　　　上海硅知识产权交易中心
支持单位：上海市知识产权局
　　　　　上海市浦东新区科委（知识产权局）
　　　　　浦东新区科协
　　　　　张江园区管委会
时　　间：2014 年 4 月 25 日下午 1：30—5：30
地　　点：上海世博展览馆第一会议室

随着我国社会科技发展与综合国力的不断提升，知识产权正在成为建设创新型国家的重大战略资源和企业实现国际化转型发展、赢得国内外市场的核心竞争力。然而，由于我国知识产权制度的发展尚不完善，企业知识产权创造、运用、保护和管理能力不强，市场上滥用知识产权手段进行不正当竞争的行为屡见不鲜。尤其是某些国际巨头利用其在知识产权领域的先发优势和强势地位，不断挥舞和滥用知识产权“大棒”，极力打压和企图扼杀处于弱势的中小微高科技企业，以达至垄断国内外两个市场目的。同时，也有一些类似“专利蟑螂”的知识产权机构，大肆收购知识产权，四处兴风作浪，屡屡挑起诉讼，竭力牟取暴利，从而给正在谋求国际化发展的广大中小企业和一些产业的健康发展带来严重的威胁。

凡此种种，反复警示着广大企业和企业经理人不能熟视无睹，应当直面现实，未雨绸缪，有效应对，抓紧建立起企业知识产权涉外预警机制；同时也警示我国要加强顶层设计，适时调整、修订知识产权制度、法律、法规及相关政策，进一步健全和完善知识产权法治环境，为实现2020年建成创新型国家的目标奠定坚实基础。

本次研讨会围绕“知识产权涉外风险的管控与企业应对”主题，特邀产学研、司法、行政和社会各界的专家学者与实际工作者，分别从学术思考与实证案例两个视角交流切磋，力求从宏观与微观两个层面探索研讨，有道是：各抒己见，百家争鸣，集思广益，智取良策。

会议开幕式由上海浦东新区知识产权局党组副书记丁海涛博士主持。上海市知识产权局局长吕国强先生致辞，对参加会议的诸多来宾表示欢迎，并强调本次论坛的作用和价值，会议在轻松和热烈的氛围中进行。

开幕式结束后，会议进入第一单元：主题演讲——风险管控。

浦东新区科委（知识产权局）知识产权处鲍英处长、中微半导体知识产权总监姜银鑫先生、浦东知产保护协会调解委主任朱妙春律师、华东政法大学知识产权学院兰磊博士、华东理工大学知识产权研究中心张晓东教授围绕此次议题分别作了主题发言。

鲍英［浦东新区科委（知识产权局）知识产权处处长］：

浦东新区科委知识产权处鲍处长发表了题为《知识产权滥用及其应对实践》的演讲。鲍处长认为，知识产权滥用，是相对于知识产权的合理利用而言的。权利人在行使权利时超出法律所允许的界限，过分强调私权，损害他人合法利益或社会公共利益，就构成了滥用。滥用行为主要分为两类：一是权利人行使知识产权时超出了法定范围。二是虽然没有超出法定范围，但不合理地限制了正当竞争，或者违反了公共利益。滥用专利权是指行使权利的方式或范围违反了法律的规定，其行使权利的行为具有不正当性。解决此问题的措施是通过完善专利制度来提高专利授权的质量、减少问题专利或坏专利的数量。在指出了知识产权滥用的诸种表现及其危害后，鲍处长还着重介绍了浦东新区应对知识产权滥用的探索实践，列出了大量一手的数据和材料。主要的工作方向包括：实施国家知识产权战略，坚持知识产权创造、运用、保护和管理“四位一体”协调发展；积极开展“专利导航产业发展试验区”“重大项目知识产权评议和海外预警试点”，探索多部委协同推进机制；加强知识产权行政管理；组织开展知识产权司法鉴定服务；业务培训；环境建设等。

姜银鑫（中微半导体知识产权总监）：

中微半导体设备（上海）有限公司知识产权总监姜银鑫先生发表了题为《企业涉外专利纠纷预防与应对》的报告。首先指出了涉外专利的主要困境包括：疯狂的专利军备竞赛、天价专利、专利价值泡沫、专利诉讼世界大战、天价赔偿以及专利投机公司（NPE）搅局。继而提出了中国企业的纠纷预防策略，即顺“势”而为，尊重他人知识产权，掌握、驾驭“知识产权游戏规则”，预防胜于治乱，知己知彼，准备准备再准备等。尤其指出，研究怎样取胜重要，但研究如何避免失败更重要，并以本公司的实际案例说明了这一点。

朱妙春（浦东知产保护协会调解委主任）：

浦东知产保护协会调解委主任、上海朱妙春律师事务所主任朱妙春律师发表了题为《跨国公司的知识产权陷阱及其应对》的主题演讲。朱妙春律师从自身的办案实践经验出发，着重讲述了如下几种常见的陷阱：1. 威胁、恐吓，以求不攻而破。2. 软硬兼施，以收购兼并为名进行考察取证。3. “借船出海、过河拆桥、打入冷宫”，以签约为名设置合同陷阱。4. 利用中国企业对知识产权懵懂和贪小便宜心理设置推销陷阱。每个陷阱都以两个典型案例进行了透彻的分析和说明。由这些案例出发，朱妙春律师提出了四点应对之道：第一，要临危不惧，要有不畏强手的精神，要有蚂蚁战胜大象的信念。第二，要积极地沉着应对，要投入和利用各种资源，充分调动一切有利的因素，有理、有利、有节地应对。第三，聘请专业律师，应对有道，必要时要组成律师团，充分发挥律师团队的作用。第四，中国企业家要重视知识产权，加强对知识产权的学习和领会，认识到知识产权是企业的核心竞争力。只要既有信念，又讲方法，我们就一定会赢得很大的胜算。总而言之，就是在战略上要藐视对手，在战术上要重视对手，这样中国的民族企业才能立于不败之地。

兰磊（华东政法大学知识产权学院博士）：

华东政法大学知识产权学院兰磊博士发表了题为《滥用知识产权执法程序的反垄断法规制》的演讲。首先就外国公司针对中国企业滥用知识产权概况举出了诸多典型案例。接着介绍了美国、欧盟利用反垄断法规制知识产权滥用的实践。兰磊博士着重介绍了掌中无限案和华为案，就此提出的建议包括积极利用《反垄断法》第 17 条，即禁止滥用市场支配地位行为；第 55 条，即知识产权滥用适用反垄断法；第 2 条，即关于域外管辖的规定。

张晓东（华东理工大学知识产权研究中心教授）：

最后一位发表演讲的是华东理工大学知产研究中心张晓东教授。她的演讲题目是《标准专利许可模式、许可费确定及权利滥用规制》。讲解了技术标准的概念、标准必要专利、FRAND 原则，并以具体的例子加以说明。提出标准专利许可的模式包括公平合理无歧视免费许可、公平合理无歧视许可（谈判交由权利人，标准组织不干涉）及 Patent Pool 专利池许可。具体论述了 FRAND 许可中的核心问题——许可费，许可费谈判过程中的专利侵权禁令救济，以及中外法院对这一问题的观点和考虑因素。最后谈到了标准专利许可中的专利权滥用及规制，指出救济途径为向法院提起反垄断诉讼和向有关机构申请反垄断调查。张晓东教授还提出了三个问题供大家进一步讨论：1. 非标准专利的过高许可费如何处理；2. 在标准必要专利许可谈判过程中，取消专利权人寻求禁令救济的权利是否会成为常态；3. FRAND 原则的进一步明确。

主题发言结束后，会议进入第二单元：互动讨论——企业应对。

本单元由上海市集成电路行业协会常务副秘书长陶金龙先生主持，上海大学知产学院常务副院长许春明教授、天士力集团国际创新投资事业部总经理韩厉玲女士、唯捷创芯总裁孙亦军先生、华勤法务总监聂磊先生、海尔经理邱莹女士参加了本次讨论。本次讨论的议题主要有以下三点：

1. 针对专利流氓，欧美立法现状及对我国的借鉴意义。

2. 我国限制恶意诉讼的相关法律、法规解读及修法建议。

3. 企业国际化发展的 IP 风险管控与应对策略。

讨论过程中，各位嘉宾分别从自己所在的领域出发，对以上问题展开了热烈而富有成效的讨论。在座的每一个人都经历了一番头脑风暴，对一系列疑难问题的认识大大加深了。下午 5 点左右，会议在热烈的气氛中胜利结束。

本次论坛，极大地促进了理论与实践认识的提高，达到了预期的目的，取得了良好的效果。参与论坛的企业和企业经理人加深了对知识产权重要性的认识，获得了不少有效的对策，有助于建立起企业知识产权涉外预警机制；同时也使知识产权行政机关获得了大量的感性材料，为进一步健全和完善知识产权法治环境起到了积极的作用。

后　记

早在2012年本书就有轮廓了，原打算2013年出版，然而由于主客观原因，致使本书在七年后的今天才得以面世。2012年年底，就在本书即将付梓之时，又有三起重要的知识产权案件慕名而来，于是我不得不搁置了出版计划，而竭尽全力地投入到这三起颇有影响力的商标和专利诉讼中。

当年9月，上海一家台资企业的“科麦”商标被恶意抢注，在长达五年的时间里迟迟得不到解决，严重影响了企业的经营发展。经业内朋友推荐，我便欣然从命。经过三年多的努力，经历三个阶段，推翻了“三座大山”，该案终有眉目。本想喘口气，回过神来考虑出版一事，不料又迎来一起境外纺机行业巨无霸诉我国江苏一家民营企业专利侵权案。该案涉及功能性技术特征，是一起高难度的专利案件，经过三年苦战，终于反败为胜，化险为夷。与此同时，又迎来了一起与香港高露云律师行联办的国际驰名商标阿迪达斯商标侵权案，此案虽一波三折，但终于成功维权，圆满结案。为此，三案足足导致出版拖延了逾六年时间。但我并不后悔，因为如此典型的案例若不及时放入书中，着实可惜，为不留遗憾，便使本书出版搁置至今，正可谓“三案逼停，好事多磨”，此乃客观原因。

既然三案均已相继结案，按理本书应在2018年年底或2019年年初出版，却又因“后记”而耽搁了大半年。本打算“后记”在2019年元旦完成，以便新年一到便付梓印刷。不料却因精力不济、倾摇懈弛，而一拖再拖。转眼春节已过，五一又逝，我心急如焚，然而就是求之不得，欲速不达！

忽一日，我静卧反思，恍然大悟，究其原因，乃“廉颇老矣”！人老痴呆，思不敏、缺灵感！古稀体乏，力悖心、少激情！想当年，我激情澎湃，激扬挥毫，出书从每年一本，到每年两本，之后又回归到每年一本，到如今几年都出不了一本，这就说明了一个人的创作热情和成果，与其年龄和精力是密切相关的。正可谓“力不从心，后记拖腿”，此乃主观原因。

由此，我不禁又升发出一种由衷的伤感——“少壮不努力，老大徒伤悲”，恰借此机会抒发出来，以与年轻律师共勉！幸好我国知识产权青年律师近年来，在著书立说方面已经出现了令人鼓舞的现象。2018 年 12 月上旬，在全国律协知识产权专业委员会的南宁年会上，涌现了 13 本优秀著作，一改往年寥寥数本的冷清局面。

本书是我的第十一本著作。

本书的内容分为三大部分：第一部分和第二部分是商标和专利的案例，共 23 个，其中商标类 12 个，专利类 11 个；第三部分是附录，大多是与商标和专利相关的文章。

本书的序，是时任司法部公证律师司周院生副司长于 2005 年年末在上海举行的律师专业化发展论坛上的发言。选该发言稿为序，是有其深层原因的。

2005 年 11 月 27 日，正值我 60 周岁。那天下午，我借座上海国际会议中心，邀请了京沪等地法律界的专家学者、领导和同仁，还有部分企业家，以及亲朋好友参会。当日主要涉及两项活动：一是举办律师专业化发展论坛；二是举行上海朱妙春律师事务所成立揭牌仪式。正在重庆参加全国律协相关会议的周司长特地挤出时间，专程从重庆飞来上海，并在律师专业化发展论坛上作了 20 分钟精辟的发言。周司长的发言虽逾十年，然并不过时，至今仍有指导意义，故将其代作本书的序恰到好处。

本书得以出版，首先要感谢李琳女士，感谢她近二十年来始终如一地对我著书的支持，特别是当我遇到困难，迟迟难以付梓时，总是予以鼓励和等待。她对我就是一句话：“只要你朱律师想出版，不论何时我都予以支持！”这就大大激励了我的信心。只是可惜我自己耽误了出书的时机，等到今年 9 月万事俱备之时，却得知李琳女士已经退休，对我书的出版已爱莫能助。尽管如此，我对其仍然十分感谢。后经我的学生王小兵律师的引荐，有幸认识了中国法制出版社的编辑，帮助促成了本书的出版。

其次，要感谢我不同年代的学生和助理们，他们在办案的过程中所编的大事记和根据我口述而起草的办案过程，就成了代理纪实的基础。据我不完全回忆，近二十年来，较为优秀的学生和助理主要有：孙小青、王小兵、钱元春、颜旭琳、戴晓伟、郭国中、谷长生、姜建文、张兵、郝凡、姚玉巧、周超、张敏亮、曹涛、沈锃桢、郭舸源、郝冬白、袁满等，他们对本书的出版均作出了不同程度的贡献，尤其是周超和沈锃桢两人对本书的整理和最后的成稿付出了较多的劳动。

另有北京务实知识产权发展中心程永顺主任，我所原兼职律师华东理工大学张晓东教授等也指导和办理了本书中相关专利案件，在此一并致谢！

此外，本书相关专利案件能够成功办理，也离不开我的好友，上海顺华专利代理有限责任公司原总经理陆林辉先生的指导。无奈天妒英才，陆先生艰苦创业，积劳成疾，于去年末不幸英年早逝。特借本书出版之际，对其表示追思。

因本人老眼昏花，本书谬误之处在所难免，敬请读者谅解，并予以指正。

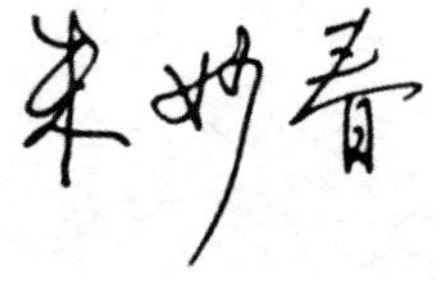

日期：2019 年 12 月 22 日

手机号（微信）：18016415589

图书在版编目（CIP）数据

商标及专利纠纷案代理纪实：典型案件诉讼策略详解/朱妙春著.—北京：中国法制出版社，2020.8
ISBN 978-7-5216-1137-3

Ⅰ.①商… Ⅱ.①朱… Ⅲ.①商标权-民事诉讼-案例-中国②专利权-民事诉讼-案例-中国 Ⅳ.①D923.405

中国版本图书馆 CIP 数据核字（2020）第 096054 号

责任编辑 李璞娜　　封面设计 周黎明

商标及专利纠纷案代理纪实：典型案件诉讼策略详解

SHANGBIAO JI ZHUANLI JIUFEN'AN DAILI JISHI：DIANXING ANJIAN SUSONG CELÜE XIANGJIE

著者/朱妙春
经销/新华书店
印刷/三河市紫恒印装有限公司
开本/710 毫米×1000 毫米 16 开　　印张/ 19.25　字数/ 345 千
版次/2020 年 8 月第 1 版　　2020 年 8 月第 1 次印刷

中国法制出版社出版
书号 ISBN 978-7-5216-1137-3　　定价：68.00 元

北京西单横二条 2 号 邮政编码 100031　　传真：010-66031119
网址：http：//www.zgfzs.com　　**编辑部电话：010-66066627**
市场营销部电话：010-66017726　　**邮购部电话：010-66033288**

（如有印装质量问题，请与本社印务部联系调换。电话：010-66032926）